Wick · Fußballheimat Ruhrgebiet

Uwe Wick

Fußballheimat Ruhrgebiet

100 Orte der Erinnerung

Arete Verlag Hildesheim

Der Autor

Uwe Wick ist Sport- und Kulturhistoriker, Autor mehrerer Sport- und Fußballbücher und hat bei zahlreichen Ausstellungen vornehmlich zur Geschichte des Ruhrgebiets mitgearbeitet.

Druckerzeugnis
www.natureOffice.com/DE-703-MK2A4X1
klimaneutral
durch CO2-Ausgleich

Bibliografische Information der Deutschen Nationalbibliothek
Die Deutsche Bibliothek verzeichnet diese Publikation in der Deutschen Nationalbibliografie; detaillierte bibliografische Daten sind im Internet über http://dnb.ddb.de abrufbar.

Layout, Satz und Umschlaggestaltung: Composizione Katrin Rampp, Kempten
Alle Fotos: Uwe Wick
Grafiken: Matthias Hunger
Druck und Verarbeitung: Color+, Holzminden
ISBN 978-3-96423-054-6

Inhaltsverzeichnis

Vorwort

Das Ruhrgebiet wird gerne als „Herzkammer" des deutschen Fußballs bezeichnet. Und in der Tat ist die Dichte an traditionsreichen Fußballvereinen, die auf eine lange mehr oder weniger erfolgreiche Geschichte zurückblicken können, hier vermutlich so groß wie in keiner anderen Region Deutschlands. Nicht umsonst spricht man auch vom „Land der tausend Derbies", in dem viele Fußballstädte mit der Straßenbahn verbunden sind.

Die „Fußballheimat Ruhrgebiet" gibt in hundert Orten eine erste Orientierung über die Geschichte und Kultur des Fußballs in dieser Region. Zwei Vereine ragen dabei hervor: Borussia Dortmund und Schalke 04, wobei sich in der Stadt Gelsenkirchen deutlich mehr Spuren des örtlichen Vereins finden lassen als in Dortmund. An dritter Stelle ist Essen zu nennen mit den Erfolgen von Rot-Weiss Essen und Schwarz-Weiß, auch wenn diese bereits etwas zurückliegen. Bochum hatte mit dem VfL und Wattenscheid 09 zeitweilig sogar zwei Erstligisten zu bieten. Der MSV Duisburg zählte über viele Jahre zum Inventar der Fußball-Bundesliga, während Rot-Weiß Oberhausen sich immerhin vier Jahre in der Beletage hielt. Darunter gibt es dann viele Vereine, die in der Oberliga West, der Regionalliga West oder der Zweiten Bundesliga auch überregional auf sich aufmerksam gemacht haben und für den Ruhrgebietsfußball unverzichtbar sind. Nicht zu vergessen die Vereine, die sich in der Deutschen Jugendkraft bzw. in der Deutschen Turnerschaft Meisterschaften in den 1920er-Jahren erspielten.

Schaut man sich die Historie der Vereine genauer an, so fällt ihre enge Verbindung mit Bergbau, Zechen und Stahlwerken auf. Das Ruhrgebiet ist eben nicht nur für den Fußball, sondern auch für Kohle, Stahl und Industrie eine Heimat (gewesen). Dies durchzieht auch die Vorstellung der 100 Orte in diesem Buch.

Die Erstellung des Buches ist erheblich durch die Corona-Pandemie ab März 2020 erschwert gewesen. Die Stadien waren geschlossen, die Saisons wurden verkürzt, die Spiele fanden vor leeren Tribünen statt. Vieles ließ sich daher nur von außen fotografieren, mit Zeitzeugen und Ex-Profis war schwieriger ins Gespräch zu kommen.

Nichtsdestotrotz wünsche ich allen viel Spaß beim Lesen und Entdecken der „Fußballheimat Ruhrgebiet" – erst im Buch und dann möglicherweise vor Ort.

Uwe Wick

Bochum 001

Ruhrstadion

Ältestes Stadion im Ruhrgebiet

Das heutige Ruhrstadion geht zurück auf eine Initiative von Constans Jersch. Jersch, der auch im Westdeutschen Spielverband tätig war, sorgte 1911 dafür, dass sein Verein, die SuS Bochum, einen neuen Sportplatz an der Castroper Straße erhielt – die Geburtsstunde des heutigen Stadions. 1919 fusionierte die SuS mit dem TV Bochum zum TuS Bochum und zwei Jahre später wurde der simple Sportplatz zum Stadion an der Castroper Straße ausgebaut. Dessen damalige Laufbahn galt als „schnellste" in Deutschland. Schon im Juli 1922 spielte hier die deutsche Fußball-Nationalmannschaft vor 35.000 Zuschauern gegen Ungarn. Das 0:0 war zugleich das zweite Länderspiel im Ruhrgebiet nach einem Spiel gegen Belgien 1910 in Duisburg.

Durch die reinliche Scheidung zwischen Turnen und Sport kam es 1924 zur Trennung innerhalb des Vereins. Die Fußballer machten als TuS Bochum 08 weiter, die wiederum 1938 durch die Fusion mit TV Bochum und Germania 1906 Bochum in den VfL Bochum überging. Das Stadion übernahm daraufhin die Stadt. Der VfL Bochum gelangte erst in den 1960er-Jahren zu bundesweiter Aufmerksamkeit, als man 1968 das Endspiel im DFB-Pokal erreichte. Dies ging aber – ebenso wie das Finale 1988 – verloren. Dennoch ging es nun sportlich weiter nach oben. 1971 sogar in die Erste Bundesliga, wo der VfL trotz geringer Mittel lange als „unabsteigbar" galt.

Als Bundesligist benötigte der VfL dringend ein moderneres Zuhause. Die Stadt erhörte die Bitten und baute von März 1976 bis Juli 1979 an alter Stelle das Ruhrstadion neu. Der VfL musste in dieser Zeit umziehen, erhielt dafür aber ein reines Fußball-Stadion, das noch heute nicht nur unter Nostalgikern als gelungen gilt. In den neunziger Jahren wurde der VfL schließlich zu einer Fahrstuhlmannschaft zwischen Erster und Zweiter Liga. Unvergessen sind die UEFA-Cup-Spiele im Ruhrstadion unter Klaus Toppmöller in der Saison 1997/98. Die fortschreitende Kommerzialisierung des Fußballs ging auch am Standort Bochum nicht vorbei und so wurde das Ruhrstadion 2006 in rewirpowerSTADION umbenannt. Seit 2016 pilgern die VfL-Fans ins Vonovia Ruhrstadion.

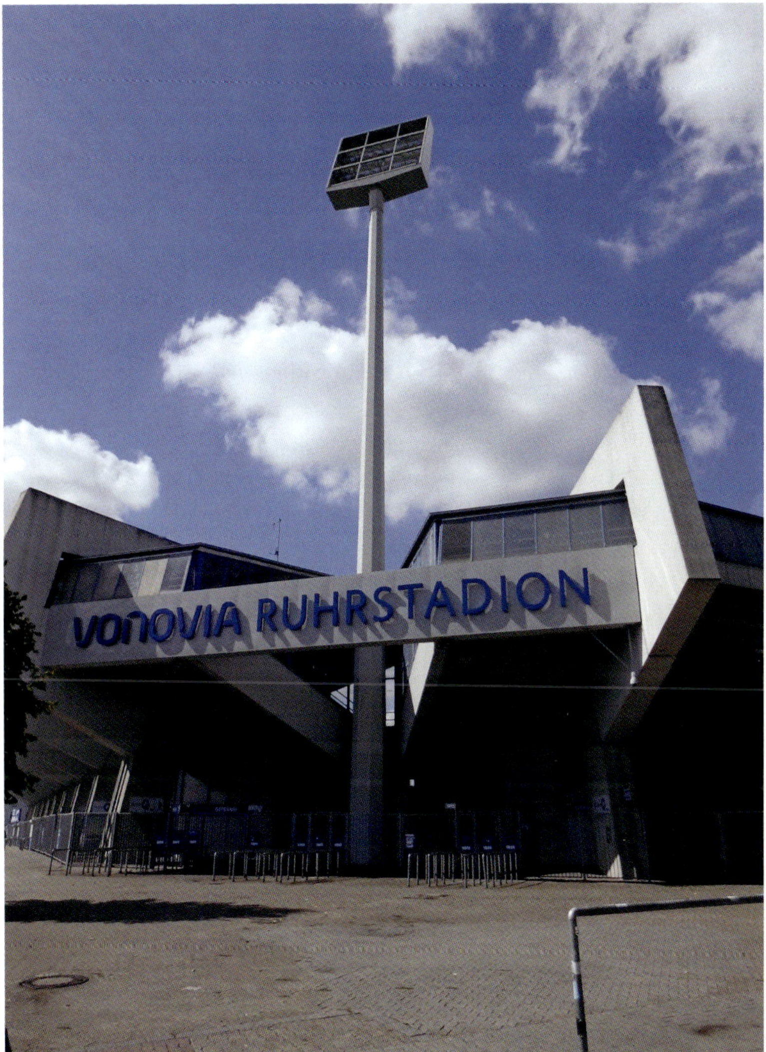

HARTE 4 FAKTEN

Adresse: Castroper Straße 145, 44791 Bochum
Bauherr des Neubaus: Stadt Bochum (1976–1979)
Sitz- und Stehplätze: 27.599 Zuschauer
Erfolge VfL Bochum: Finalist im DFB-Pokal 1968 und 1988

Das Zoca's

Zocken mit der „Zaubermaus"

Das „Zocas's" in Bochum ist auf dem ersten Blick eine normale Soccer-Halle. Zahlreiche Spielfelder erlauben Hobby-Kickern Fußball-Käfigerlebnisse mit 5:5, Vereinsfußballer können hier die eklige Winterzeit überbrücken und gestresste Eltern Geburtstage für ihre Sprösslinge und deren Freunde organisieren. Im „Zoca's" schauen aber gelegentlich auch prominente Ex-Profis des VfL vorbei: Peter Reschel bietet hier Fördertraining im Rahmen seiner „Soccer Academy" an und die „Zaubermaus" Dariusz Wosz leitet seit 2020 zusammen mit Benjamin Adamik die VfL-Fußballschule, die das „Zoca's" ebenfalls für ihre Kurse nutzt.

Wosz wurde am 8. Juni 1969 in Piekary Śląskie, einer polnischen Kleinstadt 16 Kilometer von Kattowitz entfernt, geboren. 1980 siedelte die Familie, die deutsche Wurzeln hatte, in die DDR nach Halle an der Saale über. Dariusz machte dort schnell mit guten Leistungen im Schulsport auf sich aufmerksam. Über die Jugend der BSG Motor Halle und der BSG Empor Halle kam er zum Halleschen FC Chemie. Wosz war mit seiner exzellenten Ballführung einer der auffälligsten Spielertypen in den letzten Saisons der DDR-Oberliga und schaffte es so auch in die A-Nationalmannschaft der DDR.

In der Winterpause 1991/92 wurde Dariusz Wosz zum VfL Bochum transferiert, wo er sich schnell als Spielmacher und dann auch Mannschaftsführer etablierte. 1998 wechselte er zu Hertha BSC. Zuvor hatte er bereits in der DFB-Elf debütiert. Insgesamt kam Wosz auf 17 Länderspiele für die Bundesrepublik. 2001 ging er zurück zum VfL Bochum, obwohl der Verein gerade zweitklassig war. Mit Wosz gelangen der Wiederaufstieg und sogar die erneute Qualifikation für den UEFA-Cup. Nach fast 350 Pflichtspielen für den VfL wurde er zum Ende der Saison 2006/07 verabschiedet. Wosz blieb dem VfL Bochum erhalten und arbeitete als Trainer im Jugendbereich, als Co-Trainer der Profimannschaft und 2010 sogar als deren Interimstrainer, doch die Jugendförderung lag ihm stets mehr am Herzen.

So kam es auch zum Engagement in der VfL-Fußballschule. Und so kann man mit etwas Glück die „Zaubermaus" im „Zoca's" treffen.

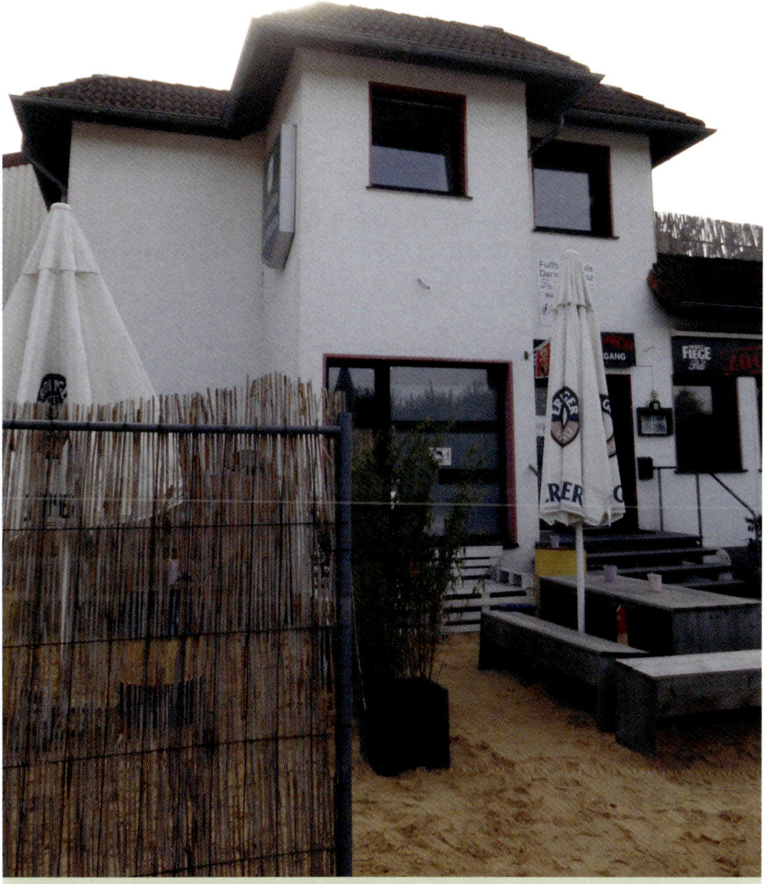

HARTE 4 FAKTEN

Adresse: Am Neuen Kamp 1, 44807 Bochum

Eröffnet: 2005

2. Standort: Recklinghausen

Bonuswissen: Die Courts haben ein Maß von 32 x 15 Metern.

Klaus-Steilmann-Haus

Erinnerung an Mr Wattenscheid 09

Über Jahrzehnte war die SG Wattenscheid 09 Klaus Steilmann und umgekehrt. Dass Steilmann daneben lange Zeit ein überaus erfolgreicher Unternehmer war, spielte in der Öffentlichkeit nur eine Rolle, wenn es darum ging, wie Steilmann seine Wattenscheider förderte.

Klaus Steilmann wurde am 12. Juni 1929 in Neustrelitz als Sohn eines Gutsverwalters geboren. Kriegsbedingt machte Steilmann sein Abitur erst 1951 in Berlin, dem eine Lehre zum Einzelhandelskaufmann bei C&A folgte. Anschließend arbeitete er für einen Mantelkonfektionär. Mit einem Darlehen über 40.000 DM wagte Steilmann 1958 dann den Sprung in die Selbstständigkeit und gründete die Klaus Steilmann GmbH & Co. KG mit Standort Wattenscheid. In der Anfangszeit produzierte er mit 40 Mitarbeitern Damenmäntel und Kostüme in einer eigenen Näherei. Die rasch wachsende Steilmann-Gruppe wurde zu einem der größten Textilproduzenten in Europa. 1985 lag der Umsatz bei 1,1 Mio. DM. Doch die Globalisierung der Textilproduktion brachte Steilmann in den 1990er-Jahren in Bedrängnis. Steilmann selbst hörte 1999 als Geschäftsführer auf. Eine Insolvenz konnte 2006 nur verhindert werden, weil das italienische Textilunternehmen Radici-Gruppe die Steilmann GmbH übernahm.

In der Sportwelt machte sich Steilmann einen Namen als unermüdlicher Förderer und Mäzen der SG Wattenscheid 09. Schon vor seiner elfjährigen Präsidentschaft von 1974 bis 1985 engagierte er sich auf allen Ebenen für den Verein. Mit dem Aufstieg in die 1. Bundesliga 1990, der der Verein immerhin vier Jahre angehörte, erfüllte sich für ihn ein Lebenstraum. Doch auch die Leichtathletik-Abteilung der SG war dank Steilmann bundesweit 1. Liga. Klaus Steilmann starb am 14. November 2009 in Bochum

Und obwohl Steilmann gegen die Eingemeindung von Wattenscheid nach Bochum 1975 war und aus Protest ein Auto mit Essener-Kennzeichen fuhr, wollte ihn die Stadt Bochum ehren. So wurde Anfang 2011 das Berufskolleg der Stadt Bochum, die Kaufmännische Schule 2, in Klaus-Steilmann-Berufskolleg umbenannt. Und das Sportinternat am Olympiastützpunkt West heißt bereits seit Gründung Klaus-Steilmann-Haus.

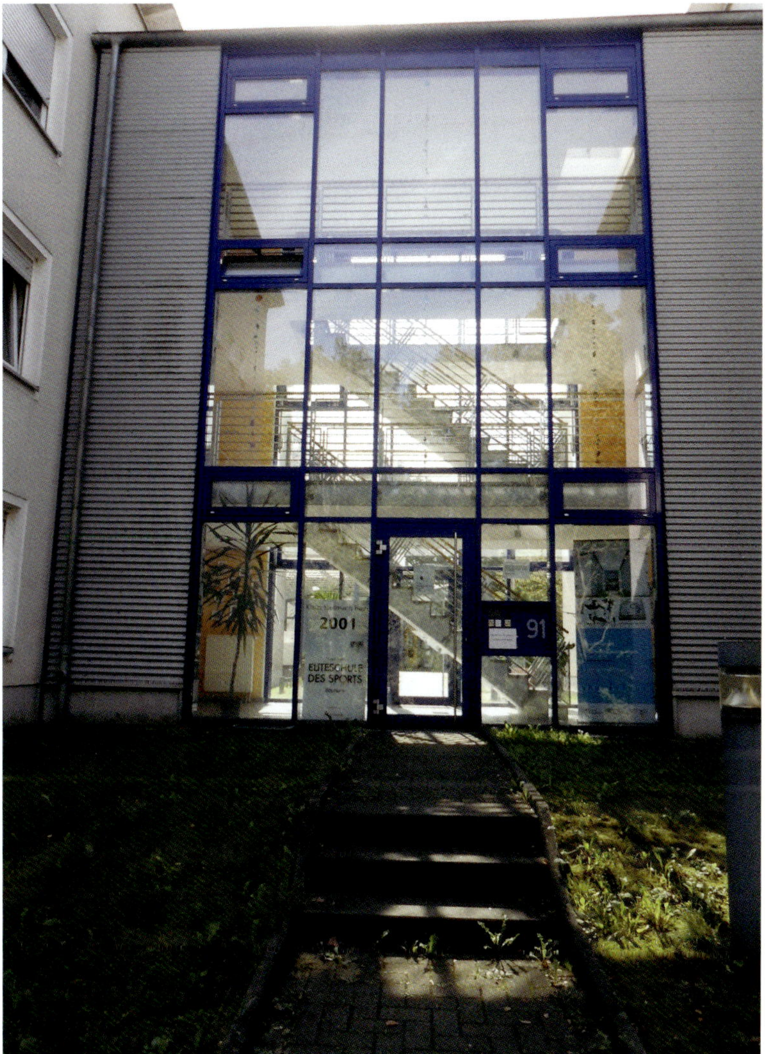

HARTE 4 FAKTEN

Adresse: Hollandstraße 91, 44866 Bochum

Haus: Das Sportinternat liegt direkt am Lohrheidestadion.

Firma: Sitz der Klaus Steilmann GmbH & Co. KG war Bochum-Westenfeld.

Ehre: Steilmann war Mitglied des renommierten Club of Rome.

Lohrheidestadion Wattenscheid

Einmal Bundesliga und zurück

Das Lohrheidestadion mit integrierter Leichtathletikanlage ist im Weltmeister-Jahr 1954 in Wattenscheid eröffnet worden. Der Name „Lohrheide“ kommt vom niederdeutschen Wort „Loeheide“, was Gerberheide bedeutet und die zum Gerben verwendete abgelöste Rinde der Eiche bezeichnet. Ursprünglich spielte im Stadion Rot-Weiß Leithe, ein ehemaliger Arbeitersportverein.

Ab 1965 trug hier die SG Wattenscheid 09 ihre Heimspiele aus. Die SG war 1934 auf Druck der Nationalsozialisten durch eine Fusion von zwei Vereinen entstanden, die zuerst SG 09/30 Wattenscheid genannt wurde; nach 1945 wurde der Name dann abgekürzt in SG Wattenscheid 09. 1969 gelang auch dank des Mäzens Klaus Steilmann der Aufstieg der Fußballer in die Regionalliga West. Fünf Jahre später gewann Wattenscheid 09 erstmals die Regionalliga-Meisterschaft, damals die zweite Liga, verpasste aber in der Aufstiegsrunde den Sprung in die 1. Bundesliga. Immerhin war man nun Mitglied der neu gegründeten 2. Bundesliga und verpflichtete mit Carlos Babington gleich einen argentinischen Nationalspieler, was die Ambitionen von Klaus Steilmann verdeutlichte.

Aber Wattenscheid 09 wurde erst einmal zum Inventar der 2. Liga, bevor 1990 doch noch der Aufstieg in die Bundesliga glückte. Es folgten vier Jahre mit vielen überraschenden Siegen, wobei wegen des Umbaus des Lohrheidestadions einige Heimspiele im Ruhrstadion ausgetragen wurden. Da Wattenscheid seit 1975 zu Bochum gehörte, fanden in dieser Zeit insgesamt auch sechs Bochumer Bundesliga-Stadtderbys statt. Doch während der VfL zur Fahrstuhlmannschaft zwischen 1. und 2. Liga wurde, stürzte die SG bis in die 4. Liga ab und stellte 2019 sogar einen Insolvenzantrag. Nach Abschluss des Verfahrens wurde die 1. Mannschaft für die fünftklassige Oberliga West zugelassen.

Sportliche Höhepunkte sah das Lohrheidestadion in den letzten 20 Jahren vor allem in der Leichtathletik. 2002, 2005 und 2012 fanden hier die Deutschen Leichtathletik-Meisterschaften statt, die vom TV 01 Wattenscheid ausgetragen wurden.

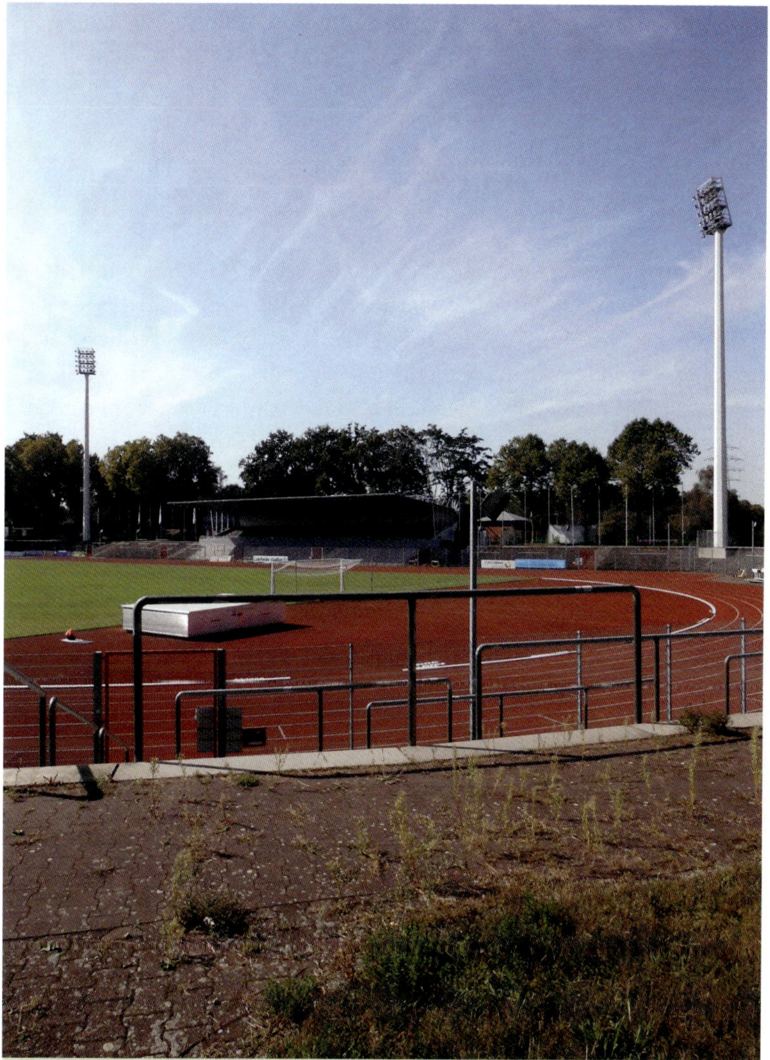

HARTE 4 FAKTEN

Adresse: Lohrheidestraße 82, 44866 Bochum

Bauherr: Stadt Wattenscheid

Sitz- und Stehplätze: 16.233 Zuschauer

Legendär: 2:0-Heimsieg am 2.4.1993 gegen Bayern München in der ausverkauften Lohrheide

Bottrop 005

Jahnstadion

Die Heimat vom VfB Bottrop

Der 1900 gegründete Verein für Turn- und Volksspiele Bottrop fusionierte nach dem Ersten Weltkrieg mit dem 1904 gegründeten Ballspielverein Bottrop zum Verein für Bewegungsspiele (VfB) Bottrop, der heute noch existiert. Wie viele Vereine wollte der wachsende VfB in den 1920er-Jahren ein eigenes Stadion. Da man – ebenfalls wie viele Vereine – kein Geld hatte, wandte man sich an die Stadt. Diese baute dann tatsächlich ab 1923 ein Stadion. Zu dessen Eröffnung am 19. und 20. Juli 1924 fand ein großes Sportfest mit den Bottroper Schulen und Vereine statt. Das Jahnstadion war großzügig dimensioniert und umfasste ein stadionartiges Großkampffeld sowie Übungsplätze für Fußball, Faustball, Diskus- und Schleuderballwurf.

Als stärkstem Verein sollte das Stadion vom VfB Bottrop genutzt werden. Für den ging es sportlich auf und nieder. Meistens kickte der VfB zweit- oder drittklassig. Nach dem Zweiten Weltkrieg wurde der Verein der 2. Liga West zugeteilt. Der Aufstieg in die Oberliga West wollte aber lange nicht gelingen. Dann kam die Saison 1962/63. Mit dem letzten Spieltag sicherte sich die Mannschaft die Meisterschaft in der 2. Liga West – doch es erfolgte wieder kein Aufstieg in die Oberliga West, denn diese war nun in die neugegründete Bundesliga integriert geworden. Der VfB Bottrop blieb daher zweitklassig und spielte jetzt in der Regionalliga West. Es folgten direkter Abstieg, Wiederaufstieg usw. Heute spielt der VfB Bottrop in der siebtklassigen Landesliga des Landesverbands Niederrhein, Gruppe 3.

2004 und 2005 wurde das Jahnstadion umgebaut. Grund waren die World Games, die 2005 neben Duisburg auch in Mülheim an der Ruhr, Oberhausen und Bottrop ausgetragen wurden. Das etwas in die Jahre gekommene Jahnstadion erhielt eine Tartanbahn und eine überdachte Tribüne. Im Jahr 2006 war Bottrop einer der Spielorte der Fußball-Weltmeisterschaft der Menschen mit Behinderung.

Gelegentlich nutzt auch die zweite Mannschaft von Schalke 04 das Jahnstadion für ihre Heimspiele, wenn das heimische Parkstadion nicht zur Verfügung steht.

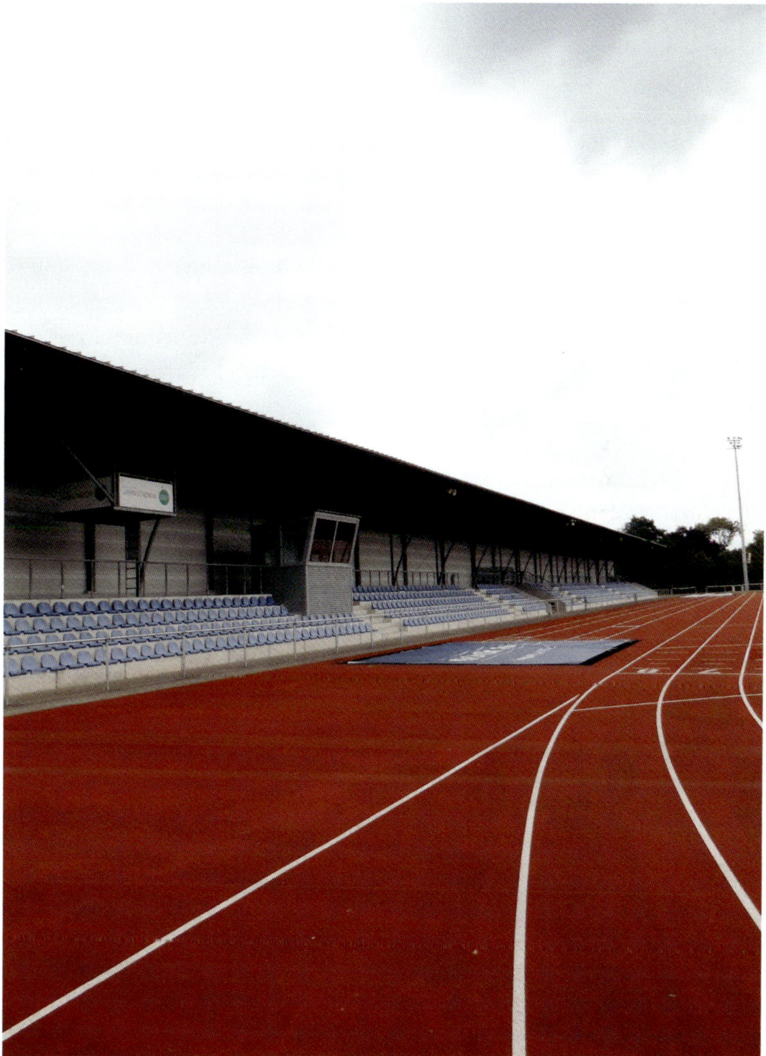

HARTE 4 FAKTEN

Adresse: Hans-Böckler-Straße 60, 46236 Bottrop

Bauherr: Stadt Bottrop (1923–1924)

Steh- und Sitzplätze: 5.000 Zuschauer

Erfolge: Der VfB Bottrop spielte dreimal in der Regionalliga West und stieg jedes Mal gleich wieder ab: 1963/64 (17.), 1965/66 (17.) und 1967/68 (18.).

„Lippenshof" in Bottrop

Willi Lippens' Rückzugsort

Als Willi Lippens am 1. Juli 1982 seine Profi-Karriere im Alter von 36 Jahren beendete, stand er vor der Frage, wie und wo er den Rest seines Lebens verbringen wollte. Er kam eigentlich vom Lande und suchte nun im Ruhrgebiet einen Ort, an dem er ein ländliches Leben führen könnte. Er fand ihn in Bottrop, wo er heute noch wohnt: im Gasthof „Lippenshof". „Mitten im Pott" bietet Gästezimmer und das angeschlossene Lokal mit Biergarten heißt natürlich „Ich danke Sie!" als Anspielung auf einen der berühmtesten Platzverweise der Bundesliga-Geschichte. Der Schiedsrichter hatte Lippens mit den Worten „Herr Lippens, ich verwarne Ihnen!" ermahnt, woraufhin Lippens schlagfertig antwortete: „Herr Schiedsrichter, ich danke Sie!" Platzverweis für Lippens.

Lippens ist am 10. November 1945 in Bedburg-Hau geboren und wuchs im niederrheinischen Kleve auf. Seine Mutter war Deutsche, sein Vater Niederländer. Lippens hatte daher auch die niederländische Staatsangehörigkeit. Er spielte als Jugendlicher beim VfB Kleve und wechselte 1965 zum Regionalligisten Rot-Weiss Essen. Hier wurde er schnell Publikumsliebling und war für seine unnachahmlichen Dribblings auf Linksaußen bekannt. Wegen seines Watschelgang-Laufstils erhielt er in Essen den Spitznamen „Ente".

Bis 1976 spielte er für RWE in der Regionalliga, der Bundesliga und fünf Aufstiegsrunden. Dann wechselte er zu Borussia Dortmund, blieb dort aber nur zwei Jahre, bevor ihn die USA, wo der Profifußball gerade einen ersten Boom auch dank Stars wie Pelé und Franz Beckenbauer erlebte, lockten. Hier spielte er für Dallas Tornado. Seine Karriere ließ er dann wieder bei RWE in der 2. Bundesliga Nord und bei Rot-Weiß Oberhausen, wo er sein letztes Fußballerjahr verbachte, ausklingen. Insgesamt spielte er 466-mal in Bundesliga, 2. Liga und Regionalliga und erzielte dabei 222 Tore – im Schnitt also fast in jedem zweiten Spiel!

Auch zum Nationalspieler brachte es Lippens: Allerdings bestritt er nur ein Länderspiel – 1971 für die Niederlande gegen Luxemburg. Beim 6:0 gelang ihm der 1:0-Führungstreffer. Sicherlich kann er auch dazu im „Lippenshof" eine Anekdote erzählen …

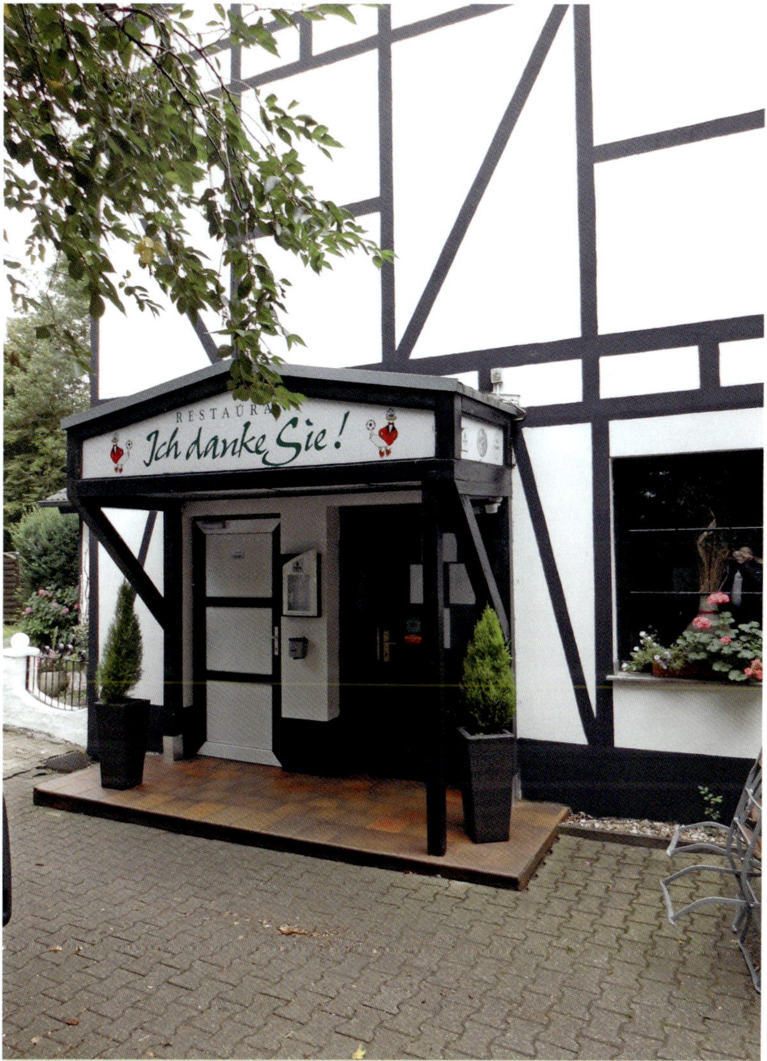

HARTE 4 FAKTEN

Adresse: Gungstraße 198, 46238 Bottrop

Speisekarte I: große Auswahl von Fleisch- und Fischgerichten

Speisekarte II: Ente ist eher die Ausnahme.

Bonuswissen: Zwar wird der Hof mittlerweile von Willis Sohn Michael geführt, aber mit etwas Glück kommt auch Willi auf einen Plausch an den Tisch.

„Zum Wildschütz" – „Pommes Rot-Weiss"

Gründungsort von Borussia Dortmund

Die Gaststätte „Zum Wildschütz" war am 19. Dezember 1909 der Gründungsort des Ballspielvereins Borussia. 18 Männer gründeten den Verein auch als Reaktion auf die ablehnende Haltung der Kirche gegenüber ihren sportlichen Aktivitäten. Franz Jacobi, der Sprecher und Vizepräsident des neuen Vereins, begründete den Schritt wie folgt: „Seit 1902 bin ich Mitglied der Dreifaltigkeit-Jugend, seit 1906 spielen wir Fußball auf der ‚Weißen Wiese'. Wir Fußballer werden seit 1906 systematisch von unserer Kirche bekämpft und diffamiert. Das können wir nicht hinnehmen. Die Vereinsgründung ist zwingend." Jupp Dewald, als Kaplan in der kirchlichen Gemeinde für die Jugendarbeit zuständig, hatte noch erfolglos versucht, die Gründung zu verhindern.

Seit 2003 befindet sich am historischen Ort der Kultimbiss „Pommes Rot-Weiss". Auf einer Tafel, die 1999 am Haus angebracht wurde, steht unter dem Vereinslogo: „Ehem. Gaststätte ‚Wildschütz' – Am 19. Dezember 1909 gründeten im Saal des ersten Obergeschosses dieser Gaststätte 18 Männer, unter Ihnen der Gastwirt Heinrich Trott sen., den Ballspielverein Borussia 09 e. V. Er gehört heute zu den erfolgreichsten europäischen Fußballclubs."

Der neu gegründete Verein fand zunächst keine Aufnahme im Westdeutschen Spielverband, der einen Aufnahmestopp erlassen hatte. Die jungen Fußball-Enthusiasten wandten sich daher an Walter Sanß, damals Geschäftsführer des DFB. Sanß empfahl ihnen als Umweg, zunächst nur die Leichtathletikabteilung beim Verband anzumelden. Tatsächlich wurde diese am 19. Juni 1910 in den Westdeutschen Spielverband aufgenommen. Erst im Anschluss wurden auch die Fußballer des BVB zum 3. Dezember 1910 Mitglied des Verbandes. In der Saison 1911/12 feierten die Borussen in der C-Klasse ihr Wettspiel-Debüt und schaffte gleich den Aufstieg. Schon 1914/15 war auch die A-Klasse erreicht. Der größte sportliche Erfolg der ersten Jahrzehnte war der Aufstieg in die erstklassige Gauliga Westfalen 1936, in der man in den Saisons 1937/38 und 1941/42 sogar den 2. Platz belegte.

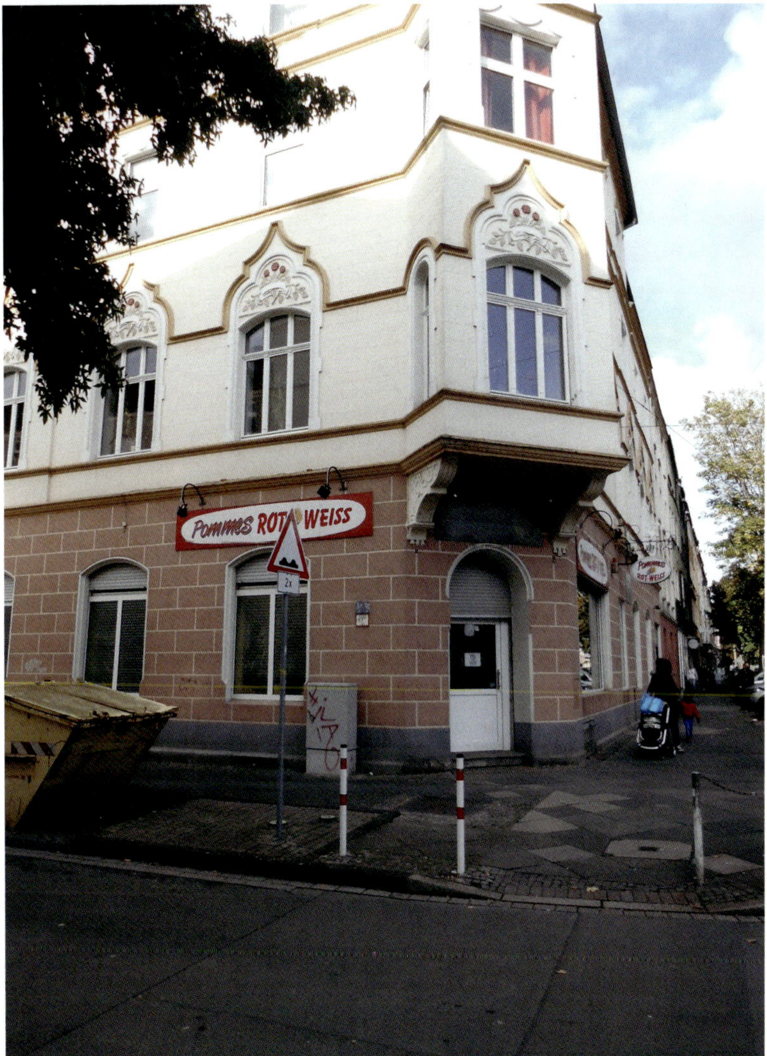

HARTE 4 FAKTEN

Adresse: Oesterholzstraße 60, 44145 Dortmund
Heutige Nutzung: Kultimbiss „Pommes Rot Weiss“
Umgebung I: Borsigplatz, Ort der Titelfeiern
Umgebung II: „Weiße Wiese“, erster Spielplatz des BVB

Der Borsigplatz in Dortmund

Der Höhepunkt der Meisterschaftsfeiern

Der Borsigplatz ist eine kreisförmig angeordnete Verkehrsführung mit sechs Straßen, allerdings besteht im engeren Sinne kein Kreisverkehr. Der Platz liegt im östlichen Bereich der Dortmunder Nordstadt. Benannt ist er nach Albert Borsig, der im 19. Jahrhundert mit anderen die Maschinenfabrik Deutschland gründete.

Der Borsigplatz ist bis heute einer der zentralen Orte für den Ballspielverein Borussia 09 e.V. Nicht weit entfernt vom Borsigplatz, in der Oesterholzstraße, lag das Gründungslokal „Wildschütz" des Vereins. Ebenfalls um die Ecke war die Westfalenhütte der Hoesch AG, bei der viele Borussen ihr Brot verdienten. Und die „Weiße Wiese", das erste Stadion der Borussia vor dem Stadion „Rote Erde" im Südteil der Stadt, befand sich auch hier.

Wann immer es etwas zu feiern gab und gibt beim BVB, dann geht es spätestens am Ende zum Borsigplatz. Egal ob Deutsche Meisterschaft, DFB-Pokal oder Pokalgewinne auf europäischer Ebene – am Ende landet der Korso mit Spielern und Trainern immer hier. Unter den Anhängern des BVB gibt es den Spruch „Den Borsigplatz schwarz-gelb streichen". Dies geht zurück, dass nach dem Gewinn des Europapokals der Pokalsieger 1966 am Borsigplatz die Bürgersteige schwarz-gelb angepinselt wurden. Das Lied „Am Borsigplatz geboren" spiegelt den Stellenwert dieses Platzes für die BVB-Fans wider. Und wer als Fan etwas zählen möchte, spricht nicht etwa von seinen Erlebnissen auf der „Süd", sondern von den ausgelassenen Siegesfeiern am Borsigplatz.

Selbstverständlich ist der Borsigplatz auch Teil der deutschen Fußball-Route NRW, die vom WFLV NRW zur WM 2006 entwickelt und realisiert wurde. Zudem ist der Borsigplatz als Baudenkmal in der Denkmalliste der Stadt Dortmund eingetragen.

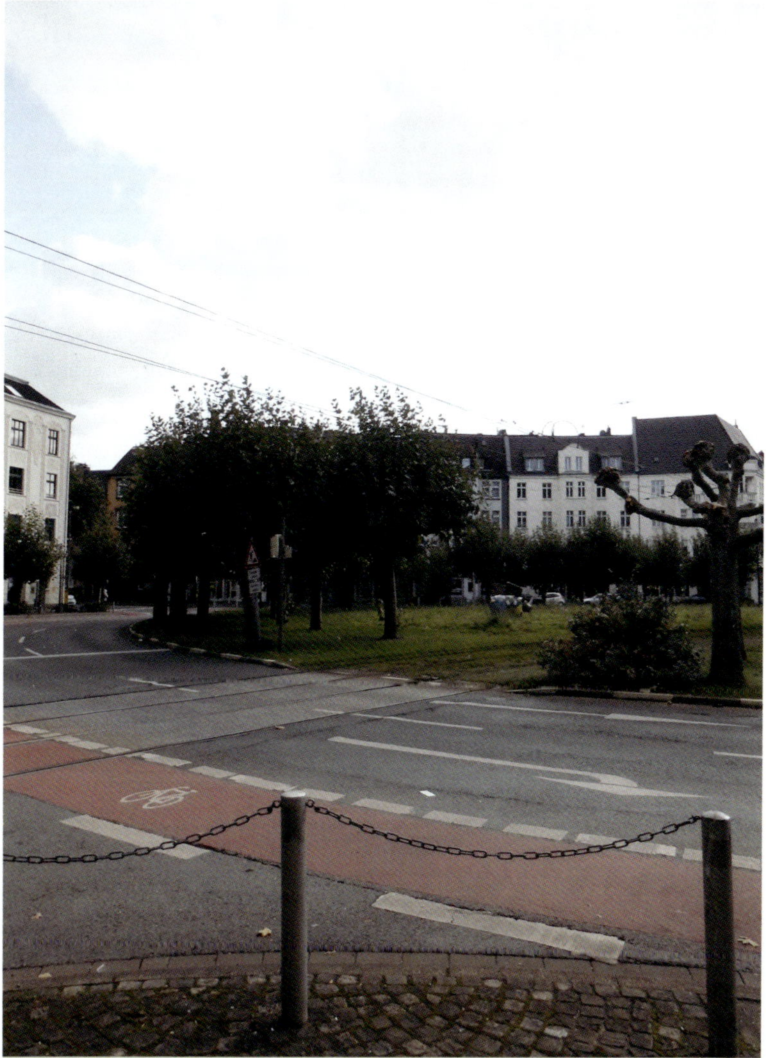

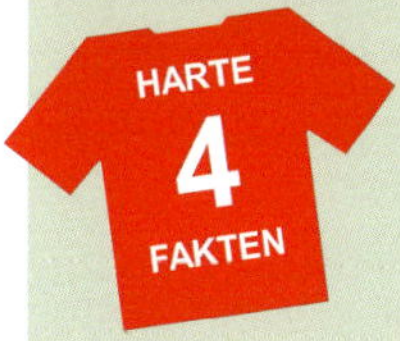

Adresse: Borsigplatz, 44145 Dortmund

„Weiße Wiese" I: 1924 mit Platz für 10.000 Zuschauer eröffnet

„Weiße Wiese" II: 1937 von den Nazis abgerissen und in den Hoeschpark umgewandelt

Lehrreich: Führungen rund um den Borsigplatz bietet „Borsigplatz Verführungen" an

Adi-Preißler-Allee

Kapitän, Torjäger und Fußball-Philosoph

Alfred Preißler wird in Dortmund zweimal geehrt. Zum einen ist die Straße am Trainingsgelände in Brackel nach ihm benannt: Adi-Preißler-Allee, denn alle nannten „Alfred" nur „Adi". Zum anderen stand lange am August-Lenz-Haus am Stadion sein Spruch: „Grau ist im Leben alle Theorie, aber entscheidend ist auf dem Platz!", bevor er als Leitmotiv ins Borusseum wanderte. Womit hat sich Adi Preißler die doppelte Ehre verdient?

Alfred Preißler war eigentlich Duisburger. Dort wurde er am 9. April 1921 geboren und beim Duisburger SC 1900 lernte er auch das Fußballspielen. Mit der Duisburger Stadtauswahl gewann er 1939 die deutsche Jugendmeisterschaft. Erst über den Umweg Minden, wo er nach dem Zweiten Weltkrieg seine aus Dortmund stammende Frau kennenlernte, kam er zum BVB. Ab Ende 1945 spielte Preißler für die Borussen, mit denen er mehrmals Westdeutscher Meister wurde und 1949 im Endspiel um die Deutsche Meisterschaft stand. Doch das Finale gegen den VfR Mannheim verloren die Dortmunder nach Verlängerung. Nach einem zweijährigen Intermezzo bei Preußen Münster kehrte Preißler 1952 zum BVB zurück und blieb dort bis zu seinem Karriereende 1959.

Er spielte 241-mal für den BVB in der Regionalliga West. Alleine in diesen Spielen schoss der dynamische Mittelstürmer 145 Tore. Dazu kamen noch die Spiele und Tore in den Endrunden um die Deutsche Meisterschaft, im Europapokal und dem DFB-Pokal. Bis heute ist er einer der Rekordtorschützen der Borussia. Als Kapitän führte er den BVB dann schließlich 1956 und 1957 zu den ersehnten Deutschen Meisterschaften. Zusammen mit Alfred Kelbassa und Alfred Niepieklo bildete er das bei den Gegnern gefürchtete Sturmtrio „Die drei Alfredos". In der Nationalmannschaft kam er allerdings an Fritz Walter und Max Morlock nicht vorbei. Als Trainer hatte er seinen größten Erfolg, als er Rot-Weiß Oberhausen 1969 in die Bundesliga führte.

„Adi" Preißler starb am 15. Juli 2003 in seiner Geburtsstadt Duisburg und ist auf dem dortigen Waldfriedhof beerdigt.

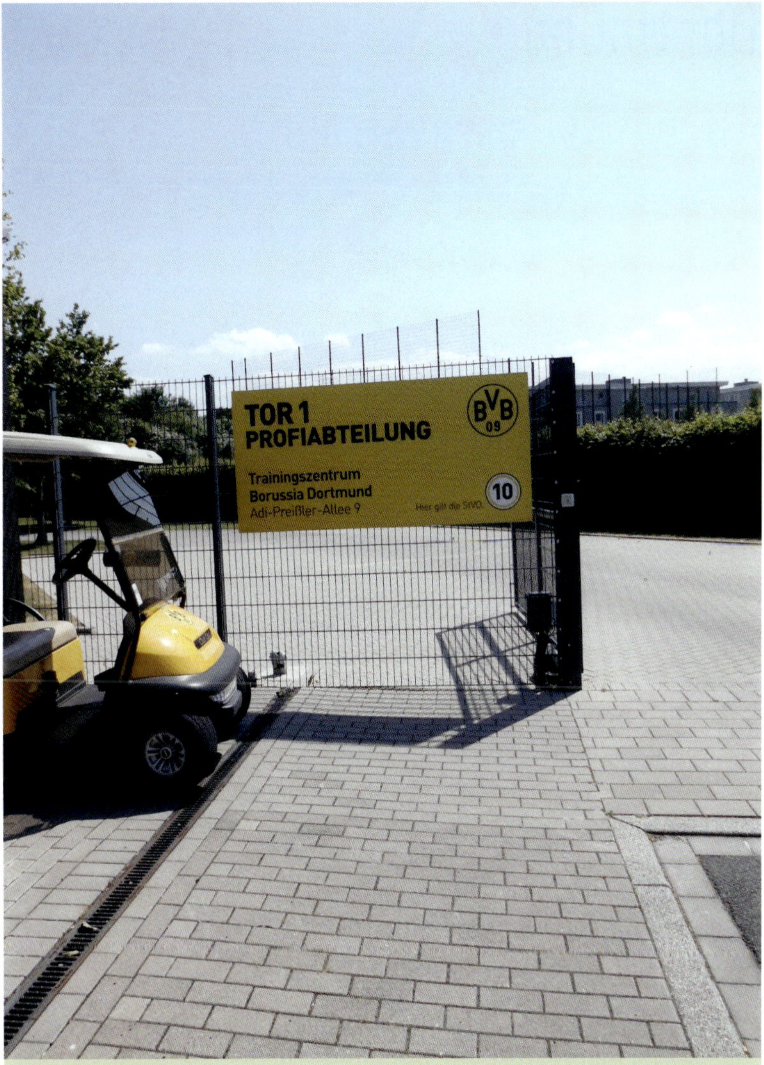

HARTE 4 FAKTEN

Adresse: Adi-Preißler-Allee, 44309 Dortmund

Letzter Trainer: Max Merkel

Ehre: 2004 wählte ihn RWO zum Jahrhundert-Trainer.

National: Lediglich zwei Einsätze unter Sepp Herberger 1951

Alfred-Kelbassa-Straße

Der zweite Alfredo – Deutscher Meister mit 38

Alfred „Freddy" Kelbassa wurde am 21. April 1925 in Buer, heute ein Stadtteil von Gelsenkirchen, geboren. Der schnelle schussstarke Stürmer war als Jugendlicher ein sportliches Multitalent. So wurde er westdeutscher Meister im Leichtathletik-Fünfkampf. Fußball spielte er zunächst bei Schwarz-Weiß Bülse und beim SC Gelsenkirchen-Buer. Während des Zweiten Weltkriegs hatte er als Gastspieler Einsätze im hohen Norden für Holstein Kiel und Fortuna Glücksstadt. Von 1946 bis 1952 kickte er wieder im Ruhrpott beim STV Horst Emscher. In der Saison 1949/50 erreichte die Emscher Mannschaft sogar die Endrunde um die Deutsche Meisterschaft, was nicht zuletzt auf Kelbassas Tore zurückging. Es folgte ein kurzes Intermezzo bei Preußen Münster, bevor es ihn von Horst-Emscher zu Borussia Dortmund zog.

Beim aufstrebenden BVB entfaltete er dann sein volles Können. Zusammen mit Alfred Preißler und Alfred Niepieklo als Sturmtrio „Die drei Alfredos" schoss er Borussia Dortmund zu den Deutschen Meisterschaften 1956 und 1957. Und damit nicht genug: Obwohl er seine Karriere im Sommer 1962 eigentlich schon beendet hatte, wurde er 1963 zur Endrunde um die Deutsche Meisterschaft als 38-Jähriger noch einmal reaktiviert, weil Willi Schütz verletzt ausfiel. Kelbassa enttäuschte die Verantwortlichen nicht und erzielte auf dem Weg zu seiner dritten Deutschen Meisterschaft auch noch ein Tor.

In der Nationalmannschaft machte er zwischen 1956 bis 1958 sechs Länderspiele. Bei der WM 1958 kam er zusammen mit BVB-Torwart Kwiatkowski beim 3:6 gegen Frankreich, dem Spiel um Platz 3, zum Einsatz.

Beruflich war der ausgebildete Sportlehrer für das Sportamt der Stadt Dortmund tätig. Nach mehreren Schlaganfällen starb er am 11. August 1988 im Alter von 63 Jahren. Alfred Kelbassa ist auf dem Bauernfriedhof Renninghausen beerdigt.

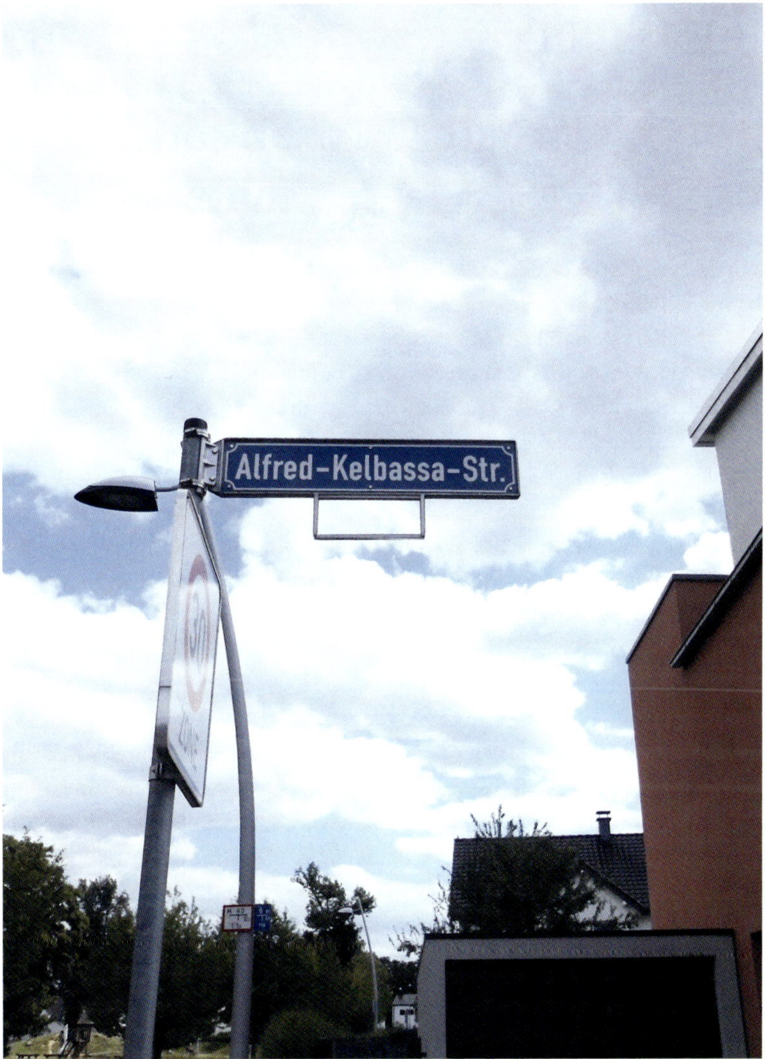

HARTE 4 FAKTEN

Adresse: Alfred-Kelbassa-Straße, 44309 Dortmund

Statistik: 371 Spiele und 215 Tore in der Oberliga West

Goalgetter: 1957 und 1958 Torschützenkönig in der Oberliga West

Privat: Sein Sohn heiratete die Tochter seines Sturmpartners Alfred Niepieklo, es gibt einen gemeinsamen Enkel.

Heinrich-Kwiatkowski-Straße

Torwart des Ruhrgebiets

Schalke 04, Rot-Weiss Essen, Borussia Dortmund: Heute wäre ein solcher Karriereverlauf manchem Fan schwer zu vermitteln, bei Heinrich Kwiatkowski nahm noch niemand daran Anstoß. Kwiatkowski wurde am 16. Juli 1926 in Gelsenkirchen-Schalke geboren. Das Fußballspielen bzw. die Torwartschule lernte er bei Westfalia Schalke. Nach seiner Freilassung aus zweijähriger französischer Kriegsgefangenschaft am Ende des 2. Weltkrieges schloss er sich 1947 Schalke 04 an. Schnell wurde er in den Anfängen der Oberliga West Stammtorwart der Königsblauen. 1950 ging Kwiatkowski zu Rot-Weiss Essen und erreichte mit RWE immerhin die Endrunde um die Deutsche Meisterschaft, doch sein eigentliches sportliches Glück fand Kwiatkowski erst beim BVB, zu dem er 1952 wechselte.

Bei Borussia Dortmund wurde er zur großen Konstante und hütete das BVB-Tor bis zum Ende der Oberliga West 1963. Damit ist Kwiatkowski der einzige Spieler, der in allen Spielzeiten der Oberliga West von 1947 bis 1963 auf dem Platz stand. Zugleich ist er mit 409 absolvierten Spielen der Rekordhalter der Oberliga. Bei Borussia Dortmund blieb er sogar bis 1966 im Kader, auch wenn er in der Bundesliga kaum noch zum Einsatz kam. Mit dem BVB gewann er die Deutschen Meisterschaften 1956, 1957 und 1963. Unter Willi Multhaup wurde er in der Saison 1965/66 Co-Trainer der Borussen, danach trainierte er deren Amateure.

Seine Nationalmannschaftskarriere verlief hingegen ein wenig unglücklich. Viermal spielte Heinrich Kwiatkowski für die DFB-Elf und durfte sich 1954 sogar Fußball-Weltmeister nennen. Allerdings stand er bei der WM nur beim 3:8 im ersten Spiel gegen die Ungarn im Tor. Und auch bei der WM 1958 in Schweden kassierte er bei seinem einzigen Einsatz beim 3:6 im Spiel um Platz drei gegen Frankreich wieder ein halbes Dutzend Tore. Obwohl Kwiatkowski von den Zeitungen gute Kritiken bekam, bat er Herberger anschließend darum, nicht mehr in der Auswahl eingesetzt zu werden.

Kwiatkowski arbeitete nach seiner Fußballkarriere als Reprofotograf für die Stadt Dortmund. Am 23. August 2008 starb er nach schwerer Krankheit. Kwiatkowski ist auf den Südwestfriedhof in Dortmund begraben.

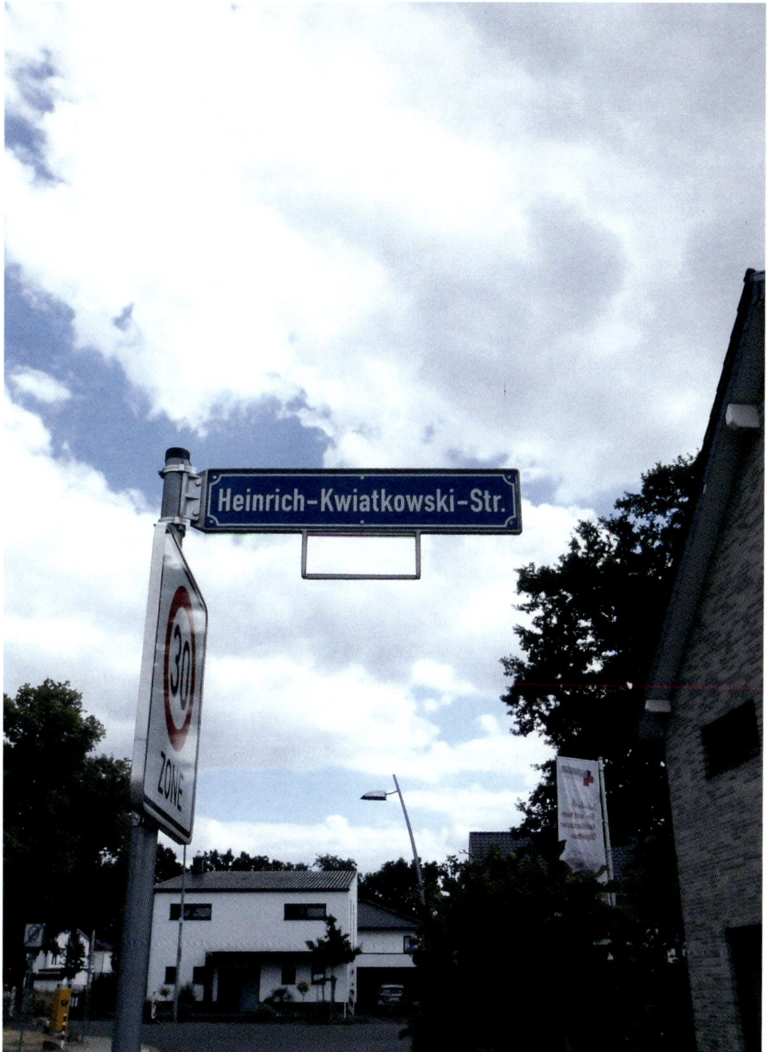

HARTE 4 FAKTEN

Adresse: Heinrich-Kwiatkowski-Straße, 44309 Dortmund

Oberliga West: 74-mal für S04, 38-mal für RWE, 297-mal für BVB

Bundesliga: 3 Spiele in der Saison 1963/64

Europa: Im Europapokal der Landesmeister begeisterte Kwiatkowski auch die Zuschauer in Manchester und Mailand.

Lothar-Emmerich-Straße

Per Zufall zum BVB, per „linker Klebe" zum Glück

Der am 29. November 1941 in Dortmund-Dorstfeld geborene Lothar Emmerich wurde eigentlich nur per Zufall vom BVB entdeckt. Der damalige BVB-Trainer Max Merkel wollte bei einem Spiel des Dorstfelder SC 09 eigentlich einen anderen Spieler beobachten, doch „Emma", wie er von allen gerufen wurde, schoss in diesem Spiel vier Tore für Dorstfeld und der „Meistertrainer" Merkel lotste ihn daraufhin 1960 zu den Borussen.

Dort brauchte er ein wenig Anlaufzeit. So wurde er zwar 1963 mit der Borussia Deutscher Meister, in der Endrunde kam er aber zu keinen Einsätzen. Sein Stern blühte dann in der Bundesliga, vor allem mit seinem kongenialen Sturmpartner Siegfried Held, so richtig auf. Im Ausland wurden sie die „Terrible Twins" genannt. Emmerich wurde mit dem BVB DFB-Pokalsieger 1965 und gewann im Jahr darauf mit dem Verein überraschend auch den Europapokal der Pokalsieger. Dabei schoss Emmerich 14 Tore auf dem Weg zum Cup-Gewinn. 1966 und 1967 wurde er jeweils auch Torschützenkönig in der Bundesliga, sodass auch Bundestrainer Helmut Schön nicht an ihm vorbeikam. Bei der WM 1966 in England gelang ihm ein sensationelles Tor mit seiner berüchtigten „linken Klebe" quasi von der Außenlinie. In der Bundesliga war er der erste Spieler, dem an vier Spieltagen nacheinander jeweils ein Doppelpack gelang, und im Februar 1968 war er der erste, der die Marke von 100 Bundesliga-Toren erreichte.

1969 wechselte er zu K. Beerschot VAV nach Belgien, wo er wiederum Torschützenkönig wurde und den Pokal gewann. Über Klagenfurt kehrte Emmerich 1974 nach Deutschland zurück und spielte für FC Schweinfurt 05, Würzburger FV 04 und Würzburger Kickers. 1977 wurde er im Alter von 35 Jahren sogar noch einmal Torschützenkönig der 2. Bundesliga Süd.

Anschließend arbeitete „Emma" als Trainer bei eher unterklassigen Vereinen. 1999 kehrte er zu Borussia Dortmund zurück, wo er seine erfolgreichste Zeit gehabt hatte, und wurde Fanbeauftragter. Er starb mit 61 Jahren am 13. August 2003 und wurde auf dem Friedhof Marten in Dortmund beerdigt.

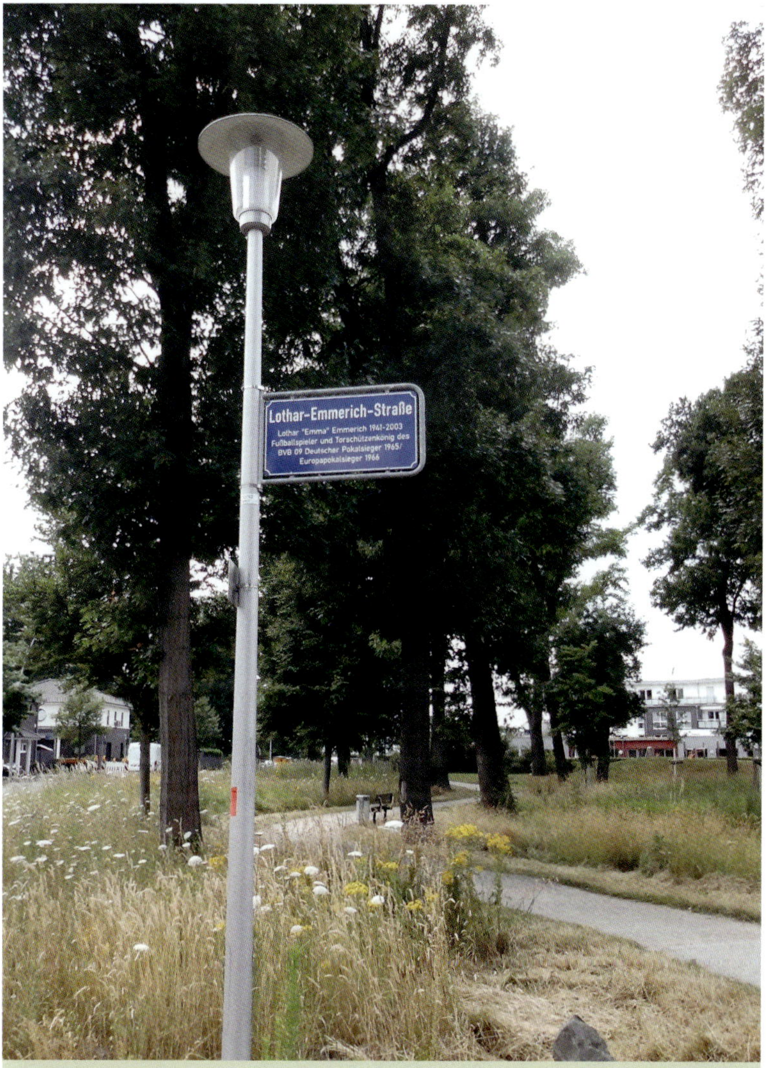

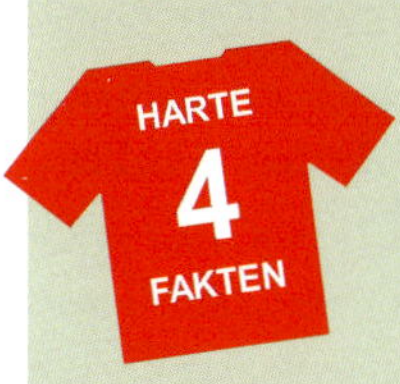

Adresse: Lothar-Emmerich-Straße, 44309 Dortmund

Statistik: 249 Spiele und 148 Tore für Borussia Dortmund

Torschützenkönig: 1966 31 Tore, 1967 28 Tore (mit Gerd Müller)

Lieblingsspruch: „Gib mich die Kirsche!“

Die erste Geschäftsstelle des Deutschen Fußball-Bundes

Walter Sanß: Ein Leben für den Fußball

In der Dortmunder Gutenbergstraße 48 befand sich einst die erste Geschäftsstelle des Deutschen Fußball-Bundes, zugleich auch das Wohnhaus des ersten hauptamtlichen Geschäftsführers des DFB Walter Sanß. Sanß, der am 30. Mai 1879 geboren wurde und staatlich vereidigter Buchprüfer war, hatte sich diese bezahlte Tätigkeit mit seinen zahlreichen Ämtern, die er zuvor im Fußball bekleidet hatte, verdient: Schon mit 20 Jahren wurde er 1899 Vorsitzender des Dortmunder FC 1985. Er engagierte sich bei der Gründung des Rheinischen Spielverbandes und sorgte dafür, dass sich der Verband 1900 in Rheinisch-Westfälischer Spielverband umbenannte, aus dem dann im Jahre 1907 der WSV hervorging. 1908 veröffentlichte Sanß seine Chronik über die ersten zehn Jahre des Verbandes. Sein Einfluss im WSV ging so weit, dass die 1908 verabschiedeten umfangreiche Reformen in der Organisation des Spielbetriebs im WSV auch „Sanß'sche Reformen" genannt wurden.

Im DFB fungierte Sanß seit dem Kölner Bundestag vom Mai 1905 unter dem langjährigen aus Duisburg stammenden DFB-Präsidenten Gottfried Hinze als 1. Schriftführer. Als der DFB auf seinem Bundestag 1910 die erstmalige Einrichtung einer DFB-Geschäftsstelle mit hauptamtlichem Geschäftsführer beschloss, lag es nahe, diese Aufgabe ebenfalls Walter Sanß zu übertragen. Seine Wohnung in der Gutenbergstraße 48 in Dortmund wurde nun auch die DFB-Geschäftsstelle. Für spätere Jahre werden auch Neuer Graben 75 und Märkische Straße 50 als Sitz der Geschäftsstelle genannt.

Sanß blieb bis 1916 hauptamtlicher Geschäftsführer des DFB. Bereits 1914 war er allerdings in den Krieg einberufen worden. Die Geschäftsstelle ging dann nach Kiel zu Georg Blaschke. Nach dem Ersten Weltkrieg engagierte sich Sanß zunächst weiter als Sportfunktionär, war aber auch als Schiedsrichter und Sportfotograf tätig, bevor er seine ehrenamtlichen Tätigkeiten zugunsten der beruflichen Entwicklung reduzierte. Sanß starb am 30. November 1943 an den Folgen eines Herzinfarkts in Zwickau.

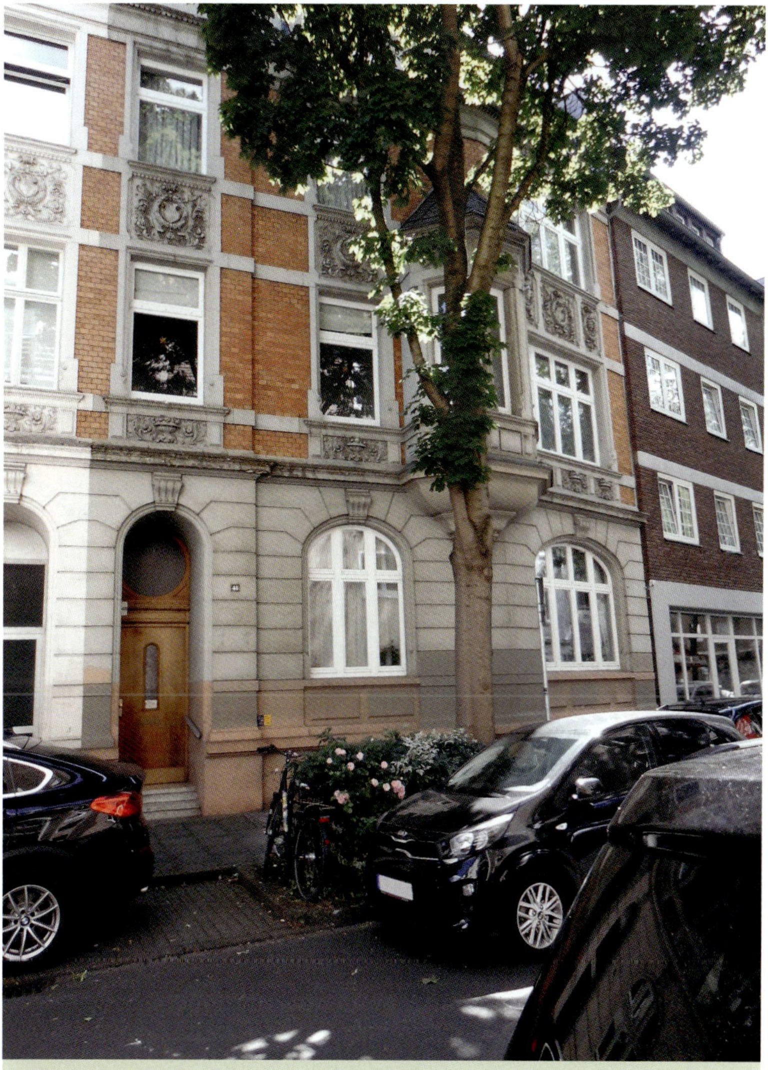

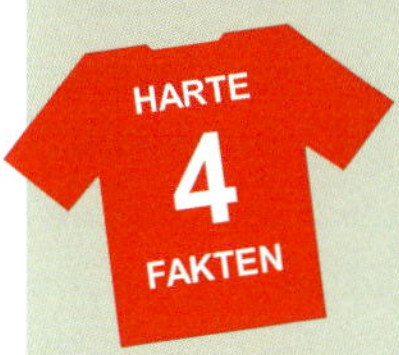

Adresse: Gutenbergstraße 48, 44139 Dortmund

Schiedsrichter: Er pfiff über 200 Spiele, darunter am 4. 5. 1913 das Länderspiel Belgien gegen Schweiz in Basel.

Stadtgeschichte: Walter Sanß war 1919 Gründungspräsident des Stadtverbandes für Leibesübungen Dortmund.

Beruf: Zu seinen Mandanten als Steuerberater zählten viele jüdische Unternehmer.

Deutsches Fußballmuseum

Mehr als nur Pokale

Das Deutsche Fußballmuseum wurde im Oktober 2015 unweit des Dortmunder Hauptbahnhofes eröffnet. Planungen für ein solches nationales Fußballmuseum hatten beim Deutschen Fußball-Bund spätestens seit 2006 bestanden. Nach der Fußball-WM 2006 im eigenen Land konkretisierten sich die Überlegungen, einen Teil des Gewinnes aus der WM für ein Museum zu verwenden, das jenseits aller Vereinsidentifikationen Menschen aus dem In- und Ausland anziehen sollte. Um den Standort bewarben sich insgesamt 14 deutsche Städte. In die engere Wahl kamen vier Städte in Nordrhein-Westfalen: Köln, Oberhausen, Gelsenkirchen und Dortmund. NRW erhielt den Zuschlag, da die Landesregierung dem DFB einen Zuschuss von 22 Millionen Euro für den Bau zusagte. Die Entscheidung pro Dortmund fiel dann am 24. April 2009 auf einem außerordentlichen Bundestag des DFB. Als Standort wurde ein innenstadtnahes Areal im Süden des Hauptbahnhofes, das zuvor als Busbahnhof benutzt worden war, ausgewählt. Der Spatenstich erfolgte am 20. September 2012.

Der Besuch des Museums ist definitiv eine Reise wert, auch wenn die Eintrittspreise nicht gerade volksnah sind. Man fängt im 2. Geschoss an, das der Nationalmannschaft gewidmet ist: Präsentiert wird die gesamte Geschichte der DFB-Elf von den Anfängen 1908 über die beiden Weltkriege bis hin zu den „vier Sternen“ 1954, 1974, 1990 und 2014, aber auch das „Sommermärchen“ 2006 fehlt nicht. Auch die Historie des Verbandes selbst, der Fußball in der DDR und der Frauenfußball werden berücksichtigt. Dann geht es in die erste Etage, wo der Vereinsfußball im Mittelpunkt steht: die Anfänge ab der Jahrhundertwende bis zur Einführung der Bundesliga, anschließend die mittlerweile sechs Jahrzehnte Bundesliga, die größten deutsche Erfolge in den Europapokalwettbewerben, die Entwicklung der Medienlandschaft und auch das Schiedsrichterwesen. Das Untergeschoss dient dann für Wechselausstellungen. Ein Highlight ist die „Schatzkammer“, die alle gewonnenen Trophäen der Nationalmannschaft zeigt, wenn auch nur als Nachbildungen vom Original.

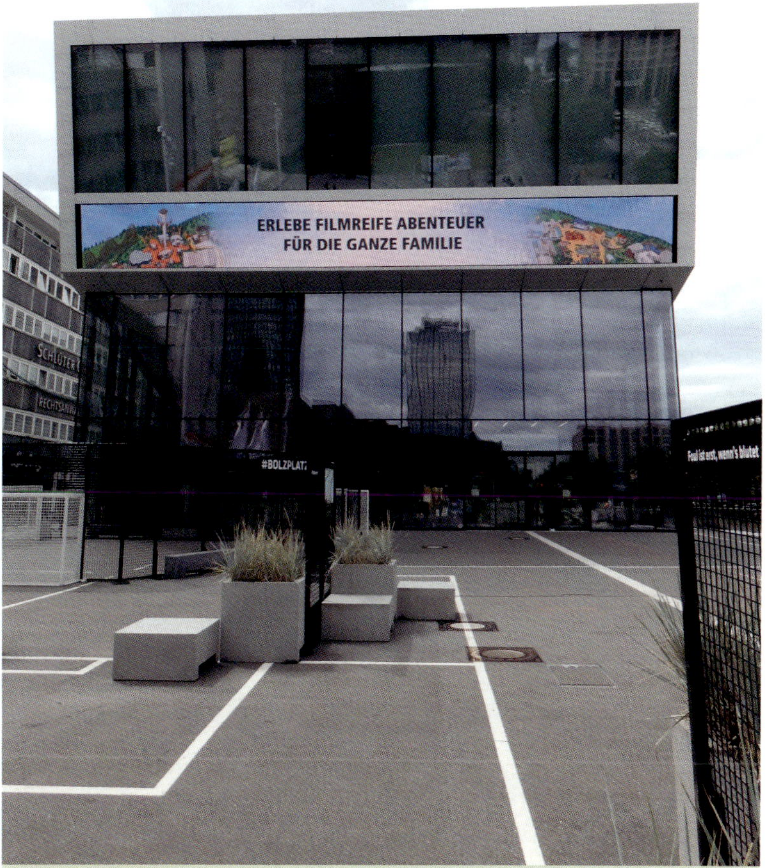

HARTE 4 FAKTEN

Adresse: Platz der Deutschen Einheit 1, 44137 Dortmund

Bauherr: Büro HPP Hentrich-Petsching + Partner, Düsseldorf

Zahl der Exponate: ca. 1.600 (Stand: März 2023)

Erreichbarkeit: Fußläufig vom Dortmunder Hauptbahnhof

Dortmunder Westfalenhallen

Gründungsstätte der Fußball-Bundesliga

Die Dortmunder Westfallenhallen haben mindestens zweimal in der Geschichte des deutschen Fußballs eine wichtige Rolle gespielt. Im Goldsaal, dem Prunkstück der 1952 neu eröffneten Westfalenhallen, fand am 28. Juli 1962 ein folgenreicher Bundestag des DFB statt. Gestritten wurden bei diesem Bundestag über die Einführung der Bundesliga. Letztendlich fiel die Entscheidung pro Bundesliga mit 103 zu 26 Stimmen sehr eindeutig. Und tatsächlich startete die Bundesliga mit zunächst noch 16 Vereinen bereits ein Jahr später zur Saison 1963/64. Schon 1932 und 1949 hatte es Bestrebungen gegeben, eine reichs- bzw. deutschlandweite (Profi-)Liga zu errichten, doch erst in Dortmund gaben die eher konservativen DFB-Delegierten ihren Segen für ein solches Vorhaben.

Für große Diskussionen sorgte die Festlegung der 16 zugelassenen Vereine. Im Januar 1963 wurden die ersten Vereine für die neue Liga verkündet. Darunter waren aus dem Ruhrgebiet die beiden Schwergewichte Borussia Dortmund und FC Schalke 04. Im Mai 1963 folgte die Nennung der restlichen Vereine, zu denen auch der Meidericher SV zählte. Die Einführung der Bundesliga bedeutete zugleich die Abschaffung der Endrunde um die Deutsche Meisterschaft. Nun entschied ausschließlich die Abschlusstabelle nach Hin- und Rückrunde über den Deutschen Meister. Bereits zwei Jahre nach ihrer Einführung erfolgte dann die Aufstockung auf 18 Vereine. Nur in der sogenannten Wiedervereinigungssaison 1991/92 gab es einmalig 20 Vereine in der Bundesliga.

Der zweite DFB-Bezug zu den Dortmunder Westfalenhallen ist der Hallenfußball, der in den 1970er bis 1990er-Jahren seine beste Zeit erlebte. Mit die größten und stimmungsvollsten Turniere fanden in der weiträumigen Westfalenhalle statt, die sich sonst vor allem bei Radrennen, großen Handballspielen des VfL Gummersbach und der westdeutschen Nationalmannschaft sowie bei Rock-Konzerten bundesweit einen Namen machte. Die Westfalenhalle war mehrfach Austragungsort des DFB-Hallenpokals bzw. Hallen-Masters und Borussia Dortmund ist mit vier Erfolgen auch der Rekordsieger des Hallenpokals (1990, 1991, 1992 und 1999).

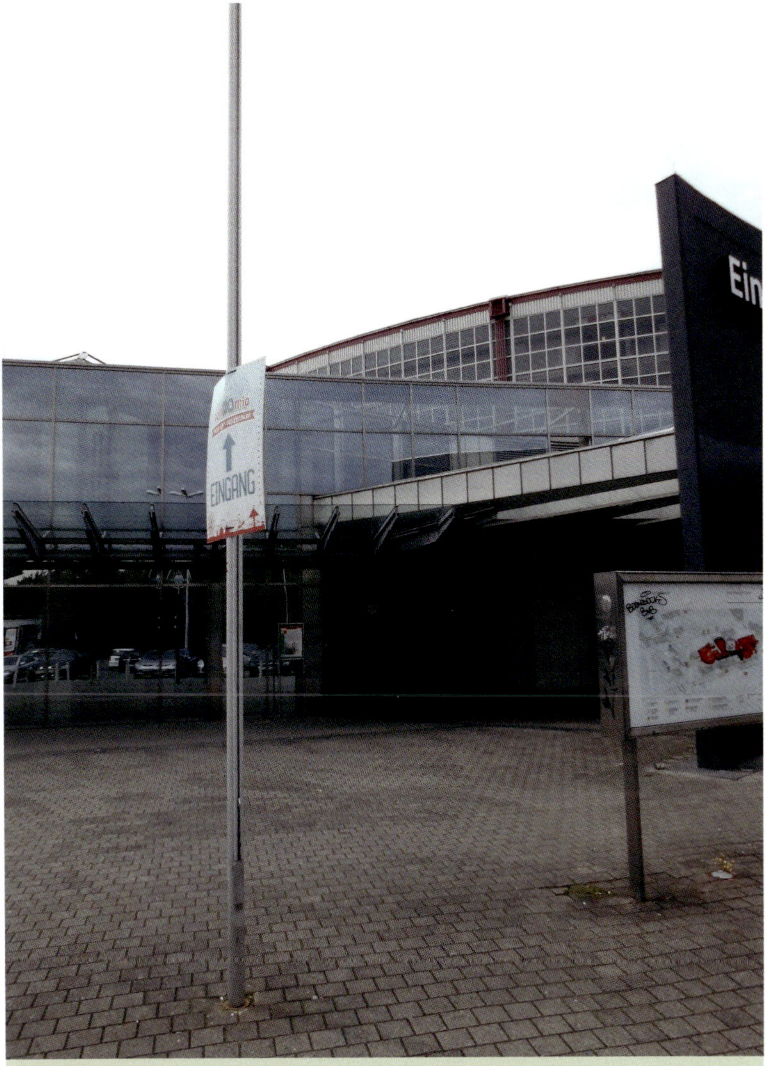

HARTE 4 FAKTEN

Adresse: Strobelallee 41, 44139 Dortmund

Westfalenhalle: 15.400 Sitzplätze (maximal)

Das U auf dem Dach: steht für die Dortmunder Union-Brauerei

Basiswissen: Preußen Münster ist das einzige Gründungsmitglied der Bundesliga, das bis heute nur eine Saison Bundesliga spielte.

Stadion „Rote Erde"

Von der Kampfbahn zum modernen Denkmal

Die Stadt Dortmund wollte sich in den 1920er-Jahren zur Sportstadt mausern. Zu den wichtigsten Neubauten für dieses ehrgeizige Ziel zählten die Westfalenhalle 1925, die Kampfbahn „Rote Erde" 1926 und das Schwimmbad Volksbad Dortmund 1927. Die Bauten wurden vom Stadtbaurat Hans Strobel initiiert und umgesetzt. Ihm zu Ehren trägt die Straße, die zahlreiche Dortmunder Sportstätten verbindet, heute den Namen Strobelallee.

Die Kampfbahn „Rote Erde" wurde sportlich über das Ruhrgebiet hinaus erstmals bekannt, als Schalke 04 hier das Viertelfinalspiel in der deutschen Endrunde 1928/29 gegen Hertha BSC verlor. 1932 fand in der „Roten Erde" das Reichstreffen der Deutschen Jugendkraft statt. Erst 1937 wurde „Rote Erde" zur Heimspielstätte für Borussia Dortmund und blieb dies dann bis zur Einweihung des Westfalenstadions. Für die Bundesliga wurden die Ränge des Stadions „Rote Erde" aufgestockt, sodass insgesamt 42.000 Zuschauer reinpassten. Auch die deutsche Nationalmannschaft spielte hier zweimal: am 8. Mai 1935 gegen den Irischen Freistaat und am 8. April 1967 gegen Albanien. Deutschland gewann beide Spiele, sodass die „Rote Erde" zu den wenigen DFB-Stadien mit einer 100%-Siegquote zählt. In den 1950er-Jahren fanden auch einige legendäre Boxveranstaltungen mit beeindruckenden Zuschauerzahlen im Stadion statt.

Der Bau des Westfalenstadions zur Fußball-WM 1974 und der Auszug der BVB-Mannschaft ließen die Bedeutung des Stadions zwar verblassen, führten aber zu keinem Abriss. Die „Rote Erde" wird seitdem vor allem als Leichtathletikstadion genutzt und dient den Dortmunder Leichtathletikvereinen als Trainings- und Wettkampfstätte. Auch die 2. Mannschaft von Borussia Dortmund trägt ihre Heimspiele im Stadion „Rote Erde" aus, das direkt neben der Osttribüne des heutigen Signal Iduna Parks liegt.

Das Stadion „Rote Erde" steht als Baudenkmal in der Denkmalliste der Stadt Dortmund. Eine Rasenheizung, ein neues Drainagesystem und eine moderne Laufbahn lassen das Denkmal aber durchaus modern anmuten.

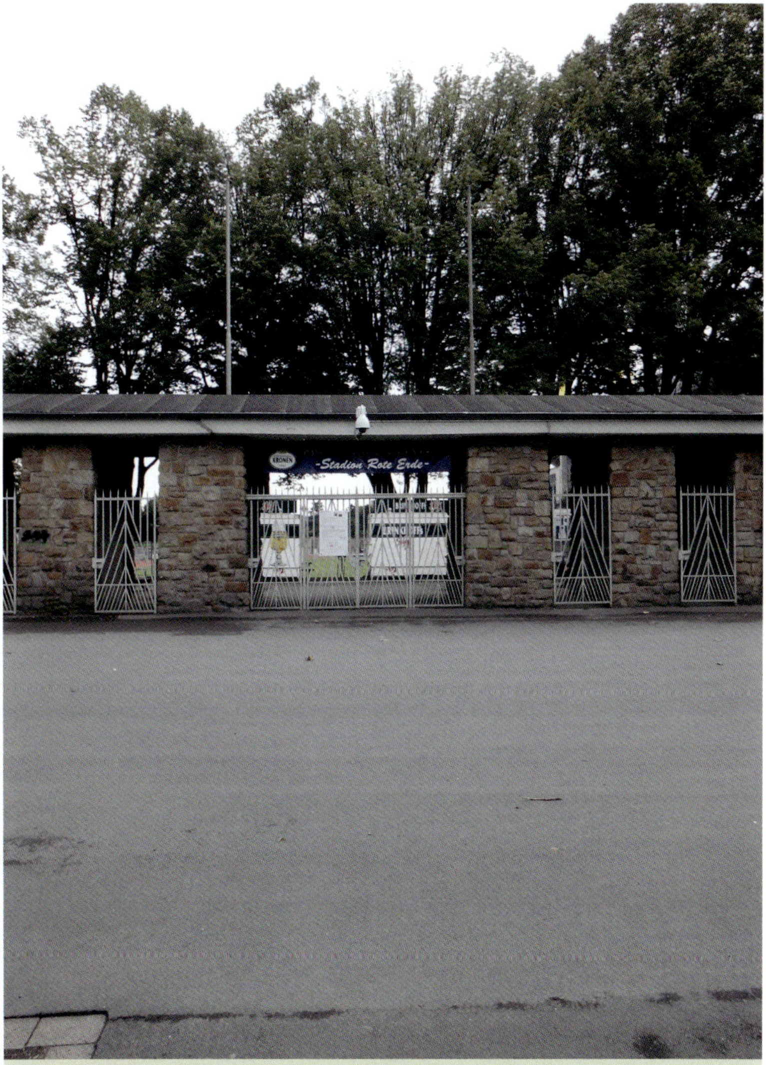

HARTE 4 FAKTEN

Adresse: Strobelallee 50, 44139 Dortmund

Bauherr: Stadt Dortmund (1924–1926)

Kapazität heute: 9.999 Zuschauer

Bonuswissen: Bei der Eröffnung im Jahr 1926 feierten zuerst die bürgerlichen Sportler, eine Woche später die Arbeiter-Turner.

Westfalenstadion / Signal Iduna Park

Eine fast uneinnehmbare Festung

Mit Verspätung begann die Stadt Dortmund 1971 mit dem Bau des Westfalenstadions, das als Austragungsort für die Fußball-WM 1974 fest eingeplant war. Aber auch dank der Fertigbauweise konnte das Stadion dann doch rechtzeitig am 2. April 1974 eröffnet werden; und zwar – heute völlig undenkbar – mit einem Freundschaftsspiel zwischen Borussia Dortmund und Schalke 04. Zugunsten der damals wirtschaftlich klammen Borussia verzichtete Schalke sogar auf eine Gage ...

Das Westfalenstadion war das einzige reine Fußballstadion der WM und setzte damit einen Kontrapunkt zu den offenen, großen Stadien mit Laufbahn, in denen die Stimmung schnell verpuffte, wenn sie denn nicht ausverkauft oder zumindest gut gefüllt waren. Der BVB brauchte allerdings auch einige Jahre, um das Westfalenstadion zur vollen Lautstärke zu bringen, spielte man doch seit 1972 zweitklassig und stieg erst 1976 wieder in die 1. Liga auf. Und auch dann sollten noch fast 15 Jahre vergehen, bevor die Borussia unter Ottmar Hitzfeld wieder eine Heimmacht und ein Titelkandidat wurde.

Stimmungsmäßig mindestens so wichtig waren aber die Umbau- und Ausbaumaßnahmen ab Mitte der 1990er-Jahre. Insgesamt sechsmal wurde das Stadion umgebaut, zuletzt für die WM 2006. Seitdem passen über 80.000 Zuschauer ins heute Signal Iduna Park genannte Stadion. Damit ist es vom Fassungsvermögen her die größte Arena in Deutschland, was dem BVB dank des Zuschauerzuspruchs auch einen riesigen wirtschaftlichen Vorteil verschafft. Und die Südtribüne, die „gelbe Wand", fasst rund 25.000 Zuschauer und ist damit zugleich die größte Stehplatztribüne Europas.

Auch die deutsche Nationalmannschaft spielte immer wieder gerne im Westfalenstadion. Von 1974 bis 2006 trug das DFB-Team zwölf Spiele in Dortmund aus, gewann davon elf und spielte einmal unentschieden. Doch dann kam der 4. Juli 2006. In den letzten Minuten der Verlängerung des WM-Halbfinales gelangen den Italienern zwei Tore zum 2:0-Sieg. Der Traum vom WM-Finale im eigenen Land war gestorben – ebenso wie der Mythos vom uneinnehmbaren Westfalenstadion.

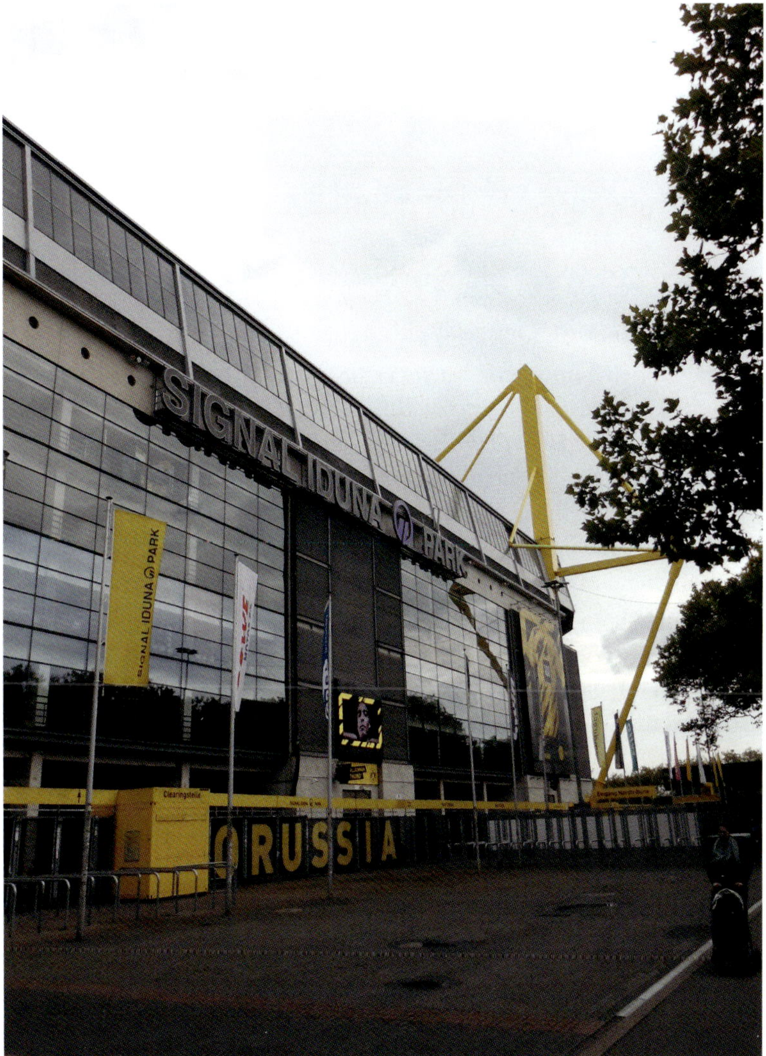

HARTE 4 FAKTEN

Adresse: Strobelallee 50, 44139 Dortmund

Bauherr: Stadt Dortmund (1971–1974)

Sitz- und Stehplätze: 81.365 Zuschauer

Bonus: Das allererste Spiel im Stadion trugen die Frauenmannschaften des TBV Mende 08 und des VfB Waltrop als Vorspiel zum Kick BVB gegen Schalke am 2.4.1974 aus.

Dortmund 018

Borusseum

Tradition zum Staunen und Anfassen

Während in Großbritannien liebevoll gestaltete Vereinsmuseen bereits seit vielen Jahrzehnten selbst bei unterklassigen Clubs zu finden sind, haben deutsche Vereine erst in den letzten rund 20 Jahren das Potenzial erkannt, was in solchen Erinnerungsorten gerade für die Fans liegt. Bei Borussia Dortmund waren die Planungen für das 100. Vereinsjubiläum 2009 Initialzündung und Zielmarke zugleich für die Einrichtung eines eigenen Vereinsmuseums. Es konnte dann schon zum 99. Geburtstag, am 19. Dezember 2008 eröffnet werden. Das Ganze ging maßgeblich auf die Initiative der Fans bzw. der Fanabteilung des Vereins zurück. Zu nennen ist hier vor allem der Vorsitzende der Fanabteilung Olaf Suplicki. Wegen der damaligen angespannten wirtschaftlichen Situation des Vereins trugen die Fans zur Finanzierung des Museums bei.

Einen passenden Ort fand man schließlich in der Nordostecke des Stadions, die noch nicht ausgebaut war. Bei aller Professionalität in der Präsentation und Aufbereitung der Exponate ist es bis heute der Anspruch des Borusseums, ein Museum für die Fans zu sein, sodass neben den großen sportlichen Triumphen auch die Geschichte und Kultur der Fanszene präsentiert werden. Stolz sind die Macher des Borusseums auch darauf, dass man zur Finanzierung nicht auf Sponsoren angewiesen ist und das Museum daher im Gegensatz zu manchen anderen deutschen Fußball- und Vereinsmuseen nahezu werbefrei ist.

Neben den vielen kleinen, häufig unbekannten Geschichten, die im Borusseum ausgestellt sind, bleiben die absoluten Hingucker für die Fans natürlich die großen Silber- und sonstigen Metallwaren: der Weltpokal, der Champions League Pokal, die Deutsche Meisterschaftsschale, der DFB-Pokal und nicht zuletzt der Europapokal der Pokalsieger.

Sonderausstellungen, Traditionsabende mit alten „Helden“, Lesungen, besondere Veranstaltungen zu Jubiläen, aber auch alljährlich zum „Tag gegen das Vergessen“ am 27. Januar runden das Angebot des Museums, das auch für Fans anderer Vereine sehenswert ist, ab.

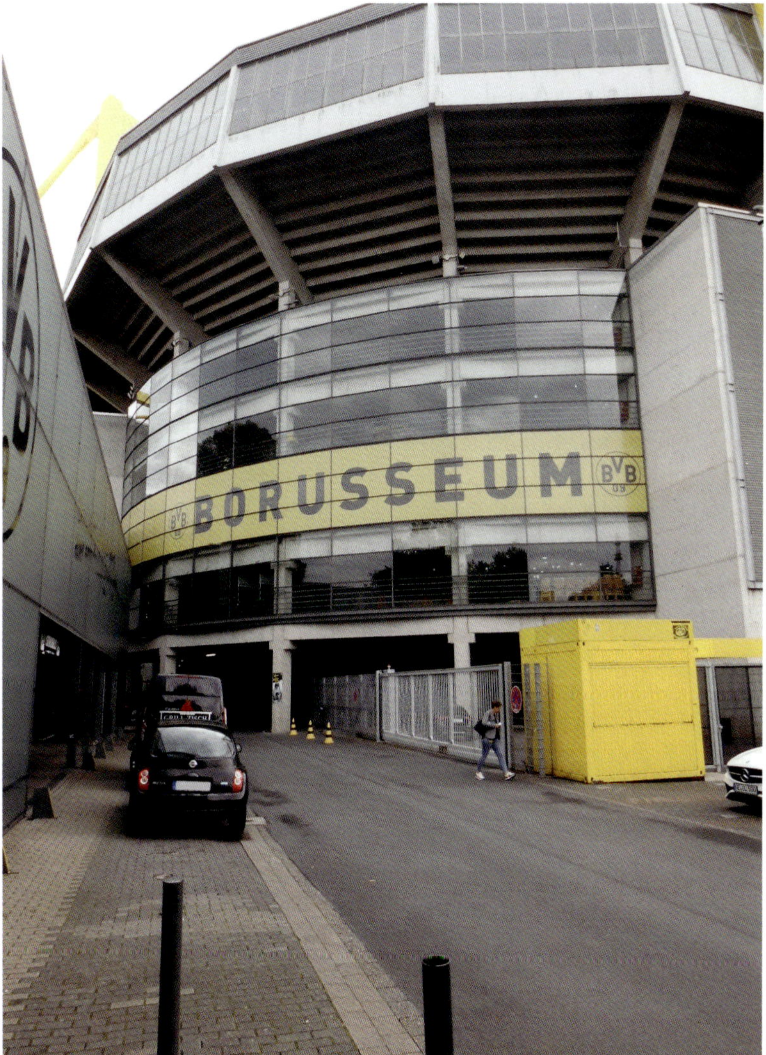

HARTE 4 FAKTEN

Adresse: Strobelallee 50, 44139 Dortmund

Netzwerk: Das Borusseum ist Mitglied des Netzwerks Deutscher Fußballmuseen und Vereinsarchive.

Tipp I: Museumsbesuch mit Touren im Signal Iduna Park und Besuch des Stadions „Rote Erde“ verbinden.

Tipp II: Ein Besuch an Heimspieltagen, weil dann Geschichte und Gegenwart ideal miteinander verschmelzen.

August-Lenz-Haus

Der erste Nationalspieler des BVB

Das August-Lenz-Haus ist unmittelbar am Stadion gelegen. Zeitweilig diente es als Geschäftsstelle des BVB. 2006 nutzte die FIFA die Räume während der Fußball-WM. Danach erfolgte ein Umbau. Heute befinden sich im Haus die Gaststätte „Strobels" sowie auf zwei Etagen ein BVB-Fanshop.

Der Name August-Lenz-Haus erinnert an den ersten Nationalspieler der Borussia, eine Vereinslegende der 1930er- und 1940er-Jahre. August Lenz wurde am 29. November 1910 im Dortmunder Norden in der Nähe vom Borsigplatz geboren. Lenz, der auch „blonder August" genannt wurde, war seit 1922 Mitglied bei Borussia Dortmund. In der Schülermannschaft spielte er zunächst als Torwart, bevor er von 1935 bis 1949 als Stürmer zentraler Bestandteil der ersten Mannschaft wurde.

Lenz war beidfüßig und auch gut im Kopfballspiel. Er war an beiden Vizemeisterschaften in der Gauliga beteiligt und wurde nach dem Krieg zweimal Westdeutscher Meister in der Oberliga West. Zu dieser Zeit war er auch Kapitän der Dortmunder Mannschaft. Nur im Endspiel um die Deutsche Meisterschaft 1949 konnte er nicht mitwirken. 1948 ehrte ihn Bundestrainer Sepp Herberger unter frenetischem Jubel der Zuschauer für sein 1000. Spiel für den BVB.

Auch in die Nationalmannschaft wurde Lenz berufen. Er kam auf 14 Einsätze für die Auswahlmannschaft, in denen er immerhin neun Tore erzielte. Sein letztes Länderspiel war das 0:2 gegen Norwegen bei den Olympischen Spielen 1936. Es ging das Gerücht, dass Sepp Herberger Lenz nicht mehr einlud, weil er als „fußballerischer Ziehsohn" von Herbergers Vorgänger Otto Nerz galt. In der NS-Zeit soll Lenz in Dortmund für die NSDAP Werbung gemacht haben. Außerdem spielte er wohl mehrmals bei SA-Mannschaften mit.

Nach seiner aktiven Zeit fungierte er als Spieler-Obmann und war auch im Ältestenrat tätig. Zusammen mit seiner Ehefrau Mira betrieb er 33 Jahre eine Kneipe am Borsigplatz. August Lenz starb am 5. Dezember 1988 in Dortmund im Alter von 78 Jahren.

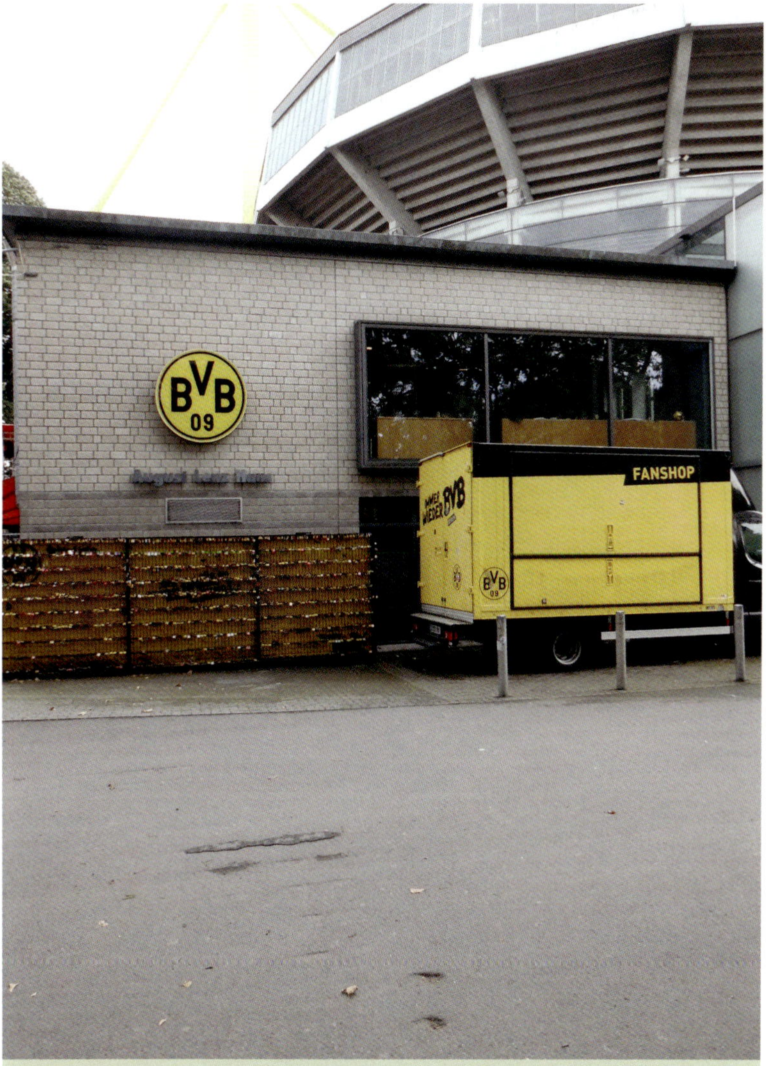

HARTE 4 FAKTEN

Adresse: Strobelallee 50, 44139 Dortmund

Jetzige Geschäftsstelle: Rheinlanddamm 207–209, 44137 Dortmund

Sitzplatz: Lenz saß bei Heimspielen im Block H des Westfalenstadions.

Kneipe: Während der Heimspiele wird das „Strobels“ quasi zum Stadion am Stadion für alle, die keine Tickets bekommen haben.

Grabstätte Alfred „Aki" Schmidt

Der Stammspieler, der 1957 nicht auf dem Platz sein durfte

Alfred Schmidt, von allen nur „Aki" genannt, wurde am 5. September 1935 in Dortmund geboren. Er spielte zunächst für den Dortmunder Vorortverein SpVg Berghofen, bevor er 1956 zum amtierenden Deutschen Meister Borussia Dortmund wechselte, wo er elf Jahre blieb.

Trotz der starken Konkurrenz in der Meistermannschaft wurde Schmidt in der Saison 1956/57 sofort zum Stammspieler beim BVB und sogar in die Nationalmannschaft berufen. Doch beim Endspiel 1957 wollte Trainer Helmut Schneider unbedingt mit der gleichen Mannschaft wie im Jahr zuvor antreten. Der Coup für die Geschichtsbücher gelang. Es wird mit hoher Wahrscheinlichkeit das einzige Mal bleiben, dass dieselben elf Spieler zwei Jahre hintereinander Deutscher Meister werden. Leidtragender dieser besonderen Konstellation war allerdings Aki Schmidt, der sich über seine Ausbootung durch Helmut Schneider bis zu seinem Lebensende aufregen konnte.

Schmidt musste bis 1963 warten, ehe er – nun sogar als Mannschaftskapitän – endlich seine erste echte Meisterschaft feiern konnte. Er führte die Mannschaft auch zum DFB-Pokalsieg 1965 und zum Europapokal der Pokalsieger 1966. Als zentraler Mittelfeldspieler erzielte er für die Borussia in der Oberliga West und der Bundesliga 76 Tore in 276 Spielen.

In 25 Spielen für die Nationalmannschaft schoss er immerhin 8 Tore. Bei der WM 1958 in Schweden wurde er mit der Mannschaft Vierter. Zudem war er der erste BVB-Spieler, der die DFB-Kapitänsbinde trug.

Im Anschluss an die Spielerkarriere arbeitete er als Trainer und gewann 1970 mit Kickers Offenbach den DFB-Pokal. Den SSV Jahn Regensburg trainierte er insgesamt viermal und führte den Verein dabei zwischenzeitlich in die 2. Liga, was ihm die Jahn-Fans mit der Wahl zum „Jahrhunderttrainer" dankten. Bei Borussia Dortmund war er später noch als Kassenprüfer und Fanbeauftragter tätig und hat gerne Stadionführungen gemacht. Aki Schmidt starb am 11. November 2016 im Alter von 81 Jahren.

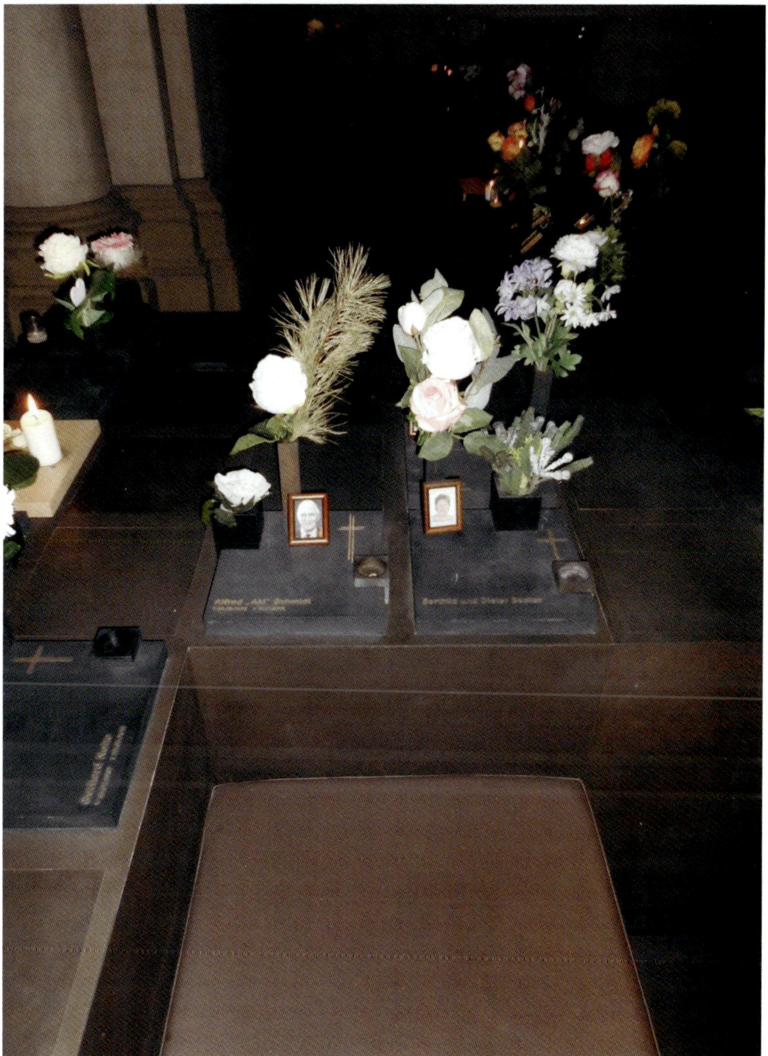

HARTE 4 FAKTEN

Adresse: Grabeskirche Liebfrauen, Amalienstr. 21a, 44137 Dortmund

Spielerkarriere: 195 Einsätze (57 Tore) Oberliga West / 81 Einsätze (19 Tore) Bundesliga

Erfolge: 2x Deutscher Meister, 2x DFB-Pokalsieger (Spieler und Trainer), 1x Europapokal der Pokalsieger

Fernsehstar: Schmidt hatte Gastauftritte in der RTL-Serie „Balko“.

Dortmund 021

Jens Pascal's Grabstätte

Der letzte Wunsch eines kleinen BVB-Fans

Schalke 04 und Rot-Weiss Essen haben einen eigenen Friedhof. Und Borussia Dortmund? Es gab entsprechende Pläne von Verein und Stadt, die während der WM 2006 entstanden und Ende 2008 konkreter wurden. Das Friedhofsamt der Stadt Dortmund erwog am Hauptfriedhof eine eigene Beerdigungsstätte für Fußballfans. Angedacht war eine Art Mini-Stadion mit Platz für 80 Särge bzw. 200 Urnen. Auch Beerdigungen in einem BVB-Sarg waren vorgesehen. Losgehen sollte es 2009. Warum aus dem Plan nichts wurde, ließ sich nicht recherchieren.

2012 ging eine tragische Geschichte durch die Medien, die noch einmal ein anderes Licht auf vereinseigene Grabstätten wirft: Der 2002 geborene Jens Pascal Schmidt war großer BVB-Fan und spielte selbst Fußball. Im Oktober 2011 holte ihn sein Vater vom Fußballtraining ab. Jens Pascal hatte plötzlich einen Linksdrall und kam immer vom Weg ab. Am nächsten Tag stellten die Ärzte im Krankenhaus fest, dass der neunjährige Jens Pascal einen bösartigen Hirntumor hatte. Die Mediziner der Dortmunder Kinderklinik verordneten Chemotherapie und Bestrahlung. Zu Weihnachten 2011 bekam Jens Pascal prominenten Besuch: Jürgen Klopp und einige Spieler schauten im Krankenhaus vorbei. Doch die Therapien halfen nicht. Am 14. Mai 2012, kurz vor seinem 10. Geburtstag, starb Jens Pascal. Er hatte sich vorher von seiner Mutter einen Grabstein mit dem BVB-Logo gewünscht.

Beerdigt wurde Jens Pascal auf dem katholischen Friedhof Bodelschwingh in Dortmund. Der Friedhof gehört zur Kirchengemeinde Mariä Heimsuchung. Die Eltern ließen den Grabstein anfertigen, doch der Kirchenvorstand lehnte ihn mit der Begründung ab, dass den Grabmälern „Inschriften und Darstellungen, welche der christlichen Religion nicht entsprechen", verboten seien. Die Eltern erhielten Unterstützung durch eine Internetseite mit 50.000 Unterschriften. Nach einem halben Jahr lenkte die Kirche ein. Der Grabstein wurde genehmigt, nur der Ball, der oben lag, musste auf der Seite liegen. Die Eltern willigten ein, und Jens Pascal hat nun hoffentlich seine Ruhe.

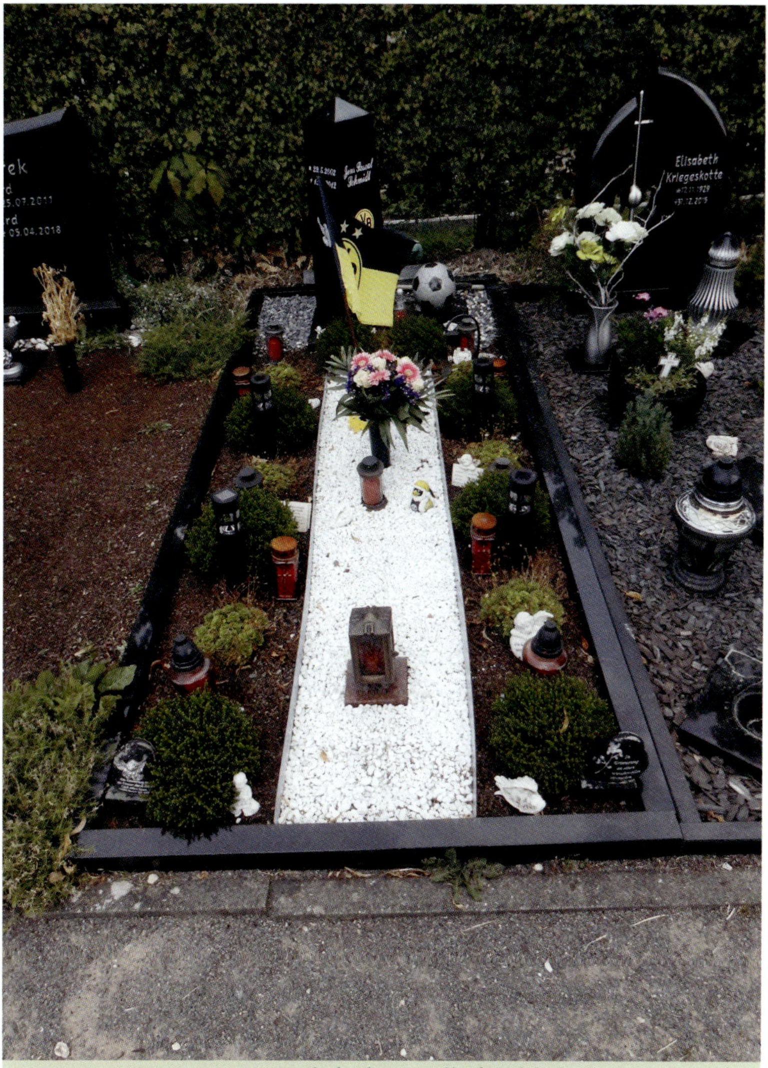

HARTE 4 FAKTEN

Adresse: Katholischer Friedhof Bodelschwingh, Schlossstraße 100, 44357 Dortmund

Basiswissen I: Um das Grab zu finden, immer nach einer BVB-Flagge auf dem rückwärtigen Friedhof Ausschau halten.

Basiswissen II: Jürgen Klopp kam zu seinem Besuch im Weihnachtsmannkostüm.

Basiswissen III: Klopp wurde von Marcel Schmelzer, Roman Weidenfeller und Sebastian Kehl begleitet.

Duisburg 022

PCC-Stadion

Duisburgs starke Frauen

Das PCC-Stadion liegt im Duisburger Stadtteil Homberg. Benannt ist es nach der Duisburger Unternehmensgruppe PCC SE. Bespielt wird es vom VfB Homberg und den Frauen des MSV Duisburg. Der VfB Homberg entstand 1969 durch die Zusammenlegung der Vereine Homberger SV und SpVgg Hochheide. Beide Vereine hatten zu diesem Zeitpunkt ihre besten Jahre hinter sich. Der Homberger SV stand 1953 im Finale um die Deutsche Amateurmeisterschaft, wo man jedoch 2:3 gegen Bergisch Gladbach unterlag.

Auf größere Erfolge können die Frauen des MSV Duisburg zurückblicken – dank ihrer Vorgängermannschaften. 1977 gründete sich im FC Rumeln-Kaldenhausen eine Frauenmannschaft, die schnell sportlich reüssierte. 1997 erreichten die Duisburgerinnen das Endspiel um die Deutsche Meisterschaft, wo sie im Elfmeterschießen Grün-Weiß Brauweiler unterlagen. Selbstverständlich war der FC Rumeln-Kaldenhausen auch Mitglied der im selben Jahr geschaffenen eingleisigen Frauen-Bundesliga, nun unter dem neuen Namen FCR Duisburg. Als FCR Duisburg gelang 1998 der DFB-Pokalsieg. In der Spielzeit 1999/2000 folgte der Gewinn der Deutschen Meisterschaft mit der Torschützenkönigin Inka Grings, die 38 Tore erzielte.

Am 8. Juni 2001 machte sich die Frauenfußball-Mannschaft unter dem Namen FCR 2001 Duisburg selbstständig. Die Duisburgerinnen hatten das Pech, dass entweder die Frankfurterinnen oder die Potsdamerinnen ein wenig zu stark waren, sodass sie sich den Ruf als ewige Zweite in der Bundesliga erwarben. Aber der FCR Duisburg blieb eine Pokalmannschaft: Die Triumphe im DFB-Pokal 2009 und 2010 sowie der Gewinn des UEFA Women's Cup 2009 waren mehr als ein Trost für entgangene Meisterschaften. Beim Final-Rückspiel im UEFA Women's Cup in der MSV-Arena sorgten über 28.000 Zuschauer für einen Zuschauerweltrekord im Frauenvereinsfußball.

In den Folgejahren wurden die wirtschaftlichen Schwierigkeiten immer größer. Prominente Spielerinnen verließen den Verein, der schließlich, um der Abmeldung vom Spielbetrieb zu entgehen, Anfang 2014 alle Mannschaften bei der Frauenabteilung des MSV Duisburg anmeldete. Seitdem pendeln die Fußballerinnen vom MSV zwischen 1. und 2. Liga.

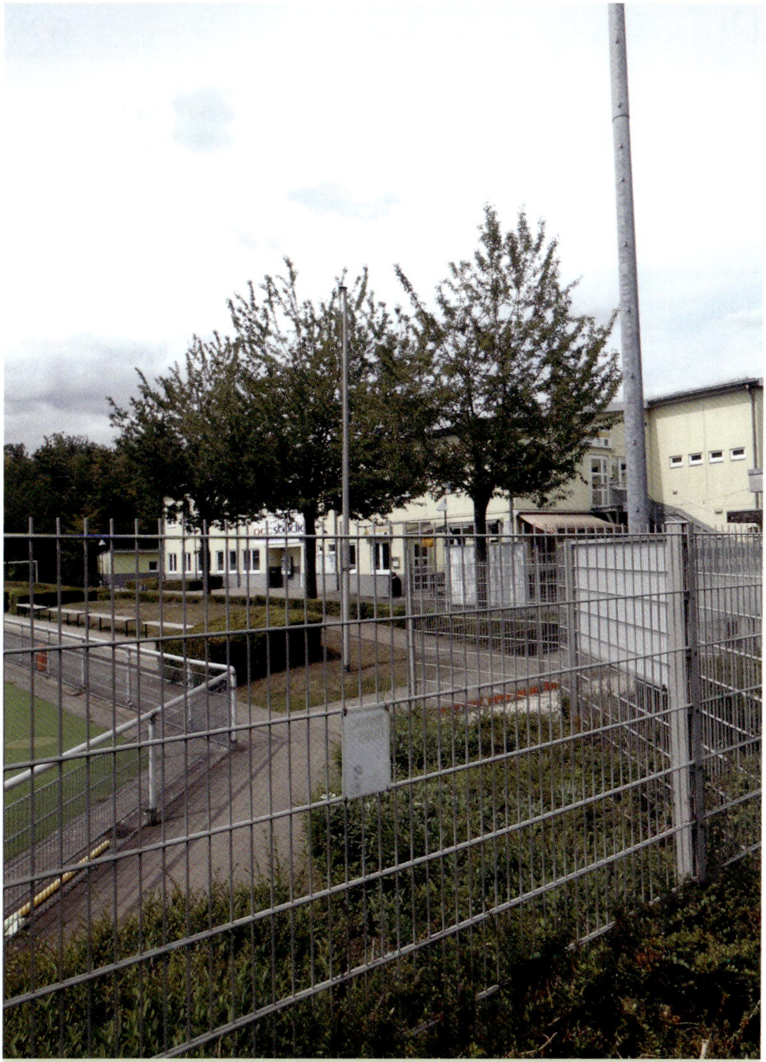

HARTE 4 FAKTEN

Adresse: Rheindeichstraße 50, 47198 Duisburg

Bauherr: Stadt Duisburg

Sitz- und Stehplätze: 3.000 Zuschauer

Erfolge: Deutscher Meister 2000; Deutscher Pokalsieger 1998, 2009, 2010; UEFA Women's Cup 2009

Volkspark Schwelgern

Duisburgs ältestes Stadion

1923 schenkte der bekannte Industrielle August Thyssen der damals noch eigenständigen Stadt Hamborn ein 56 Morgen großes, brach liegendes Sumpfgelände. Auf diesem Areal schuf die Stadt bis 1925 den Volkspark Schwelgern. Im Süden des Geländes entstanden als Sportstätten ein großes Schwimmbad und das Schwelgernstadion. Die Einweihung fand am 20. September 1925 im Rahmen der 1.000-Jahr-Feier der Rheinlande und des 25-jährigen Gemeindejubiläums statt.

Damit ist das Schwelgernstadion ältestes Stadion Duisburgs, selbst das Wedaustadion ist ein Jahr jünger. Auf der Tribüne fanden bis zu 28.000 Zuschauer Platz. Fußball gespielt wurde hier bis in die 1970er-Jahre. Seine besten Zeiten erlebte das Stadion, als hier der SV Hamborn 07, inzwischen aufgegangen in die Sportfreunde Hamborn 07, die Massen anlockte. Am 14. September 1947 sorgten 33.000 Zuschauer beim Spiel der Oberliga West zwischen SV Hamborn 07 und Schalke 04 für einen Platzrekord.

Das Stadion verfügte einst über eine 7,20 m breite und 500 (!) m lange Aschenbahn, die wiederum von einer Flieger- und Motorradbahn eingefasst war. Dementsprechend war das Schwelgernstadion ein beliebter Ort für Rad- und Motorradrennen. 1929 unternahmen „tollkühne Männer" in der damaligen Schwelgern-Kampfbahn Motoradversuchsfahrten mit Raketenantrieb.

In den 1990er-Jahren kam es dann zu einem massiven Rückbau des Stadions. Weichen mussten neben der Radrennbahn die Tribüne und etliche Stehplätze. Ziel war eine Renaturierung. Das ehemalige Gebäude der Stadionverwaltung mit seinen Dachaufbauten ist noch vorhanden, hier befindet sich nun u. a. eine Jugendlehrgangsstätte. Die Rasenfläche beackern jetzt der 1. American Sports-Club Duisburg Dockers und die American-Football-Mannschaft Duisburg Vikings. Die Leichtathletik-Flächen werden noch von Marxloher Vereinen genutzt. Der Volkspark Schwelgern selbst ist seit 1996 denkmalgeschützt.

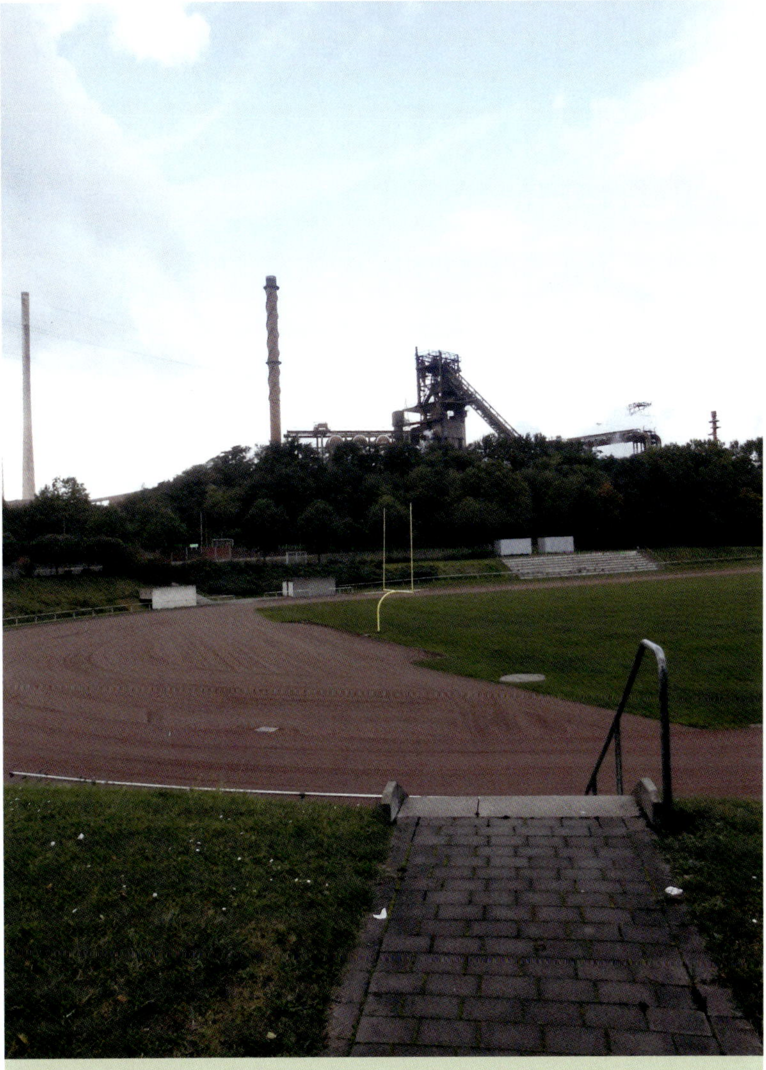

HARTE 4 FAKTEN

Adresse: Wiesenstraße 74, 47169 Duisburg
Eröffnet: 1925
Bauherr des Umbaus 1997-99: Stadt Duisburg
Sitz- und Stehplätze heute: 1.025 Zuschauer

Sportschule des Fußballverbandes Niederrhein

Die älteste Sportschule im Ruhrgebiet

Die Sportschule Wedau in Duisburg ist eine der ältesten Sportschulen in der Bundesrepublik Deutschland. Heute gehört sie zum Fußballverband Niederrhein (FVN). Gebaut wurde die Sportschule Wedau schon in den 1920er-Jahren vom Westdeutschen Spielverband (WSV). Wesentlichen Anteil an der Errichtung der „Wedau", wie die Sportschule in Sportkreisen genannt wird, hatten die damaligen Vorsitzenden des WSV, Paul Klose und Paul Fugmann. Das Verbandsheim wurde mit staatlichen Zuschüssen, aber vor allem viel Ehrenamt gebaut. Es gab im Verband zudem regelmäßig Spieltage, an denen die Einnahmen der Vereine zur Realisierung des Baus verwendet wurden. Die feierliche Eröffnung der Sportschule fand im Juni 1929 statt. Der beim WSV angestellte Sportlehrer Ralph Hoke musste für die Fortbildungen der Trainer und Sportler nun nicht mehr zu den Vereinen reisen, sondern konnte die Schulungen zentral in der Sportschule, die auch Übernachtungsmöglichkeiten bot, durchführen. Auch die Geschäftsstelle des WSV wurde in die „Wedau" verlegt. Prominente Verbandssportlehrer des WSV bzw. des Westdeutschen Fußballverbandes waren Sepp Herberger in den 1930er und Dettmar Cramer in den 1950er-Jahren.

Innerhalb des Westdeutschen Fußballverbandes war der Fußballverband Niederrhein lange Zeit der einzige Regionalverband ohne Verbandsschule. Der Fußballverband Mittelrhein hatte die Sportschule in Hennef, der Fußball- und Leichtathletik-Verband Westfalen das heutige SportCentrum Kaiserau. Vor allem der damalige Präsident des FVN, der Essener Wilhelm Hanecke, engagierte sich Anfang der 1970er-Jahre dafür, dass der FVN für 99 Jahre die Sportschule Wedau vom Westdeutschen Fußballverband (WFV) überlassen bekam. Hanecke trieb auch das nötige Geld zum Ausbau auf. So entstand das markante Hochhaus, der „Bettenturm". Heute verfügt die Sportschule Wedau über fast 400 Betten und ist damit für Gruppenaufenthalte von zahlreichen Mannschaften parallel gut gerüstet.

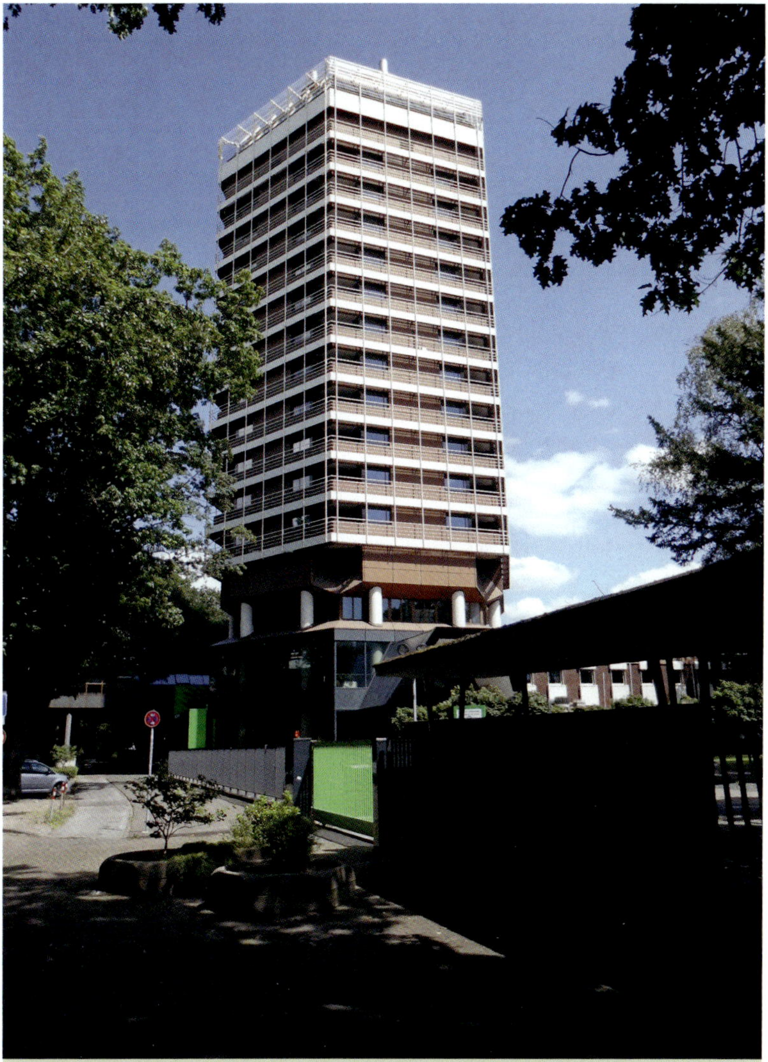

HARTE 4 FAKTEN

Adresse: Friedrich-Alfred-Straße 15, 47055 Duisburg

Sportstätten: neben etlichen Fußballplätzen u. a. auch Futsalhalle und 5 Bundeskegelbahnen

Geschäftsstellen in der Sportschule: 3 (darunter „Vereinigung der Vertragsspieler“)

Modernisierung: 2021 vom Land NRW mit 10 Mio. Euro gefördert

Wedaustadion

Das Gehege der Zebras

Das Wedaustadion hat wie die meisten in die Jahre gekommenen Stadien, die irgendwann einen kostspieligen Umbau benötigten, längst einen neuen Namen: Seit 2010 heißt es Schauinsland-Reisen-Arena, nach einem Duisburger Reiseunternehmen, das auch jahrelang als Hauptsponsor fungierte. Der Umbau in den frühen 2000er-Jahren wurde im laufenden Spielbetrieb vollzogen. Eine wichtige Rolle hierbei spielte der Bauunternehmer Walter Hellmich, der seit 2002 Präsident vom MSV Duisburg war. Mit dem Abriss von Nordkurve und der Ostgeraden wurde im Juli 2003 begonnen, die neue Haupttribüne als letzter Baustein konnte im November 2004 eröffnet werden.

Das Wedaustadion ist ursprünglich ein Kind der Weimarer Republik. 1921 beschloss die Stadt Duisburg, ein Stadion für 40.000 Zuschauer zu bauen, das jedoch erst 1926 endgültig fertiggestellt wurde. Aber schon vor der offiziellen Eröffnung fanden hier z. B. 1922 die Deutschen Leichtathletik-Meisterschaften und 1924 ein Fußball-Länderspiel der deutschen Nationalmannschaft gegen Italien vor 40.000 Zuschauern statt. Ihr zweites Länderspiel im Wedaustadion trug die deutsche Mannschaft 1933 gegen Belgien aus. Um das Stadion herum entstand der Sportpark Wedau, der auch heute noch sehr beliebt in der Duisburger Bevölkerung ist. Ermöglicht wurde er maßgeblich durch eine Spende der Krupp-Werke an die Stadt Duisburg. Im Sportpark Wedau wurden unter anderem die Universiade 1989 und die World Games 2006 ausgetragen.

Das Stadion selbst ist dem Fußballpublikum natürlich vor allem durch den MSV Duisburg, wie sich der Meidericher SV seit Januar 1967 nannte, bekannt. Der MSV war Gründungsmitglied der Bundesliga und hielt sich bis 1982 in der Eliteklasse. In der Saison 1977/78 erreichte der Verein sogar das Halbfinale im UEFA-Pokal, wo man am späteren Sieger Borussia Mönchengladbach scheiterte. In den Glanzzeiten des MSV mit Bernard Dietz in den 1970er-Jahren galt das Wedaustadion als schwer einzunehmende Festung. Insbesondere die Bayern hatten hier immer ihre Probleme. Legendär ist ein 6:3-Heimsieg der Duisburger gegen Bayern München im November 1977.

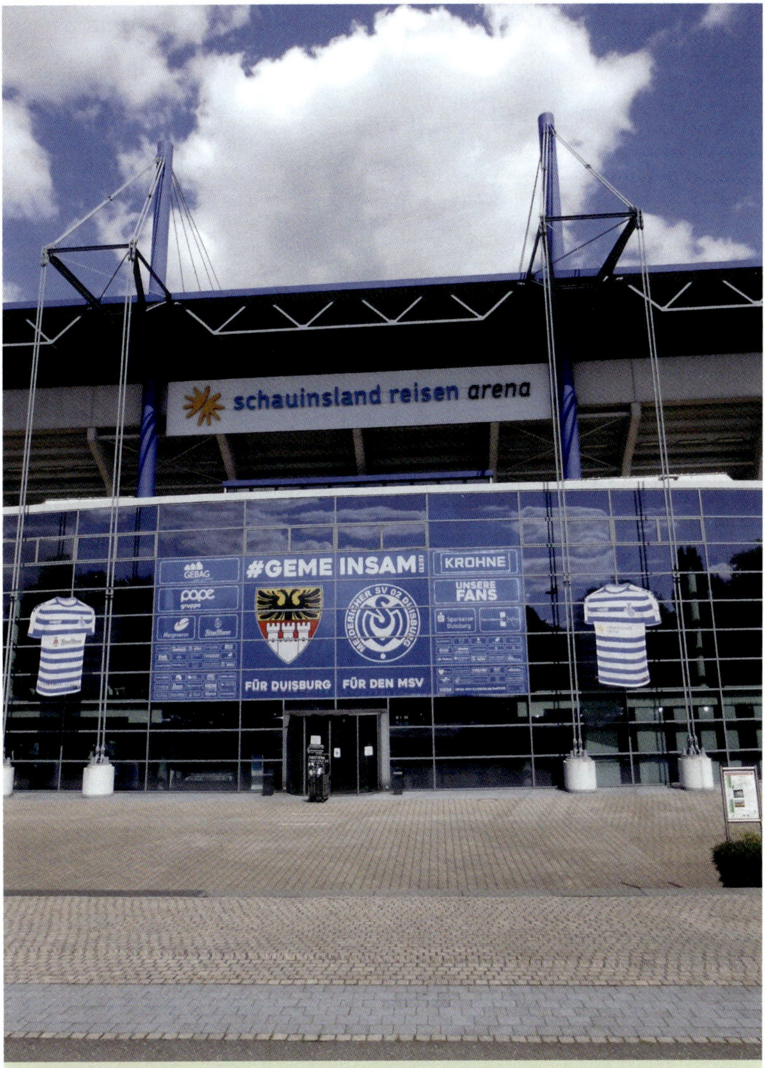

HARTE 4 FAKTEN

Adresse: Margaretenstraße 5–7, 47055 Duisburg

Bauherr Umbau: Hellmich Unternehmensgruppe (2003–2005)

Sitz- und Stehplätze: 31.514 Besucher

Erfolge MSV: Deutscher Vizemeister 1964; Deutscher Pokalfinalist 1966, 1975, 1998, 2011

Gebrüder Bella GmbH

Michael Bella – der Duisburger Rekordspieler

Neben Bernard Dietz ist Michael Bella die Vereinsikone des MSV Duisburg. Anders als Dietz spielte während seiner Zeit als Profifußballer ausschließlich für den MSV und avancierte mit 405 Bundesliga- und 37 DFB-Pokal-Spielen zum Rekordspieler der Zebras.

Michael Bella ist am 29. September 1945 in Duisburg geboren. Fußball spielte er zunächst bei der DJK Lösort-Meiderich. Schon in der C-Jugend wechselte er 1957 zum Meidericher SV, den er so prägen sollte. Er fing als Torwart an, doch aufgrund seiner geringen Körpergröße wechselte er bald ins Feld und war ein durchaus begabter Stürmer. Zur Saison 1964/65 bekam er seinen ersten Profi-Vertrag beim frisch gebackenen Vizemeister Meidericher SV. Sein Bundesliga-Debüt feierte Bella jedoch erst im März 1965 bei einem Heimspiel gegen Hertha BSC. Mittlerweile war er in die Verteidigung gerutscht, konnte aber auch im defensiven Mittelfeld spielen.

Er hatte das große Glück weitgehend verletzungsfrei zu bleiben und stellte einen einzigartigen Rekord auf: Ab 1967 verpasste er fünf Saisons lang kein einziges Bundesligaspiel, machte also alleine in dieser Zeit 170 Spiele für den MSV Duisburg. Er stand sowohl 1966 als auch 1975 mit dem MSV im DFB-Pokalfinale. Beide Endspiele gingen jedoch verloren. Noch in seiner letzten Bundesligasaison 1977/78 kam er auf 28 Einsätze. Bella bestritt vier Länderspiele unter Helmut Schön und gehörte auch zum Aufgebot der Nationalmannschaft bei der Europameisterschaft 1972.

Seine Karriere wollte er als Amateur bei der Spielvereinigung Sterkrade 05/06 ausklingen lassen. Doch nun erlitt er erstmals eine schwere Knieverletzung und konzentrierte sich in der Folge ganz auf das Stahlbauunternehmen, das er mit seinem Bruder bereits während seiner Profizeit 1975 in Obermeiderich gegründet hatte. Die Gebr. Bella GmbH gibt es heute noch, allerdings sind die beiden Bella-Brüder längst ausgestiegen.

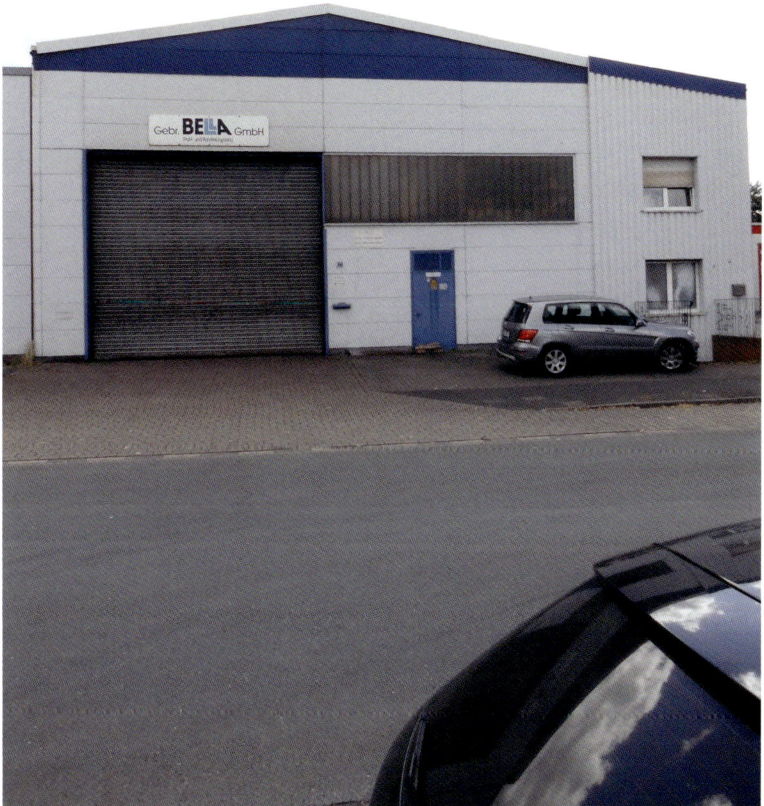

HARTE 4 FAKTEN

Adresse: Arnold-Dehnen-Straße 38, 47138 Duisburg

Gebr. Bella GmbH: 1975 eröffnet

Europa: Bella spielte auch viermal für den MSV im UEFA-Cup.

Ehrung: Das MSV-Museum verleiht jedes Jahr die Michael-Bella-Medaille.

Fugmann-Kampfbahn

Die Heimat des ältesten Duisburger Fußballvereins

Die Geschichte der Fugmann-Kampfbahn ist kompliziert und voller Wendungen. Sie wurde 1954 eingeweiht, ging aber auf ein Stadion von 1925 zurück. In diesem Jahr entstand nicht weit vom Wedaustadion am Kalkweg ein zweites Stadion, in dem der SV Duisburg 1899 spielte. Vorsitzender des SV Duisburg 1899 war zu dieser Zeit Klaus Fugmann. Fugmann arbeitete bei Krupp, erst in Duisburg, dann in Essen, und blieb bis 1945 Vorsitzender des Vereins, der seit einer Fusion 1936 TuS Duisburg 48/99 hieß. Fugmann war ein gut vernetzter Mann im westdeutschen Fußball, denn er engagierte sich als Funktionär auch im Westdeutschen Spielverband und war ein guter Freund von Gottfried Hinze, dem DFB-Präsidenten von 1905 bis 1925. Nach Fugmanns Tod 1952 im Alter von 78 Jahren wurde ihm zu Ehren der Sportplatz am Kalkweg in Fugmann-Kampfbahn umbenannt.

1964 kam es erneut zu einer weiteren Fusion im Duisburger Fußball: Im neuen Verein Eintracht Duisburg 1948 schlossen sich die Duisburger Turngemeinde von 1848, der TuS Duisburg 48/99 und der Duisburger Spielverein zusammen. Der Duisburger Spielverein war nun wieder mit den Turnern verbunden, von denen er sich 1900 getrennt hatte. Der Duisburger Spielverein war bis Ende der 1920er-Jahre der sportlich erfolgreichste Verein im Westdeutschen Spielverband gewesen. Der Verein hatte auch gute Beziehungen ins Mutterland des Fußballs. Schon 1898 machte sich eine jugendliche Fußballmannschaft nach England auf, als erste Mannschaft aus Deutschland überhaupt. Zwischen 1904 und 1927 wurde der Verein elfmal Westdeutscher Meister im Westdeutschen Spielverband. 1913 stand er sogar im Endspiel um die Deutsche Meisterschaft. Heute spielt der Nachnachfolgeverein Eintracht Duisburg, der sich dank seiner Wurzeln zurecht als ältester Verein Duisburgs bezeichnen kann, allerdings nur noch unterklassig.

Und auch die Fugmann-Kampfbahn existiert nicht mehr. Sie wurde 2007 von einem Leichtathletikstadion auf der Bezirkssportanlage Wedau III abgelöst.

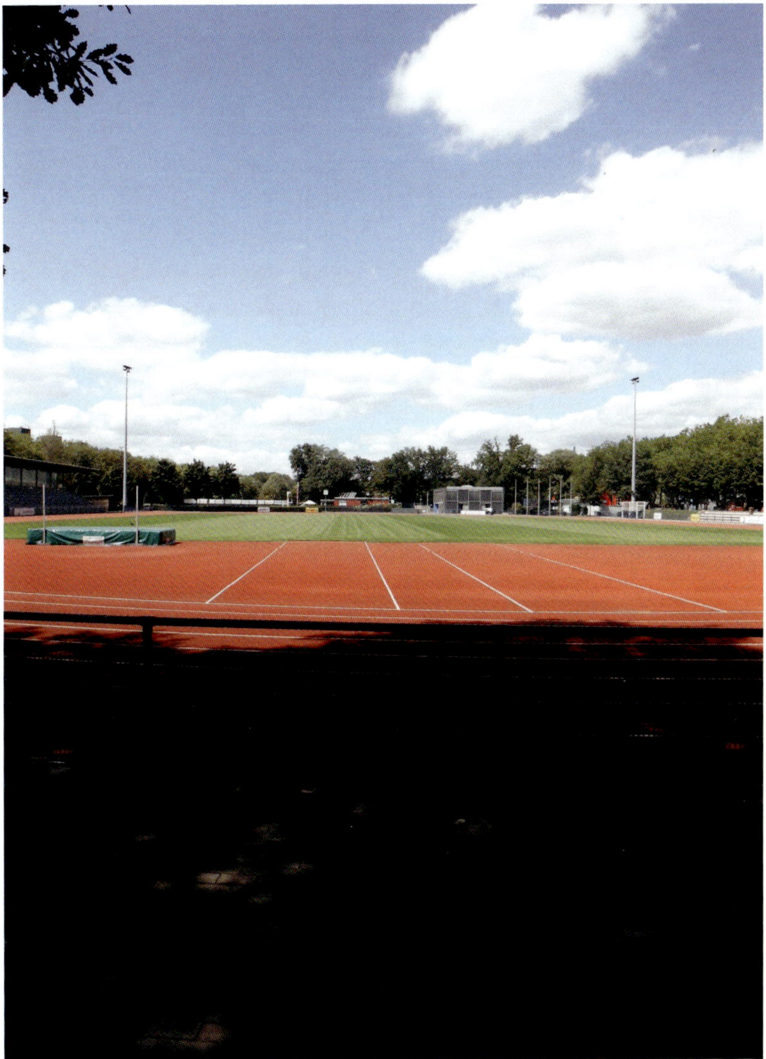

HARTE 4 FAKTEN

Adresse: BZA Wedau III, Kalkweg 90, 47055 Duisburg

Sitz- und Stehplätze: 2.637 Zuschauer

Bonuswissen I: Zu ihren Glanzzeiten stellten sowohl TuS Duisburg 48/99 als auch der Duisburger Spielverein mehrere Nationalspieler.

Bonuswissen II: Christoph Daum spielte von 1972 bis 1975 für Eintracht Duisburg.

Turngemeinde Essen-West

Der vergessene deutsche Meister von 1930

Die Turngemeinde Essen-West 1910 ist heute ein normaler Mehrspartenverein, dessen Hauptzweck nicht unbedingt die Erringung von Titeln und Meisterschaften ist. Turnen, Faustball, Volleyball und Fußball sind die Hauptsportarten der Turngemeinde. Früher gab es auch noch eine sehr aktive Handball-Abteilung. Kaum einer weiß, dass die Turngemeinde einst deutscher Meister im Fußball war.

1910 gründeten Mitarbeiter der Friedrich Krupp AG unabhängig voneinander zwei Turnvereine: den Turnverein Götz und den Turnverein Roland. In beiden Vereinen wurde von Anfang an auch Fußball gespielt. 1919 schlossen sie sich zur Kruppschen Turngemeinde 1910 zusammen. In den 1920er-Jahren erhielt die Turngemeinde neben dem Friedrichsbad Essen eine eigene Sportanlage inklusive Fußballplatz. Die Fußballer spielten allerdings nicht unter dem Dach des Deutschen Fußball-Bundes, sondern innerhalb der Deutschen Turnerschaft, dem Verband der Turnvereine. Die Deutsche Turnerschaft hatte eigene Meisterschaftsrunden unabhängig vom DFB.

1930 erreichte die Kruppsche Turngemeinschaft das Endspiel der deutschen Fußballmeisterschaft der Turner und gewann gegen MTV Harburg-Wilhelmsburg mit 5:4 nach Verlängerung. Somit kann sich die Turngemeinde zurecht als deutscher Fußballmeister bezeichnen. Als es im Anschluss jedoch zu einer Einigung zwischen Turnerschaft und DFB kam und auch die Kruppsche Turngemeinde am regulären Wettspielbetrieb des Fußball-Bundes teilnahm, reichte es für die Essener nur noch für untere Ligen.

Nach dem Ende des Zweiten Weltkriegs schlossen sich die Kruppsche Turngemeide und Tuspo Essen, auch ein Kruppverein, zur Turngemeinde Essen-West 1910 zusammen. In den 1990er-Jahren machte die Turngemeinde Essen-West dann noch einmal sportpolitische Schlagzeilen, als die dritte Mannschaft des Vereins ausschließlich von afrikanisch stämmigen Spielern gebildet wurde. Diese machte als „Africa United" nicht nur sportliche Schlagzeilen und wurde zu einem Anziehungspunkt für viele Schwarze aus dem gesamten Ruhrgebiet. 1998 löste sich die Mannschaft allerdings wieder auf, nachdem sie sich vorher bereits von der Turngemeinde getrennt hatte.

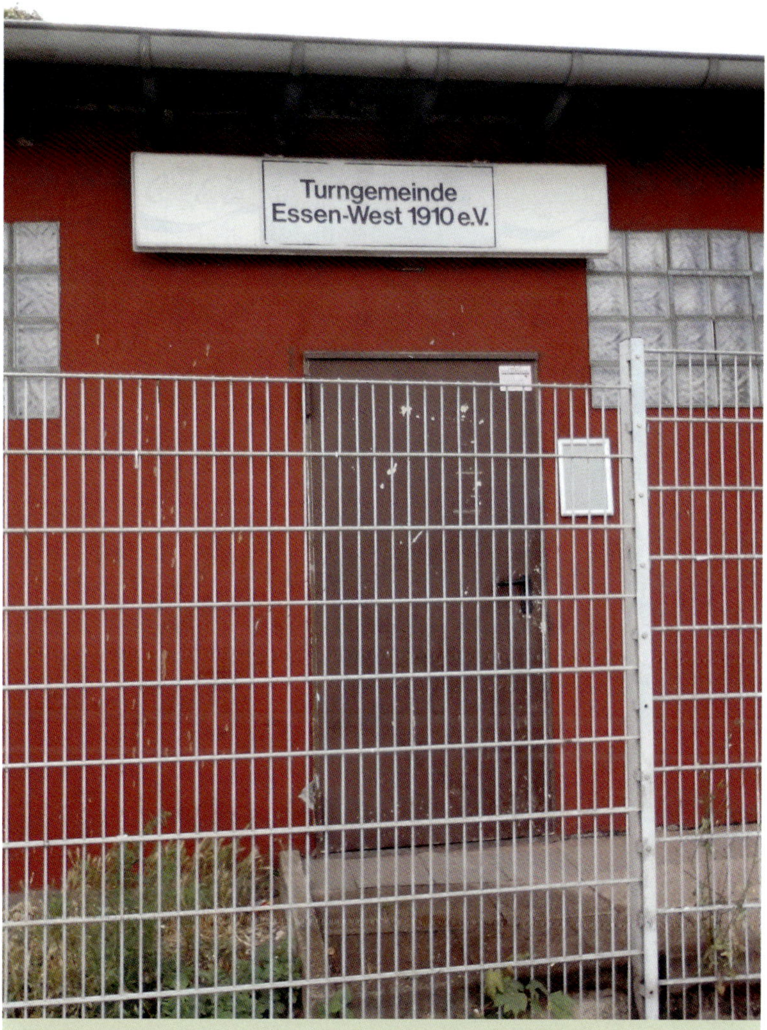

HARTE 4 FAKTEN

Adresse: Haedenkampstraße 72, 45143 Essen

Bauherr: Stadt Essen

Sitz- und Stehplätze: 2.500 Zuschauer

Faustball: Die KTG belegte 1921 den 3. Platz bei den deutschen Faustball-Meisterschaften.

BSA Bäuminghausstraße

TuS Helene Essen 1928 – Otto Rehhagels Heimat

Der TuS Helene Essen 1928 ist ein traditionsbewusster Verein und stolz auf seine angestammte sportliche Heimat und so lautet der „Claim" auf der Internetseite: „Der Fußballverein von der Bäuminghausstraße".

Die TuS hat zwei sportliche Wurzeln: 1928 wurden die beiden Werksvereine Amalie und Helene gegründet, die mit den gleichnamigen Zechen von Krupp verbunden waren. 1940 fusionierten Amalie und Helene zur TuS Helene Essen. Bereits im Jahr zuvor hatte Krupp einen Sportplatz in der Bäuminghausstraße bauen lassen, der Heimat des Vereins wurde. Mittlerweile gehört der Sportplatz als Teil der Betriebssportanlage Bäuminghausstraße der Stadt Essen.

Die Helener wurden schnell zu einer der besten Mannschaften Essens und spielten in der Saison 1940/41 in der ersten deutschen Liga im Bereich Niederrhein, was vorher der Gauliga entsprach. Helene wurde als erster Essener Verein Bereichssieger und spielte somit in der Qualifikationsrunde zur Deutschen Meisterschaft; scheiterte dort aber als Dritter in seiner Gruppe mit dem VfL Köln 1899, Kickers Offenbach und dem FC Mühlhausen 93.

Dies sollte der größte sportliche Erfolg der Helenen bleiben. Nach dem Zweiten Weltkrieg nannte man sich kurzzeitig VfR 1928 Essen, bevor 1950 eine Rückbenennung in TuS Helene erfolgte. In den 2000er-Jahren gelang noch einmal ein Aufstieg in die Landesliga Niederrhein. Doch die angestammte Heimat der TuS scheint die Kreisliga zu sein.

Bekannter wurde der Verein durch Spieler, die hier in Altenessen ihre ersten Spuren hinterließen, um dann bei anderen Vereinen große Erfolge zu verzeichnen. So spielten Paul Jahnel und Franz „Penny" Islacker bei TuS Helene, bevor sie zu Rot-Weiss Essen wechselten und dort 1953 DFB-Pokalsieger sowie 1955 Deutscher Meister wurden. Im Endspiel schoss Islacker drei Tore für RWE.

Der berühmteste Sohn der TuS ist vermutlich aber Otto Rehhagel, der bis 1960 für TuS Helene spielte, dann an die Hafenstraße wechselte und bis 1963 für RWE kickte, bevor er seine Bundesliga-Karriere bei Hertha BSC begann.

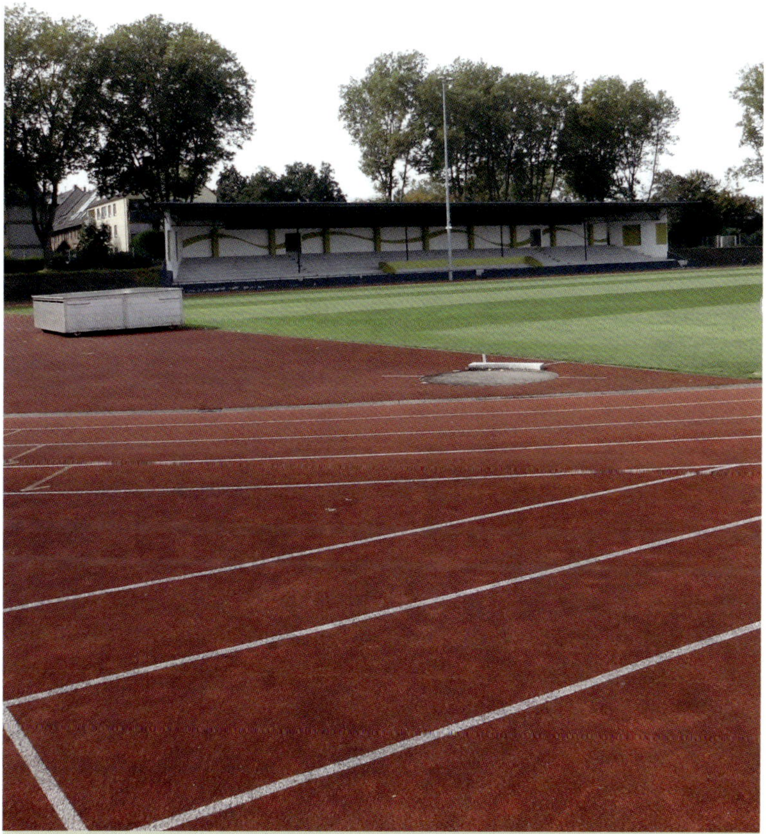

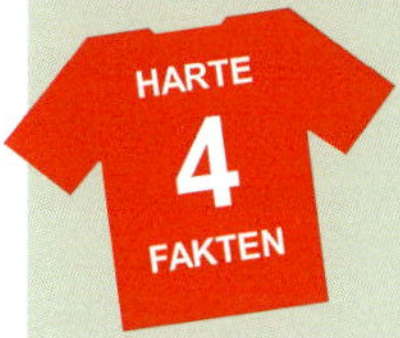

Adresse: Bäuminghausstraße 44, 45326 Essen

Bauherr: Alfried Krupp AG, heute Stadt Essen

Sitz- und Stehplätze: 11.000 Zuschauer

Basiswissen: Auf der BSA Bäuminghausstraße spielen neben TuS Helene heute zahlreiche Essener, auch migrantisch geprägte Vereine.

Sportpark am Kaiserpark

Ballsportverein Altenessen 06 – kurzzeitig die Nummer 1 in Essen

Der Ballsportverein Altenessen 06 (abgekürzt: BVA 06) ist einer der ältesten Fußballvereine in Essen. Entstanden ist er aus der Fußball-Schülermannschaft „Regilia". 1906 fassten einige ihrer Spieler den Entschluss, einen eigenen Verein zu gründen. Das Gründungsdatum des Ballsportvereins Altenessen 06 ist der 6. Mai 1906. 1910 erfolgte die Aufnahme in den Westdeutschen Spielverband und bereits drei Jahre später gelang der Sprung in die A-Klasse, der damals höchsten Spielklasse. In der Weltkriegssaison 1915/16 gewann der BVA 06 die Ruhrbezirksmeisterschaft, der bis dahin größte sportliche Erfolg.

Seine beste Zeit erlebte der Verein dann in der Weimarer Republik. Der BV Altenessen wurde kurzzeitig zur Nummer 1 in Essen und erfuhr einen derartigen Zulauf, dass man sich entschloss, eine eigene Jugendabteilung zu gründen, was damals bei Fußballvereinen noch nicht die Regel war.

Am Ende der Saison 1925/26 belegten in der Ruhrgauliga der BVA 06 und Schwarz-Weiß Essen punktgleich den ersten Platz. Beide hatten über 100 Tore geschossen, der BVA 06 hatte zwar die bessere Tordifferenz, doch das zählte damals noch nicht. Ein Entscheidungsspiel muss den Ausschlag über den Meister geben. Am Sonntag, den 21. Februar 1926, pfiff Dr. Peco Bauwens, der spätere DFB-Vorsitzende, um 15:08 Uhr das Spiel zwischen BVA 06 und Schwarz-Weiß Essen an. 25.000 Fußballanhänger waren voller Spannung zur Hubertusburg gepilgert. Am Ende gewann der BVA 3:2 und beendete so die jahrelange Dominanz der Schwarz-Weißen nicht nur in Essen, sondern auch im Ruhrbezirk. Der Arbeiterverein aus dem Essener Norden schlug den bürgerlich geprägten Klub aus dem Süden der Stadt.

Der BVA 06 wurde in der sich anschließenden westdeutschen Meisterschaft Vizemeister und qualifizierte sich damit für die Endrunde um die Deutsche Meisterschaft. Hier war im Achtelfinale nach einem unglücklichen 1:2 im Frankfurter Waldstadion gegen den FSV Frankfurt Schluss – es sollte das letzte sportliche deutschlandweite Ausrufezeichen der Altenessener bleiben.

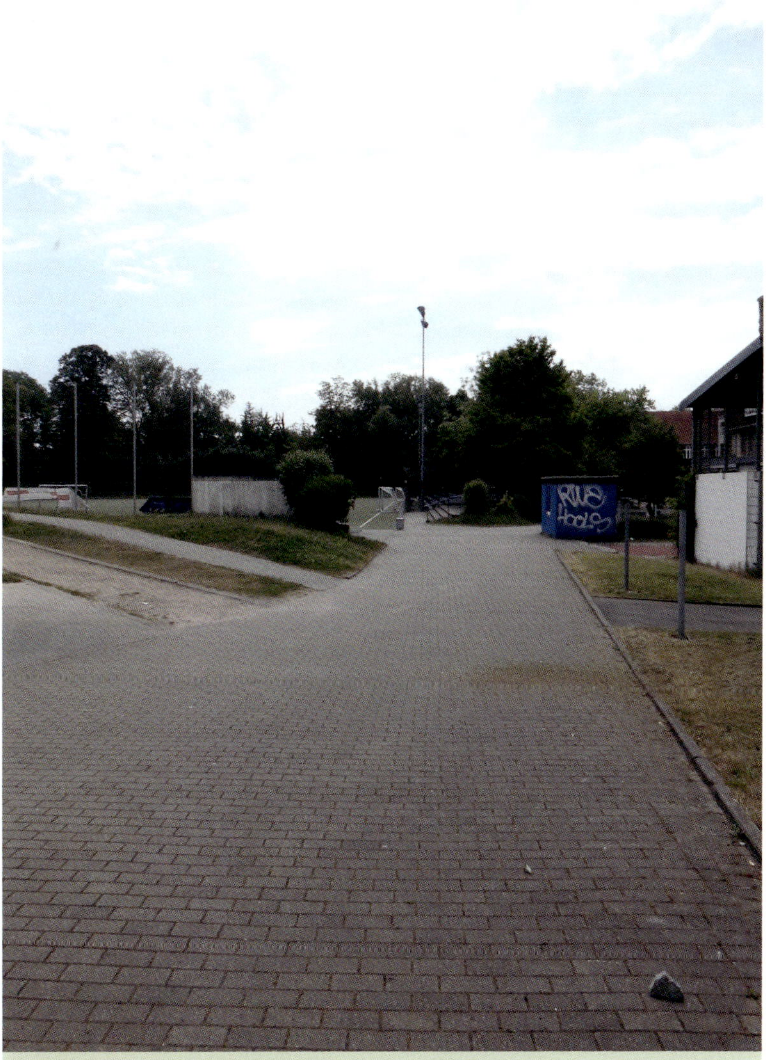

HARTE 4 FAKTEN

Adresse: Stankeitstraße 26, 45326 Essen

Bauherr: Stadt Essen

Kapazität heute: 2.500 Zuschauer

Bonuswissen: Der BVA 06 eröffnete am 22.8.1925 den Sportpark am Kaiserpark mit einem 2:2 gegen Real Sociedad San Sebastian.

Stadion an der Hafenstraße

Neues Stadion, alter Name

Seit 2012 hat Rot-Weiss Essen eine neue Heimat: Wer die Hafenstraße in Essen-Bergeborbeck entlang fährt, kann das neue Schmuckstück spätestens nach dem Bahnübergang erblicken. Für die Fans war trotz aller Wehmut für das alt-ehrwürdige Georg-Melches-Stadion die Stadioneröffnung am 12. August 2012 eine Erlösung, zu lange war das GMS nach Sperrung und Abriss der Westtribüne nur noch ein Dreiviertelstadion gewesen.

Die Stadt Essen beschloss nach längeren kommunalpolitischen Zwistigkeiten im Oktober 2010, dass RWE an nahezu alter Stelle ein neues Stadion bekommen sollte. Schon zuvor, im August 2009 war der symbolische Anstoß für das Neubauprojekt erfolgt – natürlich unmittelbar vor den Kommunalwahlen. Kurz danach wurde mit ersten Bauarbeiten begonnen und ein Teil der Nordtribüne abgerissen. Während der Bauphase wurden Bomben aus dem Zweiten Weltkrieg gefunden, was fast zu erwarten war, da das Areal rund um das Stadion während des Krieges stark bombardiert worden war. Bei Fertigstellung lagen die Kosten insgesamt bei 64 Millionen Euro statt der ursprünglich angesetzten 31 Millionen. Es hagelte Kritik von allen Seiten, zumal auch die Staatsanwaltschaft wegen der Mittelverwendung ermittelte.

Die Namensrechte des rund 20.000 Zuschauer fassenden reinen Fußballstadions lagen zunächst bei der RWE Deutschland AG, die bestimmte, dass die Arena „Stadion Essen" heißen sollte. Damit sollte auch zum Ausdruck gebracht werden, dass hier neben Rot-Weiss Essen die Frauen der SGS Essen, im Gegensatz zu den Männern sogar in der Ersten Bundesliga, kickten. Im November 2021 hat Rot-Weiss Essen im Rahmen einer Fundraising-Aktion die Namensrechte für das Stadion erworben. Es heißt nun für mindestens fünf Jahre wieder Stadion an der Hafenstraße, wie schon von 1939 bis 1964.

Das Stadion ist nach den Bestimmungen des DFB maximal bis zur Zweiten Liga zugelassen. Ein Aufstieg in die Erste Bundesliga würde weitere Baumaßnahmen erforderlich machen, was aber von Verein und Stadt bedacht wurde. Doch das ist momentan noch Zukunftsmusik, auch wenn die Fans an diesem jahrlangen Bundesliga-Standort natürlich immer etwas höherklassig träumen.

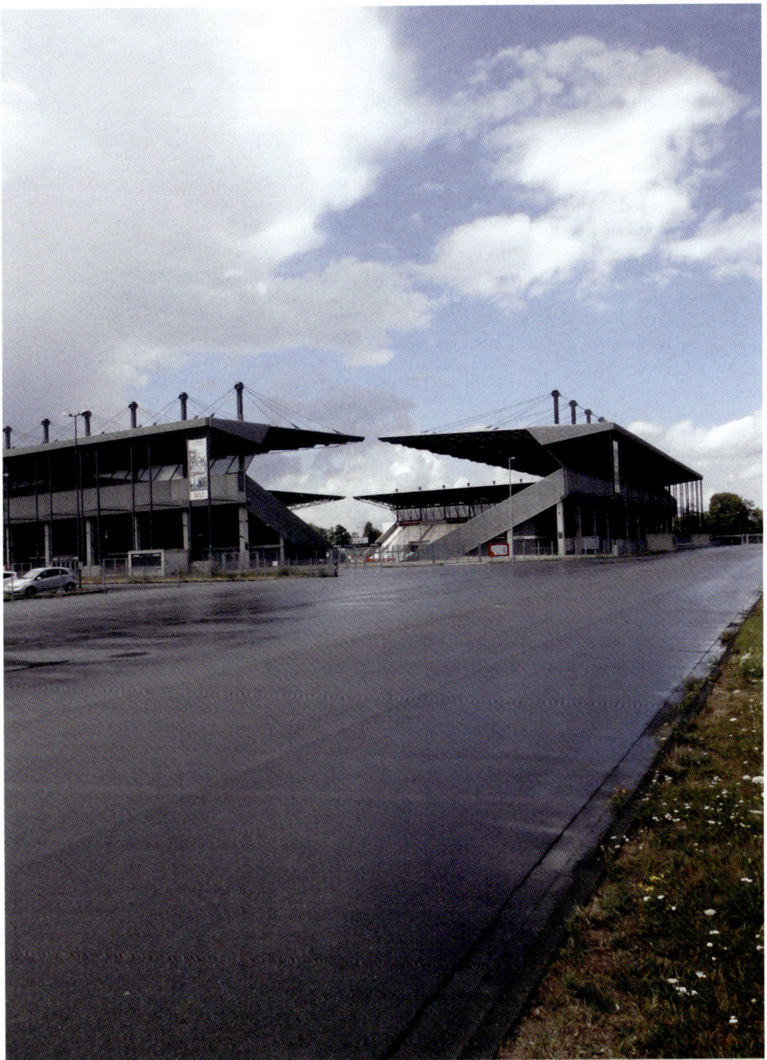

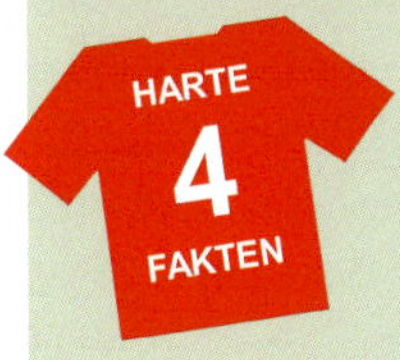

Adresse: Hafenstraße 97A, 45356 Essen

Bauherr: Stadt Essen

Sitz- und Stehplätze: 20.352 Besucher

Basiswissen: Das Eröffnungsspiel bestritten A-Jugendmannschaften von RWE und BVB.

Georg-Melches-Stadion

RWE-Traditionsstätte

Vom alten RWE-Stadion, dem Georg-Melches-Stadion, ist nur noch ein Flutlichtmast erhalten. Der stammt allerdings auch nicht aus dem Jahr 1956, als das Stadion sein erstes Flutlicht erhielt, sondern von 1982. Man hatte ihn stehen lassen, als es unter den RWE-Fans Bemühungen gegeben hatte, die alte Haupttribüne als Kern des Georg-Melches-Stadions vor dem Abriss zu bewahren. Doch der Versuch, sie unter Denkmalschutz zu stellen, scheiterte.

Seit 1920 spielte RWE – damals noch als „Spiel und Sport 1912“ – an dieser Stelle. Man hatte sich mit einem Turnverein auf eine gemeinsame Nutzung des Platzes geeinigt. 1923 fusionierte „Spiel und Sport 1912“ mit dem Turnerbund Bergeborbeck zu Rot-Weiss Essen. In der Folge wurde der Sportplatz immer weiter ausgebaut. Seit 1936 gab es auch ein Kassenhaus und einen Eingangsbereich, über dem „Rot-Weiß Essen“ stand, noch mit „ß“. Dann kam der Aufstieg in die Oberliga. Das Stadion platzte aus allen Nähten. Spätestens jetzt wurde den Funktionären klar, dass etwas passieren musste. Bis 1939 entstand ein neues Stadion mit 22.000 Plätzen und einer Tribüne, die Platz für weitere 1.200 Zuschauer bot. Erstmals hieß das Stadion nun „Stadion an der Hafenstraße“.

Ein Bombenangriff zerstörte 1943 das Stadion weitgehend. Der Wiederaufbau fiel in die erfolgreichste Zeit des Vereins, was sich auch im Stadion widerspiegelte. Eine neue Tribüne mit Platz für 4.784 Zuschauer, Verwaltungstrakt, Turnhalle, Umkleide- und Duschräume, Massageraum und Entspannungsbecken – alles State of the Art. Zeitgenossen verglichen die „Hafenstraße“ mit dem „Highbury“ von Arsenal London. Und eine Kneipe gab es auch mit Platz für Wimpel und Pokale. 1956 erhielt das Stadion gar als eines der ersten in Deutschland eine moderne Flutlichtanlage.

Ein Jahr nachdem 1963 Georg Melches gestorben war, wurde das Stadion ihm zu Ehren in Georg-Melches-Stadion umbenannt. 1975 verkaufte der Verein das ganze Gelände wegen seiner wirtschaftlichen Schwierigkeiten an die Stadt Essen. 1991 wurde die Westkurve gesperrt, 1994 folgte deren Abriss. Nun hatte man bis zum Neubau ein Dreiviertelstadion – auch ein Alleinstellungsmerkmal.

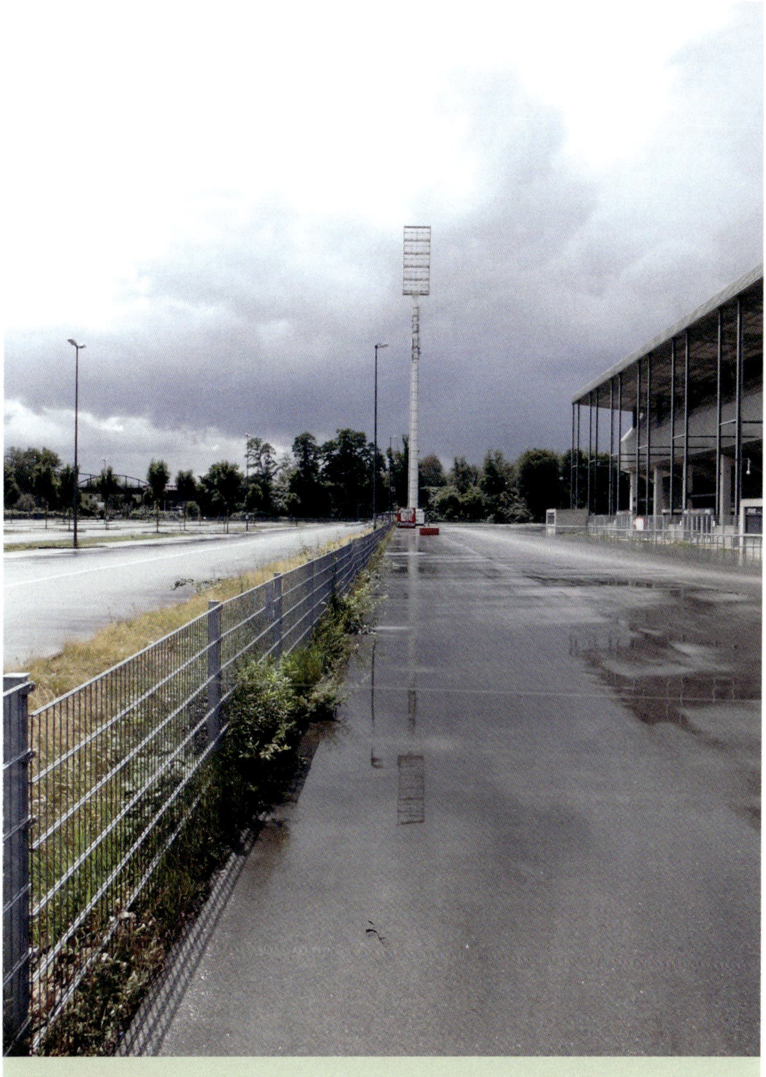

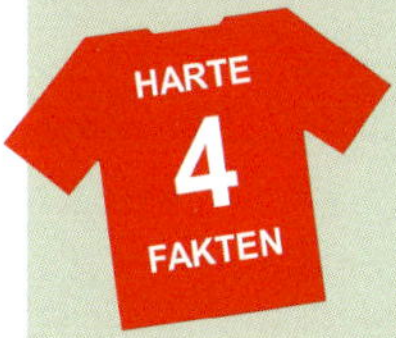

Adresse: Hafenstraße 97A, 45356 Essen

Bauherr: Rot-Weiss Essen und Stadt Essen

Sitz- und Stehplätze (als Dreiviertelstadion): 15.000 Zuschauer

Länderspiel: Deutschland – Zypern 12:0 am 21. 5. 1969 vor fast 40.000 Zuschauern

„Kurze Fuffzehn"

Symbiose von Bergbau und Fußball

Wohl kaum etwas symbolisiert die einstmalige Nähe des Fußballs zum Bergbau im Ruhrgebiet so sehr wie die Statue „Kurze Fuffzehn". Entworfen hat sie in den 1950er-Jahren der Maler und Bildhauer Fritz Petsch (1893–1981). Petsch modellierte gerne Bergarbeiter als Vollplastik. Seine Bronzegüsse standen in Erholungsheimen der Zechen, Verwaltungsgebäuden, aber auch auf Sportanlagen im Pott. Pietsch selbst war gar kein Ruhrpottler, sondern lebte in Muffendorf, einem Ortsteil von Bad Godesberg.

Der Name „Kurze Fuffzehn" meint ursprünglich die kurze Pause im Bergbau. Fußballfans interpretieren ihn als die Halbzeitpause im Fußball. Die „Kurze Fuffzehn" ist im Juli 1951 auf Initiative von Georg Melches im Eingangsbereich der Kleinen Gruga, einem Naherholungsgebiet, aufgestellt worden. Die Kleine Gruga sollte an die „Große Gruga" erinnern, die 1929 den Grundstein für den heutigen Grugapark legte. In den 1970er-Jahren wanderte die „Kurze Fuffzehn" näher an das Stadion heran.

1951 gab Rot-Weiss Essen zum ersten Mal seit dem Zweiten Weltkrieg auch wieder eine Vereinszeitung unter dem Titel „RWE – Sport-Mitteilungen" heraus. Die zweite Ausgabe erschien kurz vor Weihnachten. Auf dem Titelblatt ist die „Kurze Fuffzehn" abgebildet und die Vereinszeitung heißt nun „Kurze Fuffzehn – RWE-Mitteilungen". Auf der Titelseite wird der Bezug erläutert: „‚Kurze Fuffzehn' haben wir unsere Vereinszeitung genannt. … Kurze Fuffzehn, sagt er in der Sprache der Kumpels. Feierabend! Die Arbeit ist vorbei, jetzt kommt die Erholung, die Freude, die Entspannung. Gibt es ein schöneres Symbol für unseren Verein und für unser Vereinsblatt? Wenn wir in unsere ‚Oase im Trümmermeer Bergeborbecks' kommen, dann haben wir auch ‚Kurze Fuffzehn' gemacht – Feierabend: der Sport, das Spiel bedeutet uns Entspannung, Freude, Erholung."

Bis heute heißt das Vereinsmagazin „Kurze Fuffzehn". Die Bergmann-Plastik blieb bis in die 1960er-Jahre das Titelmotiv. Inzwischen befindet sich das Original der Statue im Deutschen Fußballmuseum. Im Gegenzug hat RWE eine originalgetreue Kopie erhalten, die vor dem heutigen Stadion die Fans empfängt.

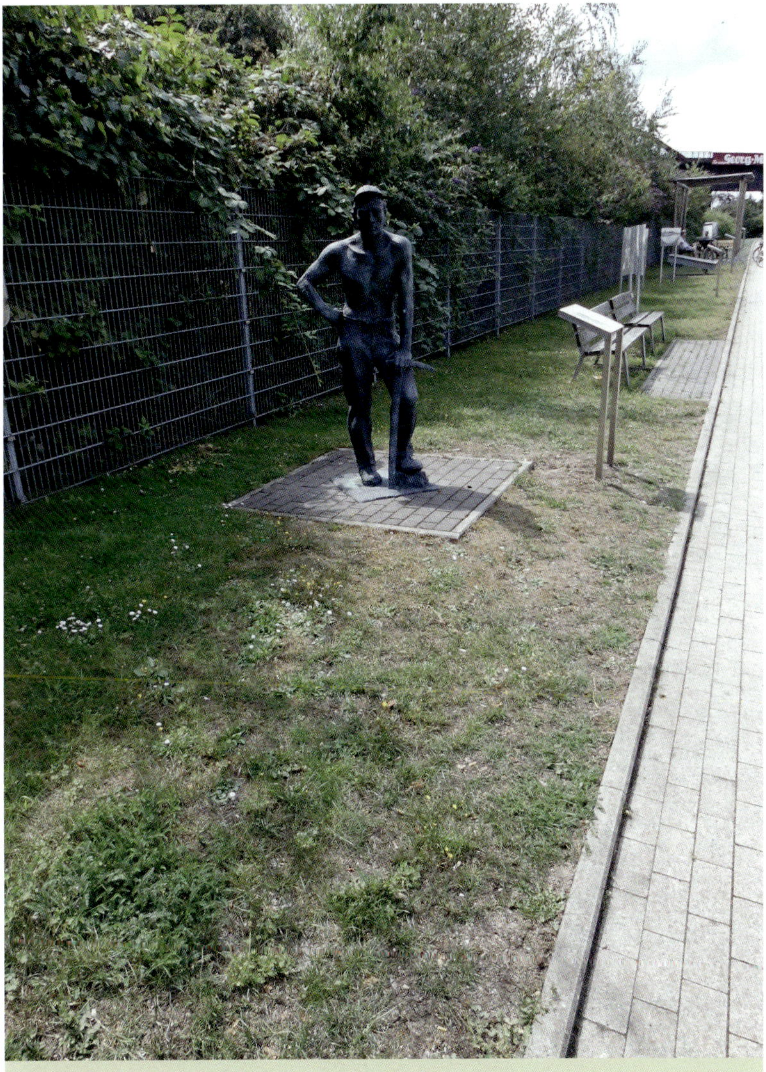

HARTE 4 FAKTEN

Adresse: Hafenstraße 97A, 45356 Essen
Geschaffen: 1951
Gewicht: rund 100 kg
Standorte: Essen (Kopie), Dortmund (Original)

Die „Kleine Gruga"

Ein Freilichtmuseum für Rot-Weiss Essen

Die einzigartige Vereinsfreilichtmuseum „Kleine Gruga" geht zurück auf die Initiative GMS. Diese war ursprünglich gegründet worden, um den Abriss der Haupttribüne des alten Georg-Melches-Stadion zu verhindern. Als man damit scheiterte, setzte sich die Initiative GMS zum Ziel, zumindest einzelne Exponate aus dem Stadion zu retten und mit anderen Erinnerungsstücken und Fotos ein Freilichtmuseum über die Geschichte von Rot-Weiss Essen in Stadionnähe zu verwirklichen.

Die Initiative einigte sich mit der GVE, der Grundstücksverwaltung Essen, darauf, ein Areal an der Hafenstraße in Stadionnähe für das Freilichtmuseum nutzen zu dürfen. Als weitere Partner konnten das AWO-Fanprojekt, die Ultras Essen, die Fan- und Förderabteilung und der Verein Rot-Weiss Essen selbst gewonnen werden. Da wenig Eigenmittel zur Verfügung standen, musste die Initiative immer wieder Sponsoren für Teilprojekte gewinnen. Das gelingt bis heute erstaunlich gut, sodass das Museum immer am Wachsen ist und drumherum bereits mehrere Projekte realisiert werden konnten.

Zu den markantesten Ausstellungsstücken zählt eine Lore, die als Förderwagen eingesetzt wurde und an die letzte Schicht der Verbundsteinkohlenzeche Emil-Fritz im Jahr 1973 erinnert. Deren Vorgängerzechen Emil und Emscher (1873-1966) prägten die Gegend und viele Mitglieder und Fans von RWE waren dort beschäftigt. Daneben steht die Kurze Fuffzehn, der in diesem Buch eine eigene Doppelseite gewidmet ist. Zwischen beiden ist der Originalschriftzug „Georg-Melches-Stadion" angebracht, der seit 1964 an der alten Haupttribüne hing. Es folgen Fotos mit alten RWE-Mannschaften und dem Stadion von 1939. Auch eine Wandzeichnung von 1957, die zum 75-jährigen Bestehen von RWE 1982 modernisiert wurde, ist ausgestellt. Gerettet werden konnte auch das RWE-Emblem von 1982, das ebenfalls präsentiert wird. Es folgt eine Pergola, die an die alte „Kleine Gruga" erinnert. Und fehlen dürfen natürlich auch nicht Erinnerungsstücke an den Gewinn des DFB-Pokals 1953, die Amerikareise von 1954 und die Deutsche Meisterschaft von 1955.

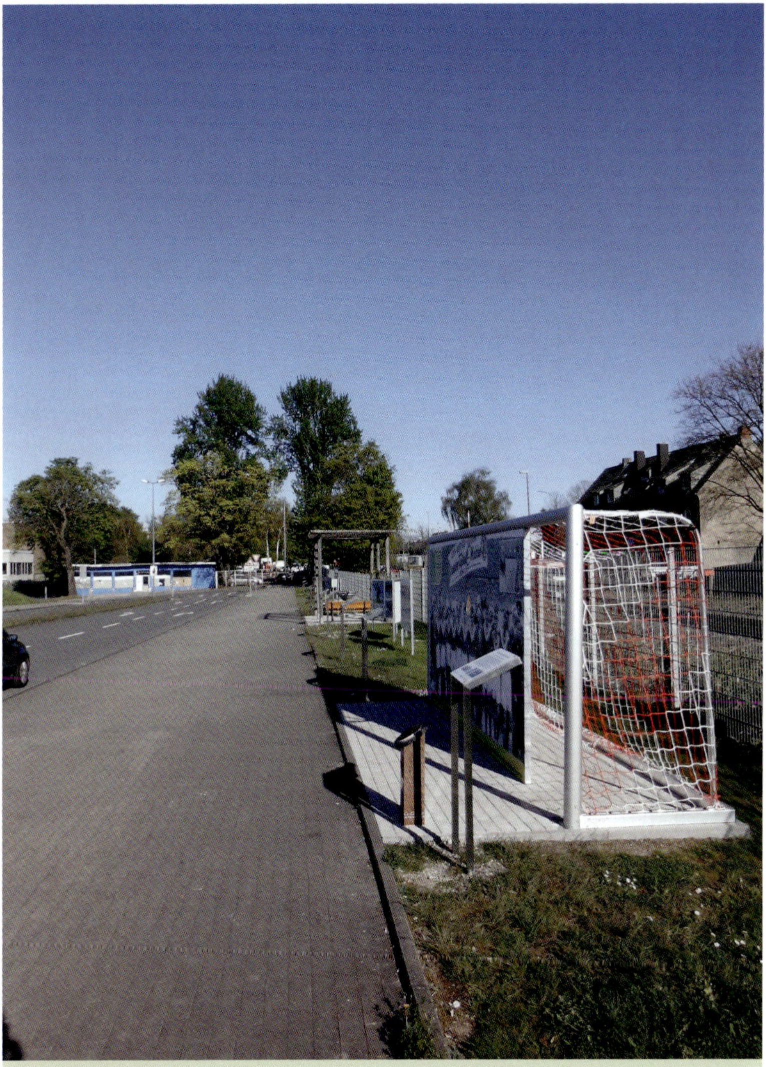

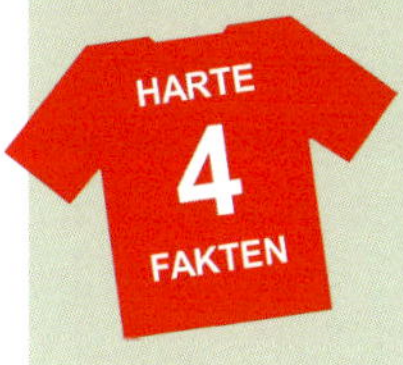

HARTE 4 FAKTEN

Adresse: Hafenstraße 97A, 45356 Essen

Geburt: 2015

Geburtshelfer: Initiative GMS

Homepage der GMS: https://initiative-gms.jimdofree.com

Die fünf RWE-Jahre

Vom DFB-Pokalsieg bis zum Tribünenbau

Fast alle Vereine haben – wenn sie nicht gerade Bayern München heißen – ihre sportlichen und wirtschaftlichen Aufs und Abs. Zu den prägenden Jahren zählen bei Rot-Weiss Essen die Jahre 1953-1957. Damals war RWE der Verein, auf den ganz Fußball-Deutschland schaute.

Alles begann 1953 mit dem DFB-Pokalsieg. Das Endspiel fand am 1. Mai 1953 im Düsseldorfer Rheinstadion gegen Alemannia Aachen statt. Dank Toren von Franz „Penny“ Islacker und Helmut „Boss“ Rahn gewann RWE 2:1. Im folgenden Jahr wurde RWE „nur“ Vizemeister in der Oberliga West. Da sich der Verein damit nicht für die Endrunde der deutschen Meisterschaft qualifiziert hatte, die wegen der WM 1954 verkürzt wurde, „tröstete“ man sich mit einer neunwöchigen (!) Amerikareise und spielte 16 Freundschaftsspiele in Süd-, Mittel- und Nordamerika. Ein Teil der Spieler allerdings flog nach den Spielen in Südamerika vorzeitig zurück, da die WM in der Schweiz anstand. Darunter auch Helmut Rahn.

Ein Jahr später folgte dann die Krönung des sportlichen Aufstiegs: Im Endspiel um die Deutsche Meisterschaft im Hannoveraner Niedersachsenstadion schlug der RWE die halbe Weltmeistermannschaft des 1. FC Kaiserslautern am 26. Juni 1955 4:3. Franz Islacker gelangen drei Tore, den vierten Treffer steuerte Johanes Röhrig bei. Am Tag danach empfingen 100.000 Menschen die deutschen Meister in Essen.

1956 konnte der RWE zwar keinen Titel erringen. Das 100. Freundschaftsspiel von RWE an der Hafenstraße am 8. August 1956 gegen Racing Club Straßburg gilt dennoch als Highlight der Vereinsgeschichte, war es doch das erste Spiel unter Flutlicht. Bis heute sind Flutlichtspiele an der Hafenstraße für die Heimfans ebenso legendär wie bei den Gegnern gefürchtet. Die Modernisierung des Stadions schritt weiter voran und mündete 1957 in der Fertigstellung der neuen Haupttribüne. Das Innenleben der Tribüne bot alles, was Verein und Fans benötigten – auch eine Kneipe, in der RWE das 50. Vereinsjubiläum feierte. RWE war zu dieser Zeit vielleicht der modernste Verein Deutschlands. Doch bereits vier Jahre später stieg RWE in die 2. Liga West ab. Die Boomjahre waren vorerst zu Ende.

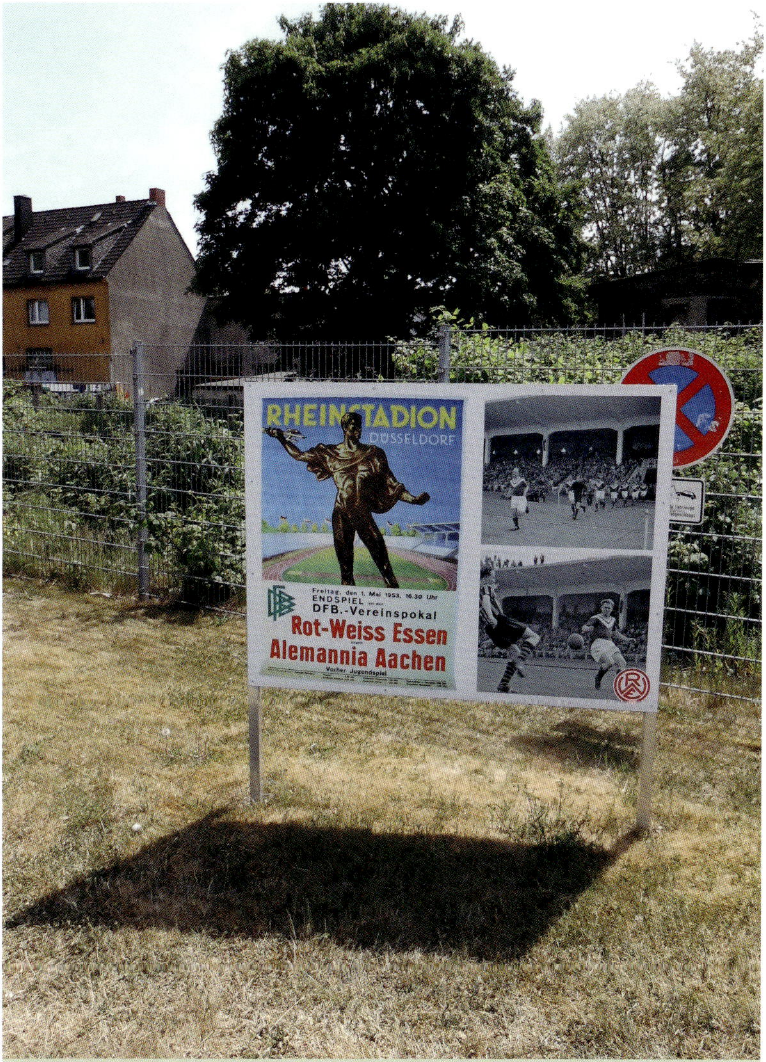

HARTE 4 FAKTEN

Adresse: Hafenstraße 97A, 45356 Essen

Meistertrainer 1955: Fritz Szepan

Zahl der Weltmeister im Endspiel 1955: 5

Europapokal der Landesmeister 1956/57: Aus gegen Hibernian Edinburgh

Helmut-Rahn-Statue

Eine besondere Ehrung für den „Boss“

Das hätte sich Helmut Rahn wohl auch nicht gedacht: ein eigenes Denkmal, um ihn zu ehren. Die Idee für eine Helmut-Rahn-Statue entstand in der Redaktion der „Bild am Sonntag“, nachdem der „Boss“ am 14. August 2003 in Essen, zwei Tage vor seinem 74. Geburtstag, gestorben war. Der Springer-Verlag beauftragte die Künstlerin Inka Uzoma (1947-2016) damit, eine Bronzestatue in Lebensgröße zu entwerfen, um das Andenken des WM-Helden von 1954 zu wahren.

Am 11. Juli 2004 wurde die Statue im Georg-Melches-Stadion erstmals der Öffentlichkeit präsentiert. Aufgestellt wurde sie dann außerhalb des Stadions. Nachdem die Statue 2009/10 als Exponat in der Ausstellung „Helden – von der Sehnsucht nach dem Besonderen“ in der Henrichshütte Hattingen zu sehen gewesen war, kehrte sie zunächst nicht an die Hafenstraße zurück, sondern fand einen vorläufig neuen Standort auf der Bezirkssportanlage an der Seumannstraße, auf der die Nachwuchs- und Jugendmannschaften von Rot-Weiss Essen trainieren.

Erst am 4. Juli 2014, auf den Tag 60 Jahre, nachdem Rahn in Bern gegen Ungarn das 3:2 erzielt und damit das „Wunder von Bern“ vollendet hatte, kam die Statue zur Hafenstraße zurück und steht jetzt einige Meter vom Stadion entfernt. Seit 2018 heißt der Platz am Stadion nun auch offiziell „Helmut-Rahn-Platz“. Die Adresse des Stadions lautet dagegen weiterhin Hafenstraße 97 A.

Zudem sind im Essener Stadtteil Frohnhausen, in dem Rahn lebte, eine Sportanlage und eine Realschule nach ihm benannt. Autofahrer kennen sicherlich auch die Brücken auf der A 40 bei Essen mit Zitaten aus der legendären Radio-Reportage Herbert Zimmermanns: „Rahn müsste schießen“, „Tor! Tor! Tor!“.

Der 1929 in Essen geborene Helmut Rahn spielte von 1951 bis 1959 bei Rot-Weiss Essen und gewann mit dem Verein Pokal und Meisterschaft. Fußballerisch groß geworden ist er beim SV Altenessen. Zu RWE wechselte er von den Sportfreunden Katernberg. Für den Meidericher SV bestritt er zwischen 1963 und 1965 sogar noch 19 Bundesliga-Spiele.

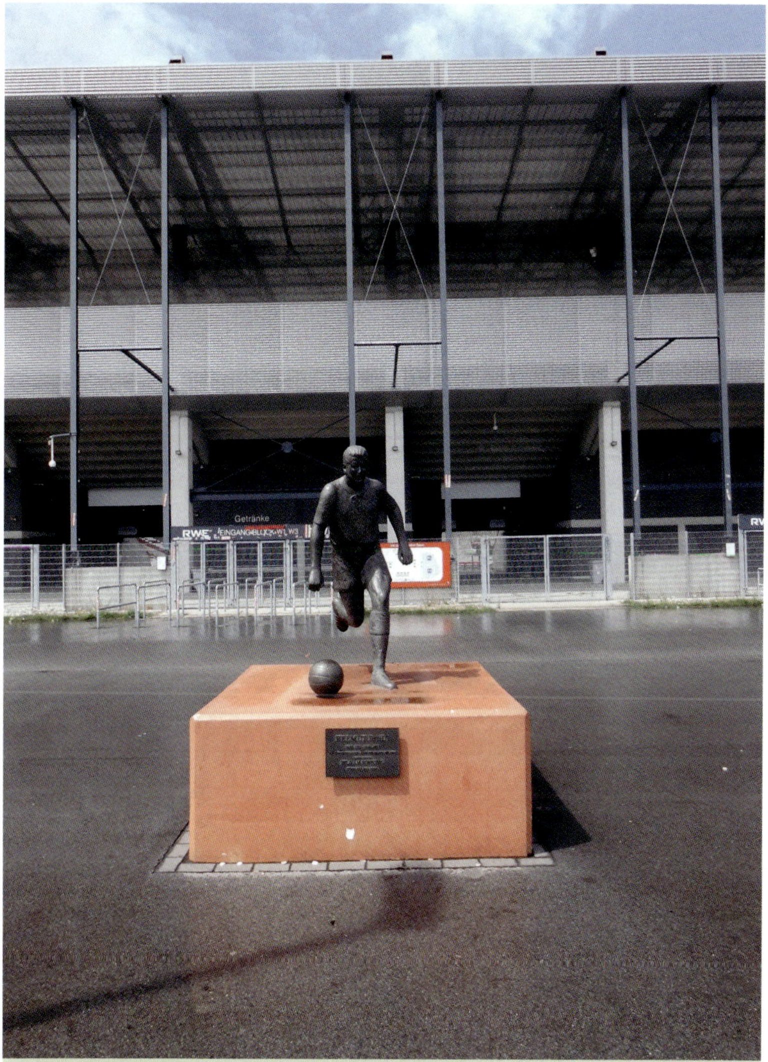

HARTE 4 FAKTEN

Adresse: Helmut-Rahn-Platz, 45356 Essen
Entworfen von: Inka Uzoma
Gestiftet von: Bild am Sonntag
Länderspiele: 40 mit 21 Toren

Die RWE-Fan-Grabstätte

„Hier gehöre ich hin!"

Was der FC Schalke 04 hat, möchte Rot-Weiss Essen natürlich auch haben. Als Schalke 04 einen Fanfriedhof bekam, zog RWE nach. Die evangelische Kirchengemeinde Borbeck-Vogelheim richtete auf ihrem Matthäusfriedhof zwei Grabfelder für RWE-Fans ein. Der Friedhof, auf dem auch die Grabstätte von Georg Melches ist, wirbt offensiv mit der RWE-Prominenz: „Gemeinschaftsgrabstätten für Sarg- und Urnenbestattungen in unmittelbarer Nähe des Mitgründers unseres Essener Traditionsvereins Rot-Weiss Essen". Es handelt sich um zwei besonders ausgewiesene Gemeinschaftsfelder mit Reihengrabstätten. Es gibt das „Georg-Melches-Grabfeld", wo Urnen beigesetzt werden, und das „Gemeinschaftsfeld 1907" für Sargbestattungen.

Der RWE-Fan-Friedhof ist ein gemeinsames Projekt der Kirchengemeinde Borbeck-Vogelheim und des Fußballvereins. Die Einweihung erfolgte am 21. August 2019. Am Rande der beiden Grabfelder hat RWE eine Sitzgruppe geschaffen, bestückt mit Sitzschalen aus der alten Haupttribüne des Georg-Melches-Stadions. Dazu gesellt sich ein Tisch, der aus einer der Flutlichtlampen des alten Stadions besteht.

Die Herrichtung der Grabfelder unterliegt der Kirchengemeinde Borbeck-Vogelheim, die darauf achtet, dass die RWE-Grabfelder in das Umfeld des Matthäusfriedhofs passen. Für die Gestaltung der Gräber gelten daher auch besondere Regeln. So ist für jeden Grabstein ein kreisrunder, liegender Pultstein vorgesehen, der in roten Zahlen und Buchstaben Vor- und Nachnamen, Geburts- und Sterbejahr des Bestatteten trägt. Um die Nähe zu Rot-Weiss Essen zu unterstreichen, sollen die Pflanzen vorzugsweise Rot und Weiß als Hauptfarben tragen. Für das Ablegen von Grabschmuck, Sträußen und weiteren Devotionalien gibt es eine eigens ausgewiesene Fläche.

Die Kosten für ein Grab auf den beiden RWE-Grabfeldern sind durchaus Fan-tauglich: Eine Reihengrabstätte für eine Urne kostet 1.090 Euro, eine Sarggrabstätte 2.136 Euro. Die Reservierung einer Grabstätte ist gegen eine Gebühr von 30,– Euro pro Jahr möglich.

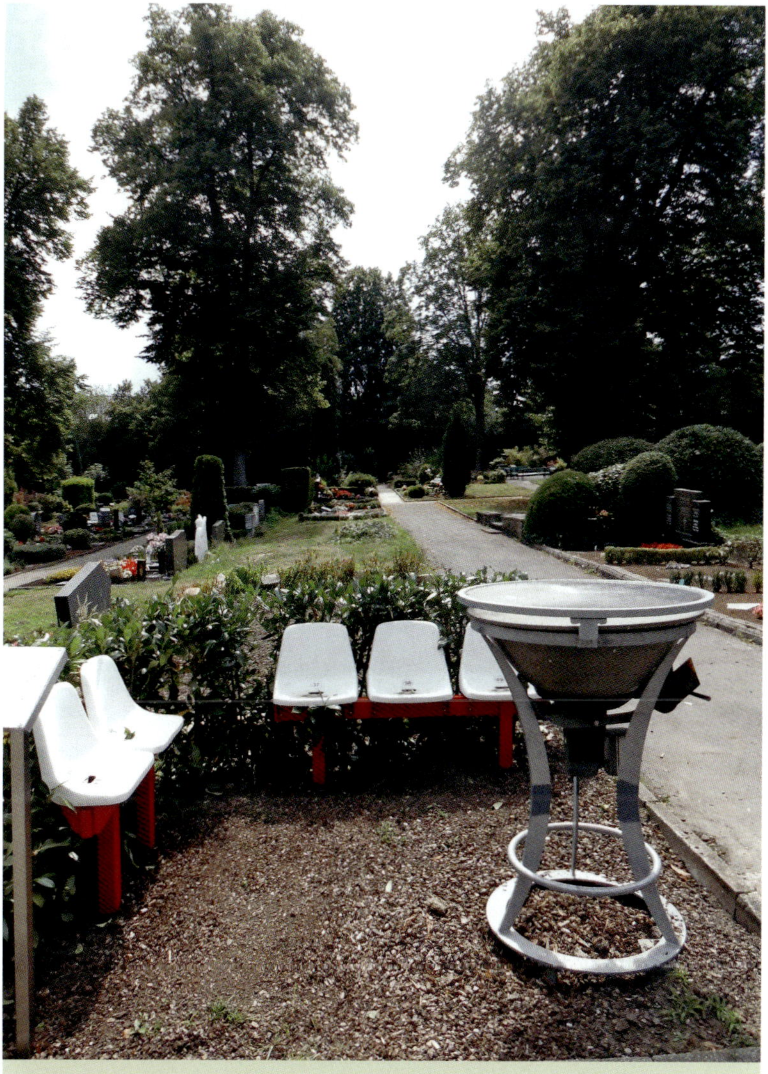

HARTE 4 FAKTEN

Adresse: Matthäusfriedhof, Marreweg 1, 45355 Essen

Anreise: Vom Hbf. die Straßenbahnlinie 105 bis Fliegenbusch, dann 10 Minuten Fußweg

Friedhof: Der Matthäusfriedhof wurde 1859 eingeweiht.

Gräber: Neben Georg Melches liegen hier auch RWE-Spieler, z. B. August Gottschalk.

Die Grabstätte von Georg Melches

Der Meistermacher von Rot-Weiss Essen

Wer als RWE-Fan auf den Matthäusfriedhof kommt, besucht selbstverständlich auch die Grabstätte von Georg Melches und seinen Angehörigen. Georg Melches war nicht nur einer der Mitgründer von Rot-Weiss Essen, sondern vor allem derjenige, der dafür gesorgt hat, dass RWE zwischenzeitlich einer der führenden Fußballvereine Deutschlands war.

Georg Melches wurde am 24. August 1893 in Bergeborbeck-Vogelheim geboren, nicht weit vom heutigen Stadion entfernt. Sein Vater war Betriebsführer der Zeche Emscher. Nach dem Abitur trat Georg 1914 als Kriegsfreiwilliger in das Heer ein und kehrte erst nach Kriegsende zu Weihnachten 1918 zurück. Seit 1920 war er bei der Koksofen und Gasverwertungs AG, kurz Kogag, angestellt. Bereits acht Jahre später wurde er dort kaufmännischer Direktor und Vorstandsmitglied. Melches blieb dem Unternehmen bis zur Verrentung treu und versuchte stets, seine geschäftlichen Verbindungen für seinen Fußballverein zu nutzen.

Die Fußballleidenschaft teilte er mit seinem Bruder Hermann, aber auch mit seinem Vater. Die Geburtsstunde des Vereins war der 1. Februar 1907, doch erst seit 1923 hieß er auch Rot-Weiss Essen. Georg Melches spielte erst als Mittelstürmer, dann als Verteidiger bis in die 1920er-Jahre in der Ersten Mannschaft von RWE. Parallel dazu übernahm er nach dem Ersten Weltkrieg verschiedene Positionen im Verein. Er war jedoch nie 1. Vorsitzender oder Präsident des Vereins. Später wurde er allerdings zum Ehrenvorsitzenden ernannt. Der erste Vereinssportplatz ging wesentlich auf seine Initiative zurück. Gleiches gilt für die Stadionanlage an der Hafenstraße, die 1955 eine neue Tribüne und kurz danach sogar Flutlicht erhielt. Gute Spieler lockte Melches zu RWE, indem er ihnen mit seinem Netzwerk Jobs in der Stadt besorgte.

Georg Melches war der Vater der beiden Titelgewinne 1953 und 1955 und organisierte die umfangreiche Amerikareise 1954. Melches starb bei einem Kuraufenthalt am 24. März 1963. Ihm zu Ehren wurde das Stadion am 5. Mai 1964 in Georg-Melches-Stadion umbenannt. Er wurde neben seinem Bruder Hermann beigesetzt, der bereits 1911 gestorben war.

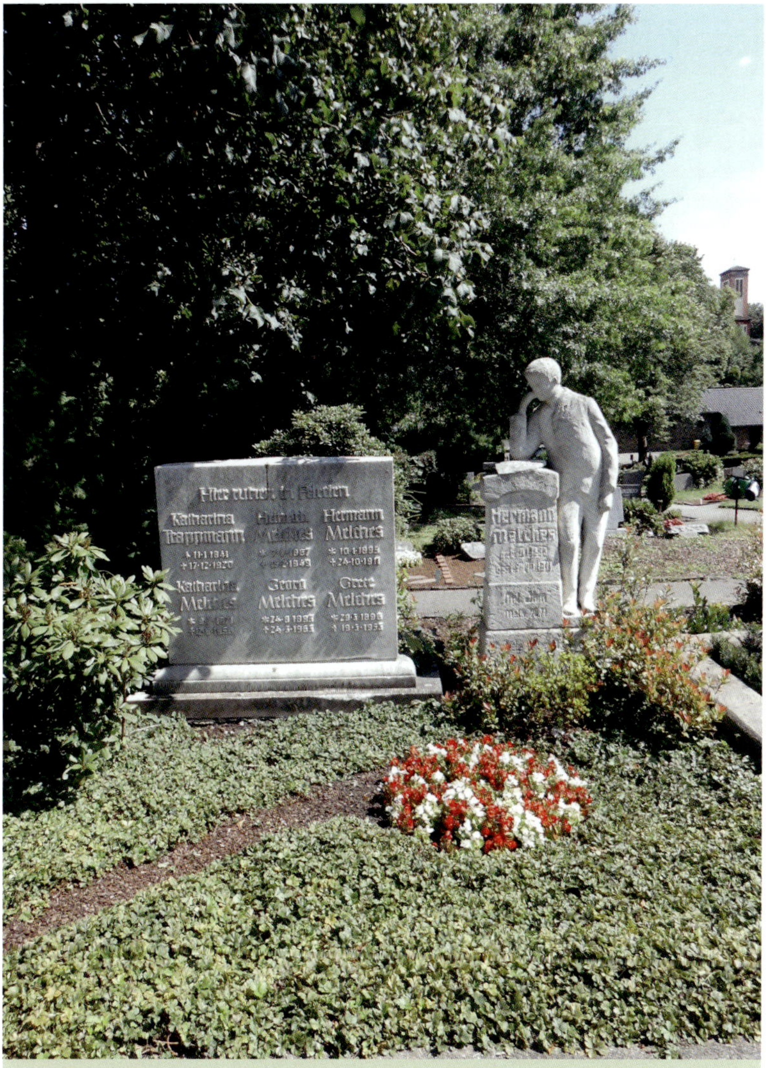

HARTE 4 FAKTEN

Adresse: Matthäusfriedhof, Marreweg 1, 45355 Essen

Erreichbarkeit: Die Grabstätte ist ausgeschildert.

Grabschmuck: Die Figur auf der Grabstätte ist Hermann Melches gewidmet.

Basiswissen: Das Grab gehört zur Deutschen Fußball-Route von 2006.

Das Grab von August Gottschalk

Melches' Lieblingsspieler

War Georg Melches der Vater und Macher des RWE-Aufschwungs drumherum, so war August Gottschalk vielleicht die entscheidende Figur auf dem Spielfeld. Als Kapitän, Spielmacher und Torschütze führte er die Mannschaft zum Pokalsieg und zur Deutschen Meisterschaft.

August Gottschalk ist am 21. Dezember 1921 in Essen geboren. Er stammte aus einer Familie, in der Schwerathletik betrieben wurde, und hatte selbst auch eine stattliche Figur. Das Fußballspielen lernte er bei Preußen Essen. Auf Betreiben von Georg Melches wechselte er zu Rot-Weiss Essen, wo er dank einer Sondergenehmigung bereits mit 17 Jahren in der Gauligamannschaft spielen durfte. Gottschalk weckte auch die Aufmerksamkeit des Reichstrainers Sepp Herberger. Im Winter 1939/40 und im März 1941 nahm er an Sichtungslehrgängen der Nationalmannschaft teil und stand somit in Herbergers berühmten Notizbuch, bekam aber nie eine Einladung zu einem Länderspiel. Gottschalk wurde 1941 zur Wehrmacht eingezogen und geriet in Gefangenschaft.

Nach 1945 spielte er zunächst wieder für Preußen Essen. Doch sein Mentor Georg Melches holte ihn erneut zu RWE zurück, wo er bis 1955 blieb und Pokalsieger wie auch deutscher Meister wurde. Das Finale um die Deutsche Meisterschaft 1955 war zugleich der Schlusspunkt seiner Karriere. Mit dem Titel beendete Gottschalk seine aktive Laufbahn auf höchstem Niveau.

In den folgenden Saisons fungierte er als Spielertrainer bei SV Borbeck und führte die Mannschaft von der Landesliga Niederrhein in die Verbandsliga. Im Sommer 1957 hing er die Fußballschuhe endgültig an den Nagel und trainierte kurzzeitig noch BV Altenessen. Zusammen mit seiner Frau führte er die Vereinsgaststätte von SV Borbeck, die „Sportlerklause" am Borbecker Germaniaplatz. Später arbeitete er als Repräsentant für die Stauderbrauerei in Essen. Gottschalk starb am 27. November 2014 mit fast 93 Jahren.

Er liegt auf dem Matthäus-Friedhof nicht weit entfernt von seinem Förderer Georg Melches begraben. Um sein Grab zu finden, muss man allerdings einen Friedhofsgärtner fragen, da es keinen Grabstein oder gar eine Ausschilderung gibt.

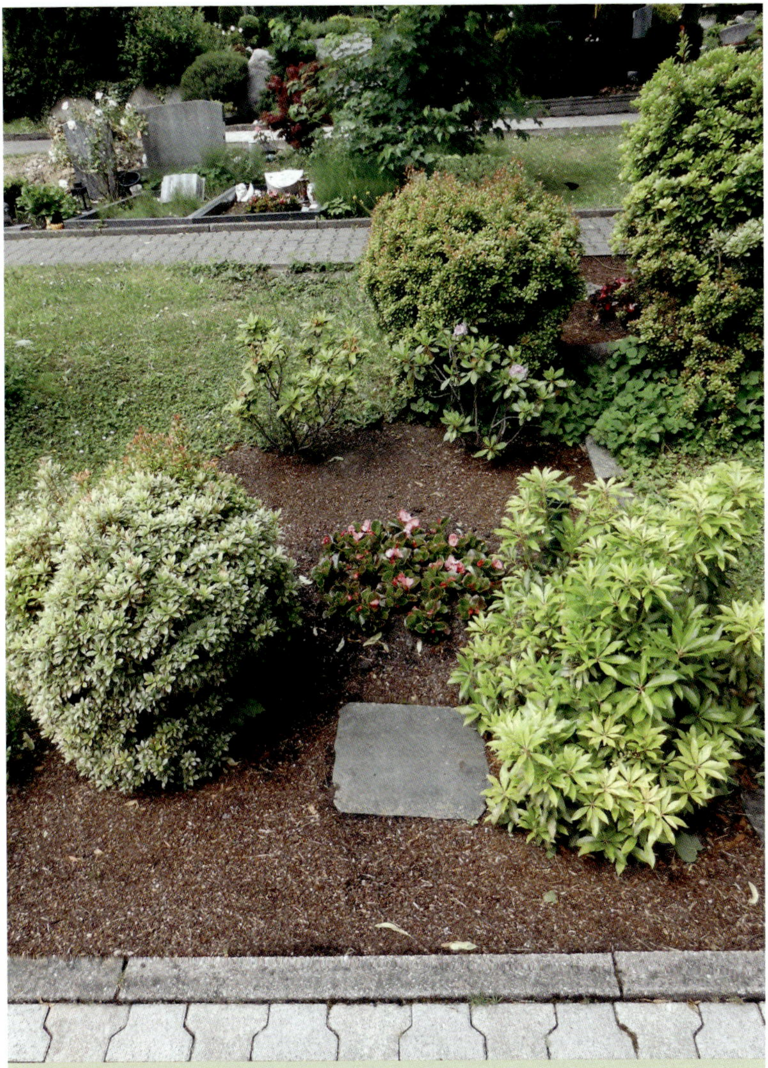

HARTE 4 FAKTEN

Adresse: Matthäusfriedhof, Marreweg 1, 45355 Essen

Grabnummer: 15 D, k. A. 005-006

Tore I: Wie viele Tore Gottschalk in der Liga Niederrhein erzielte, ist nicht bekannt.

Tore II: In der Oberligazeit spielte er 186-mal für RWE und erzielte 99 Tore.

Frank Mills Arbeitsstätte

Westdeutscher Torjäger und Weltmeister ohne Spiel

Frank Mill war als Spieler ein Mittelstürmer alter Schule mit eingebauter Torgarantie, die er bei mehreren westdeutschen Vereinen unter Beweis stellte. Geboren wurde er am 23. Juli 1958 in Essen. Das Fußballspielen lernte er beim BV Eintracht 1916 in Essen-Altenessen. Dort erkannten Späher von Rot-Weiss Essen sein Talent und holten ihn an die Hafenstraße. Mit RWE wurde er 1976 nach einer Endspielniederlage gegen Schalke 04 deutscher A-Jugend-Vizemeister. Im selben Jahr wurde er erstmals in den Profikader von RWE berufen. Bis 1981 kam er für RWE in der Bundesliga und 2. Liga Nord 149-mal zum Einsatz und schoss dabei beeindruckende 85 Tore. Vor allem in der 2. Liga avancierte er zum Torjäger und Publikumsliebling. In der Zweitliga-Saison 1980/81 gelangen ihm in 38 Spielen sagenhafte 40 Tore. Beim 5:3 gegen Bocholt im Dezember 1980 erzielte er gar alle Essener Treffer. Kein Wunder, dass er bei vielen Erstligisten begehrt war, und so wechselte Mill im Sommer 1981 an den Niederrhein zu Borussia Mönchengladbach, wo er unter Jupp Heynckes – selbst einst ein Torschützenkönig – zum Nationalspieler reifte. Seinen einzigen nationalen Titel errang Mill jedoch mit Borussia Dortmund, wo er seit 1986 spielte. Beim 4:1 im DFB-Pokalfinale 1989 gegen Werder Bremen schoss „Fränkie“ das wichtige 2:1. Seine Spielerkarriere ließ er schließlich bei Fortuna Düsseldorf ausklingen, bei der er später kurzzeitig auch noch als Manager tätig war.

In der A-Nationalmannschaft kam Mill 17-mal zum Einsatz, schoss dabei aber überraschenderweise kein einziges Tor. Trotzdem wurde er mit der Mannschaft 1990 Weltmeister, ohne eine Minute gespielt zu haben. Sportlich wertvoller war er für die deutsche Olympia-Auswahl, die er bei den Spielen 1988 in Seoul als Kapitän zusammen mit seinem Sturmpartner Jürgen Klinsmann zur Bronzemedaille führte.

Seit den 2000er-Jahren betreibt Frank Mill zusammen mit anderen Ex-Profis die Fußballschule „Kidsactive“. Parallel stieg er in den Essener Containerbetrieb seines Bruders Dirk ein, der 2017 starb.

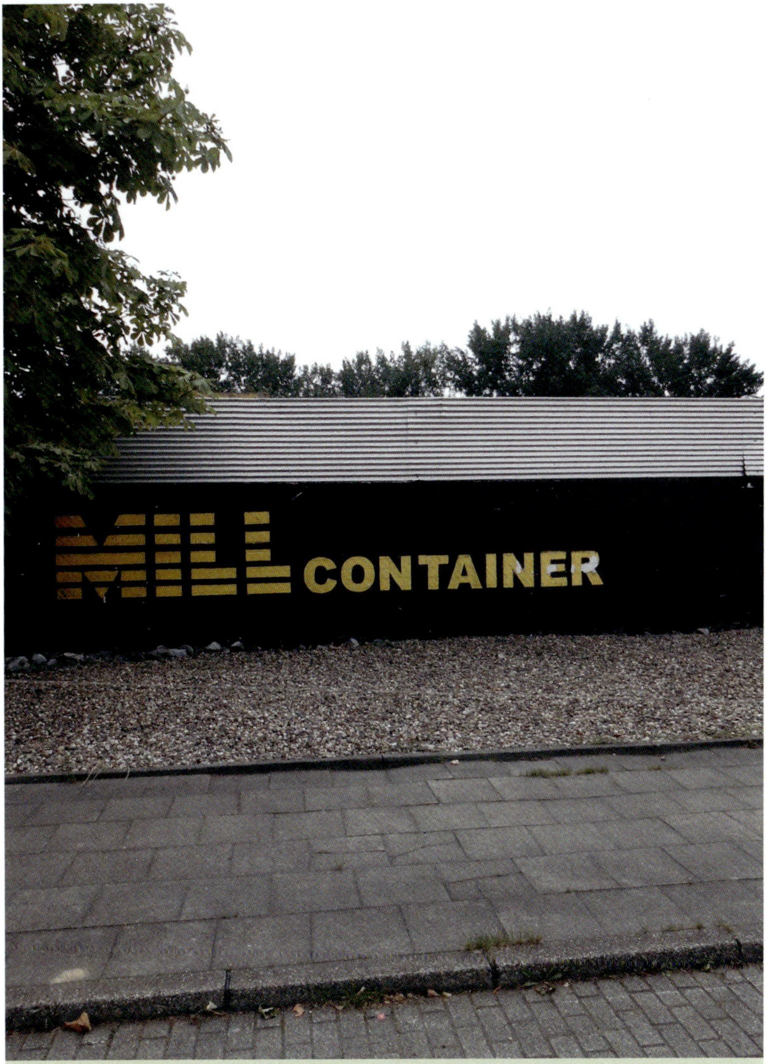

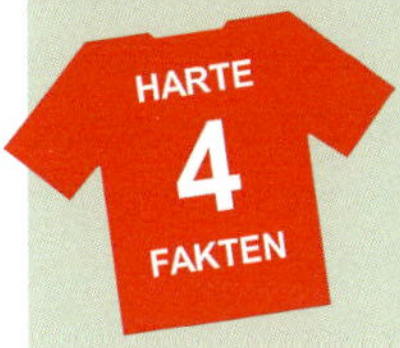

Adresse: Manderscheidtstraße 91, 45141 Essen

Statistik I: 386 Spiele in der 1. Bundesliga mit 123 Toren

Statistik II: 157 Spiele in der 2. Bundesliga mit 87 Toren

Unvergessen: Pfostenschuss aus wenigen Metern unbedrängt vor dem leeren Tor am 9. 8. 1986 mit dem BVB bei Bayern München

Geschäftsstelle DJK Heisingen 1920

Jens Lehmanns erster Verein

Die DJK Heisingen ist heute ein echter Breitensportverein für die ganze Familie mit vielfältigen Angeboten vor allem im Fitness- und Gesundheitssport. Daneben gibt es Abteilungen für Badminton, Leichtathletik, Volleyball, Basketball, Turnen, Tanz und Wandern. Nur eine Sparte fehlt: Fußball!

Als Jens Lehmann seine ersten fußballerischen Gehversuche machte, war dies zum Glück noch anders. Lehmann wurde am 10. November 1969 in Essen geboren und wuchs in Heisingen, einem südlich gelegenen Stadtteil Essens auf einer Halbinsel nördlich der Ruhr, auf. Sein erster Verein war die DJK Heisingen 1920. Zu Jens Lehmanns Kinderzeiten spielte die DJK auf dem Platz an der Uhlenstraße. Lehmann spielte von 1975 bis 1978 bei der DJK und wurde meistens als Mittelstürmer aufgestellt, was ihm später bei einem Revierderby noch helfen sollte …

Torwart wurde er dann nach seinem Wechsel 1978 zu Schwarz-Weiß Essen, mit deren B-Jugend er deutscher Vize-Meister wurde. Nun wurden auch die großen Vereine auf ihn aufmerksam. 1987 verpflichtete ihn Schalke 04. Bereits ein Jahr später spielte er bei den Profis der Knappen. 1997 wurde zu seinem großen Schalker Jahr: Erst gewann er mit den Euro-Fighters sensationell den UEFA-Cup und dann gelang ihm am 19. Dezember 1997 als erstem Torwart in der Bundesliga-Geschichte ein Feldtor – und dieses auch noch gegen den Revierrivalen BVB in der Schlussminute.

Ausgerechnet zum BVB wechselte Lehmann dann nach einem eher unglücklichen halbjährlichen Intermezzo beim AC Mailand. Mit dem BVB gewann er 2002 die nationale Meisterschaft, gleiches gelang ihm 2004 mit dem FC Arsenal in der englischen Premier League.

In der deutschen Nationalmannschaft, für die er zwischen 1998 bis 2008 61-mal spielte, stand er lange im Schatten von Oliver Kahn, aus dem ihn erst Jürgen Klinsmann und Jogi Löw bei der Heim-WM 2006 befreiten. Legendär sind seine Paraden beim Elfmeterschießen im Viertelfinale gegen Argentinien, nachdem ihm der Torwarttrainer einen Zettel mit Tipps zu den argentinischen Schützen zugesteckt hatte. Jens Lehmann besitzt eine Fußballtrainer-Lizenz und hat u. a. beim FC Augsburg als Co-Trainer gearbeitet.

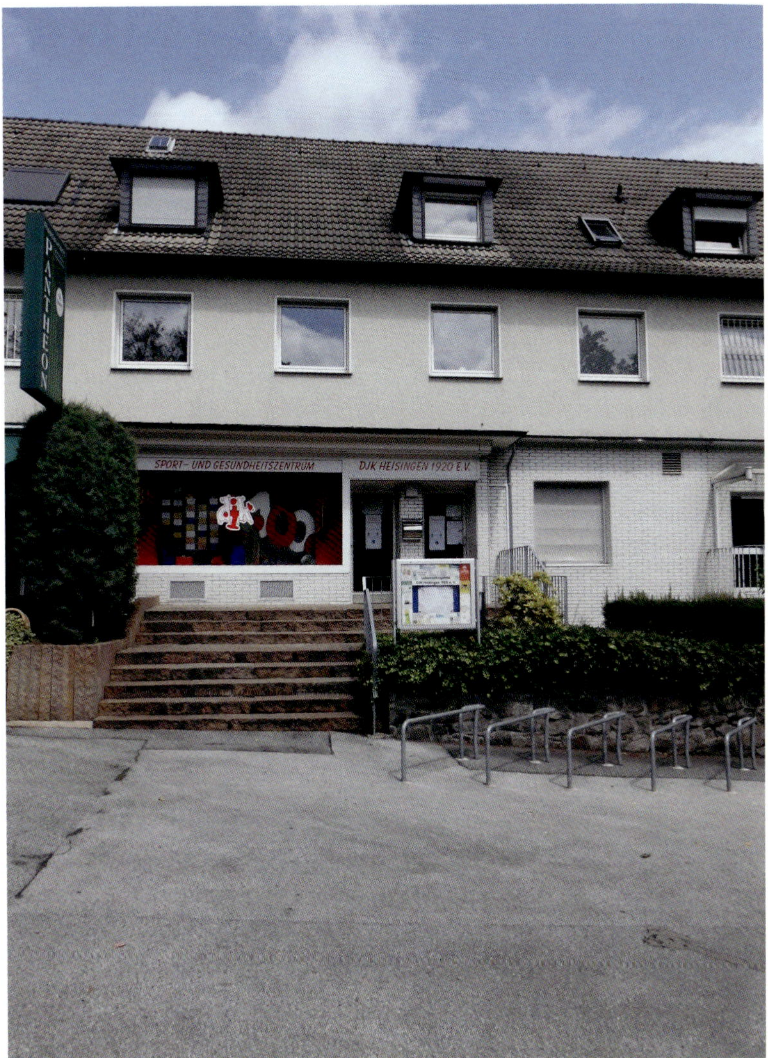

HARTE 4 FAKTEN

Adresse: Heisinger Straße 393, 45259 Essen

Öffnungszeiten der Geschäftsstelle: werktags 9 bis 12 Uhr

Auszeichnungen Jens Lehmann: 1997 und 2006 bester Torhüter Europas

Turniere Lehmann: WM 1998, 2002, 2006; EM 2000, 2004, 2008

Bezirkssportanlage Hubertusburg

Wo Oliver Bierhoffs Karriere begann

Oliver Bierhoff ist zwar am 1. Mai 1968 in Karlsruhe geboren, doch da seine Familie bald nach seiner Geburt nach Essen zog, gilt er gemeinhin als Essener. Bierhoffs erster Fußballverein war mit 6 Jahren die Essener Sportgemeinschaft 99/06. Bei der Sportgemeinschaft handelt es sich um eine Fusion, die 1974 von BTLV Rheinland 06 und dem Essener Sportverein 99 (ESV 99) gebildet wurde. Der ESV 99 ist wiederum der älteste Essener Verein, in dem Fußball gespielt wurde. Der größte Erfolg der Vereinsgeschichte war das Erreichen der Endrunde um die westdeutsche Fußballmeisterschaft 1902/03, in der der ESV Vizemeister des Verbandes wurde. Für Essen bedeutsam war der Bau des ESV-Stadions im Jahr 1909, die Hubertusburg, in die zu besten Zeiten fast 25.000 Zuschauer passten. Heute ist aus dem einst großzügigen Stadion die Bezirkssportanlage Hubertusburg mit Kunstrasen und steinerner Umfassung geworden. Sie ist Heimat der Essener Sportgemeinschaft 99/06.

Bierhoff ging 1978 von der SG zu Schwarz-Weiß Essen, wo er mit Jens Lehmann spielte, mit dem er bis heute befreundet ist. 1985 wechselte Bierhoff zu Bayer 05 Uerdingen. Bei den Krefeldern gehörte er ab 1986 zu den Profis. Nach weiteren, wenig erfolgreichen Stationen beim Hamburger SV und Borussia Mönchengladbach gelang ihm in Österreich bei SV Austria Salzburg der sportliche Durchbruch. Gleich in der ersten Saison erzielte er 23 Tore. Daraufhin kaufte ihn Inter Mailand, verlieh ihn aber weiter, zuerst an Ascoli Calcio, dann an Udinese Calcio. Von 1998 bis 2001 spielte er für den großen AC Mailand, bevor er seine Karriere bei AS Monaco und Chievo Verona ausklingen ließ.

Während Bierhoff im deutschen Vereinsfußball kaum Spuren hinterlassen hat, gelang ihm dies umso mehr in der Nationalmannschaft, für die er in 70 Länderspielen 37 Tore erzielte. Berühmtheit erlangte er mit seinem Golden Goal zum 2:1-Sieg im EM-Endspiel 1996 gegen Tschechien. Von 2004 bis 2022 war Oliver Bierhoff zuerst Teammanager, dann DFB-Direktor der deutschen Nationalmannschaft. Mit Jogi Löw prägte er eine Ära mit dem Höhepunkt des WM-Titels 2014.

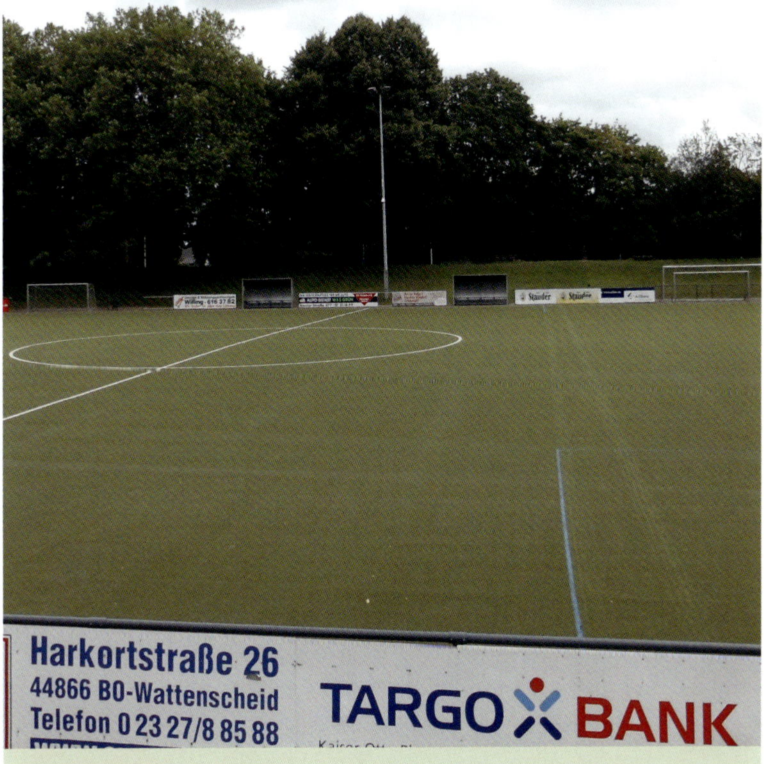

HARTE 4 FAKTEN

Adresse: Dinnendahlstraße 25a, 45136 Essen

Sitz- und Stehplätze: 2.500 Zuschauer

Bauherr: Stadt Essen

Erfolge Bierhoff: Europameister 1996, Italienischer Meister 1998/99, Vize-Weltmeister 2002, Weltmeister 2014 (als Teammanager)

Restaurant Hügoloss

Otto Rehhagel – ein Kind der Bundesliga

Otto Rehhagel wurde am 8. August 1938 in Essen-Altenessen geboren. Auch wenn er zurecht als „Kind der Bundesliga" bezeichnet wird, gelang ihm sein größter Erfolg als Trainer der griechischen Nationalmannschaft, die er von 2001 bis 2010 betreute und 2004 durch ein 1:0 gegen Gastgeber Portugal sensationell zum EM-Titel führte.

Seitdem genießt Otto Rehhagel in Griechenland Heldenstatus. Er war Fackelträger bei den Olympischen Spielen 2004 in Athen, wurde Ehrenbürger der griechischen Hauptstadt und als erster Ausländer zum „Griechen des Jahres" gekürt. Auch ein griechisch stämmiger Wirt wollte ihn ehren. In Essen ging und geht Rehhagel sehr gerne im „Hügoloss" essen, ein griechisches Lokal in der Nähe der Villa Hügel. Der Wirt hängte ihm zu Ehren ein großformatiges Schwarz-Weiß-Foto auf, das Rehhagel im Trikot der griechischen Nationalmannschaft mit Goldmedaille zeigt. Das Foto begleitet Rehhagel bei seinen gelegentlichen Besuchen im Restaurant.

Als Fußballer hatte Otto Rehhagel seine Anfänge bei TuS Helene 1928. Schnell erarbeitete er sich seinen Ruf als eisenharter Abwehrspieler. Über Rot-Weiss Essen wechselte er 1963 zum Start der Bundesliga zu Hertha BSC, dann 1966 zum 1. FC Kaiserslautern, wo er bis 1972 spielte und seine Spielerkarriere beendete.

Beinahe nahtlos schloss sich seine Trainerlaufbahn an. Rehhagel galt zunächst als Feuerwehrmann mit geringer Verweildauer. Das änderte sich erst bei Werder Bremen. Er übernahm den Verein in der Zweitklassigkeit, führte ihn auf Anhieb zurück in die Bundesliga und etablierte Werder dort als Spitzenmannschaft, gekrönt mit je zwei Deutschen Meisterschaften und DFB-Pokalsiegen sowie dem Europapokal der Pokalsieger. Weniger glücklich verlief seine Zeit bei Bayern München, wo er bereits in seiner ersten Saison entlassen wurde. Doch sein größter Bundesliga-Coup sollte jetzt erst folgen: Innerhalb von zwei Jahren stieg er mit dem 1. FC Kaiserslautern in die 1. Bundesliga auf und gewann dann als Aufsteiger auf Anhieb den Titel vor dem favorisierten FC Bayern München – dies hatte es in der Bundesliga zuvor noch nicht gegeben.

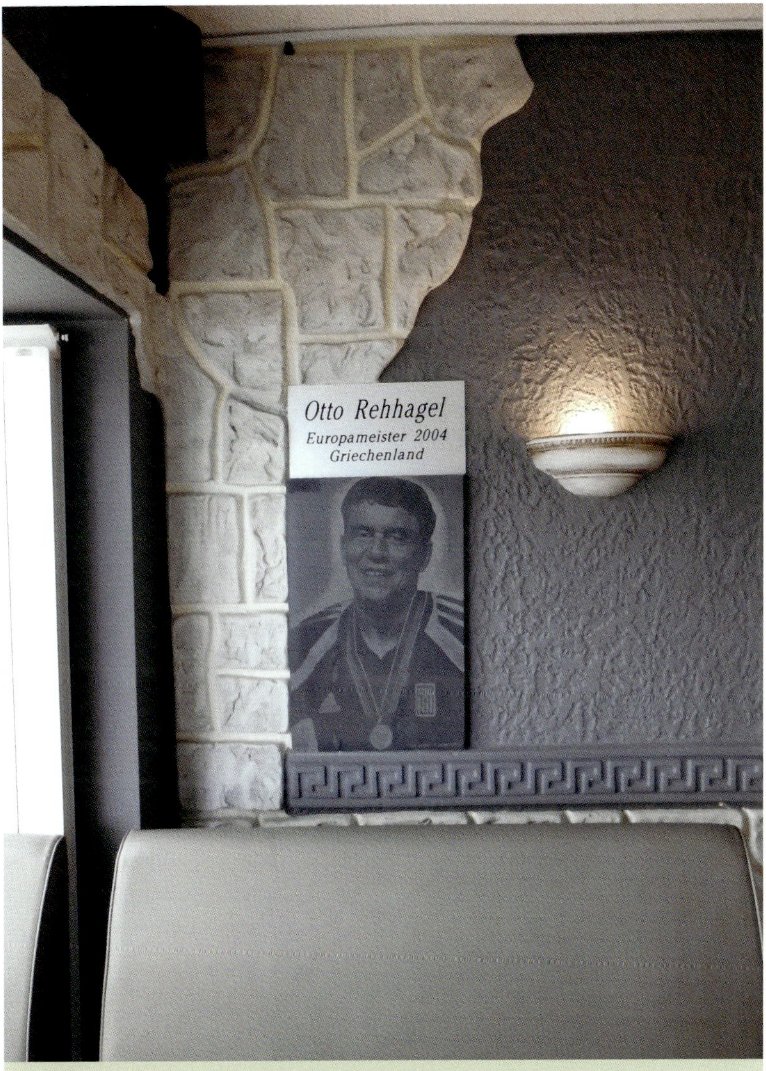

HARTE 4 FAKTEN

Adresse: Hügoloss, Freiherr-vom-Stein-Straße 211a, 45133 Essen

Kind der Bundesliga: 201 Spiele als Spieler, 832 Spiele als Trainer (Rekord!)

Internationale Erfolge: Europapokal der Pokalsieger 1992, Europameister 2004

Nationale Erfolge: Deutscher Meister 1988, 1992, 1998; Deutscher Pokalsieger 1980, 1991 und 1994

Mathias-Stinnes-Stadion

Ort des ersten Frauen-Länderspiels

Das Mathias-Stinnes-Stadion war einst eine Perle nicht nur für Fußball-Nostalgiker. Es beruhte auf einem 1925 eingeweihten Stadion im Essener Stadtteil Karnap, das 1950 von der Zeche Mathias Stinnes gekauft wurde. Mathias Stinnes (1790–1845) war ein erfolgreicher Kaufmann und Industrieller aus Mülheim an der Ruhr und legte den Grundstock für die spätere Stinnes AG. Mit dem Geld der Zeche wurde das Stadion zu einem der modernsten seiner Zeit ausgebaut. Die Direktoren der Stinnes eigenen Zechen organisierten hier zahlreiche Sportfeste für die Bergleute und ihre Familien.

Genutzt wurde das Stadion 40 Jahre lang auch von den Fußballern des Zechenvereins TSG Karnap 07, bevor diese mit Schwarz-Gelb Karnap 27 zum FC Karnap 07/27 fusionierten und auf die Bezirkssportanlage Lohwiese auswichen. Das Mathias-Stinnes-Stadion fasste zu seinen besten Zeiten rund 30.000 Zuschauer und war vor allem bei Gastspielen von Schalke 04, Rot-Weiss Essen und Rot-Weiß Oberhausen gut gefüllt. Nach dem Auszug der Karnaper kickte hier die zweite Mannschaft von Rot-Weiss Essen, doch das Stadion verfiel nach und nach und wurde bereits teilweise abgerissen. Im Jahr 2000 verkaufte die Zeche Mathias Stinnes das Stadion schließlich an das Energieversorgungunternehmen RWE. Nachdem 2015 im Stadion ein Zeltlager für Flüchtlinge eingerichtet und die Rasen- und Aschenplätze asphaltiert worden waren, wurde wenig später die restliche Haupttribüne abgerissen. Erhalten sind heute nur noch das Haupttor und ein Teil der Tribüne. Ansonsten ist das Stadion ein Lost Place, von dem mittlerweile die Natur Besitz ergriffen hat. Die beachtlichen Ausmaße des Stadionrundes lassen sich aber immer noch erahnen.

Berühmt ist das Stadion bis heute dafür, dass hier das erste, damals noch inoffizielle, Länderspiel einer deutschen Frauennationalmannschaft stattfand. Die Deutschen siegten am 23. September 1956 gegen die Niederlande 2:1. Trotz des Verbotes des DFB, der bis 1970 den Mädchen- und Frauenfußball unter seinem Dach nicht duldete, waren 17.000 Zuschauer gekommen, um diesem besonderen Spiel beizuwohnen.

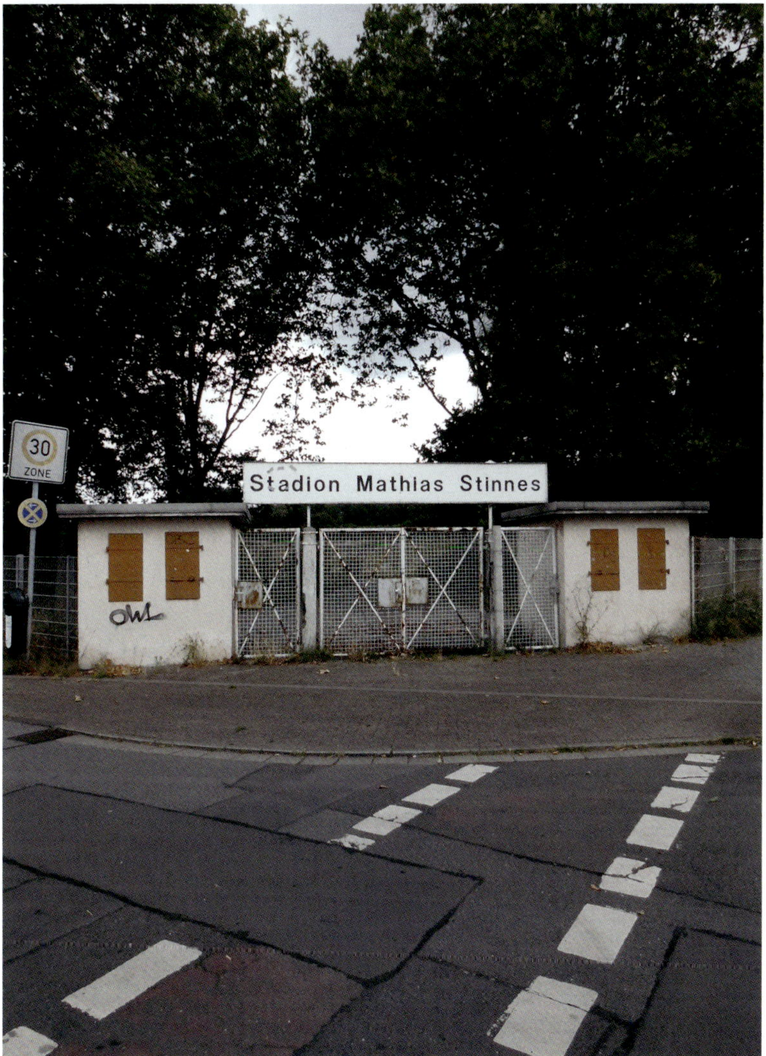

HARTE 4 FAKTEN

Adresse: Beisekampsfurth, 45329 Essen

Bauherr: Mathias-Stinnes-Zeche (1950), RWE (2000)

Kapazität: zu besten Zeiten 30.000, später 9.000 Zuschauer

Erste Torschützin: Lotti Beckmann war die erste Torschützin einer deutschen Frauenfußballnationalmannschaft.

DJK Sportfreunde Katernberg

Ganz viel Essener Fußball-Tradition

Am 24. März 2017 fusionierten die DJK Katernberg und die Sportfreunde Katernberg 13 zur DJK Sportfreunde Katernberg 13/19. Dies sorgte für Aufsehen, verfügten doch beide Vorgängervereine über viel Fußballhistorie. Aber der Zusammenschluss erfolgte auch nicht ganz freiwillig: Die Stadt Essen achtete bei dem Bau von Kunstrasenplätzen darauf, dass pro Stadtteil nur eine Anlage gebaut wurde. Diese sollte von mehreren Vereinen genutzt werden, idealerweise nach einer Fusion. Im Stadtteil Katernberg hatte das Vorgehen der Stadt Erfolg. Heute trägt der Fusionsverein seine Heimspiele auf den modernen Kunstrasenplätzen der Sportanlage Meerbruchstraße aus.

Die DJK Katernberg wurde 1919 gegründet. Sie gehörte zur Deutschen Jugendkraft, der Turn- und Sportorganisation der katholischen Kirche. Auf dem ersten deutschlandweiten Sportfest der DJK, damals Reichstreffen genannt, 1921 in Düsseldorf gewannen die Fußballer der DJK Katernberg das Endspiel 3:2 nach Verlängerung und waren damit die deutschen DJK-Meister. Drei Jahre später konnte die DJK Katernberg ihren Titel verteidigen. Doch dann gab es Ärger mit dem zuständigen Kaplan und die Fußballabteilung der DJK Katernberg wurde abgemeldet. Die Nationalsozialisten lösten 1935 alle DJK-Vereine zwangsweise auf. Nach 1945 kam es zur Wiedergründung des DJK-Verbandes und auch der DJK Katernberg, die sich 1993 in DJK Essen-Katernberg umbenannte.

Die Sportfreunde Katernberg 1913 wiederum waren ursprünglich die Fußballsparte eines Turnvereins. 1924 trennten sich die Fußballer von den Turnern und schlossen sich ein Jahr später mit einem weiteren Verein unter dem Namen Sportfreunde Katernberg zusammen. 1944 schaffte man den Sprung in die oberste Liga. Nach dem Zweiten Weltkrieg nahmen die Sportfreunde als erster Essener Verein an der Oberliga West teil. Nach Ab- und Aufstieg war dann 1955 Schluss mit dem Vertragsfußball. Obwohl es noch einige Hochs gab, verloren die Sportfreunde den Anschluss und landeten schließlich in der Kreisliga. So gesehen lagen die sportlich guten Zeiten sowohl bei der DJK als auch bei den Sportfreunden lang genug zurück, um in einer Fusion mehr Chancen als Ballast zu sehen.

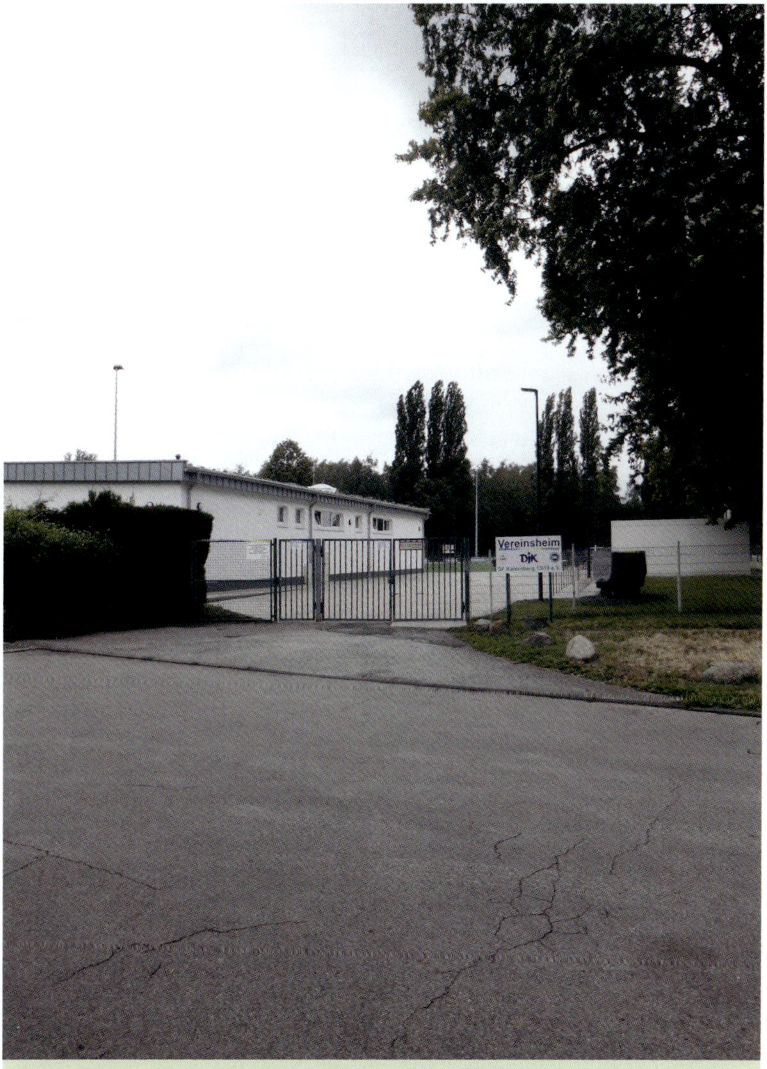

HARTE 4 FAKTEN

Adresse: Meerbruchstraße, 45327 Essen

Sitz- und Stehplätze: 1.500 Zuschauer

Erfolge der DJK Katernberg: Deutscher Meister der DJK 1921 und 1924

Erfolge der Sportfreunde Katernberg: Vizemeister der Oberliga West 1947/48

Ruhestätte Manfred Burgsmüller

Torjäger im Fußball und American Football

Auch wenn Manfred „Manni" Burgsmüller seine sportlich besten Zeiten woanders hatte, war er ein Essener durch und durch. Hier wurde er am 22. Dezember 1949 geboren und hier starb er auch am 18. Mai 2019. Beerdigt ist er auf dem Friedhof Rellinghausen.

Sein erster Verein war der VfB Rellinghausen 08. 1967 wechselte er als Juniorspieler zu Rot-Weiss Essen, obwohl Schwarz-Weiß Essen günstiger gelegen hätte. 1971 ging er zu Bayer 05 Uerdingen, wo sein Stern als offensiver Spieler, der zwischen Mittelstürmer und Spielmacher changierte, und vor allem als Torjäger aufging (80 Tore in 101 Spielen). Daraufhin holte ihn RWE für zwei Spielzeiten zurück, bevor es Burgsmüller zu Borussia Dortmund verschlug. Dort schoss er bis 1983 135 Tore, womit er immer noch Rekordtorschütze des Vereins ist. Über den 1. FC Nürnberg wechselte er zurück ins Ruhrgebiet zu Rot-Weiß Oberhausen, wo er in der Saison 1984/85 zum Torschützenkönig der Zweiten Liga avancierte (29 Tore). Das ließ Otto Rehhagel aufhorchen, der einen Faible für erfahrene Spieler hatte („Es gibt keine jungen und alten Spieler, nur gute und schlechte."). Er holte den immerhin schon 36-jährigen Burgsmüller zu Werder Bremen, wo er voll einschlug und mit Werder 1988 Deutscher Meister wurde sowie 1989 und 1990 im DFB-Pokalfinale stand.

Nach Ende seiner Profifußballkarriere lief Burgsmüller in den Jahren 1996 bis 2002 als Kicker beim American-Football-Team Düsseldorf Rhine Fire auf und erzielte hier mit ruhigem Fuß über 300 Punkte, was 1998 und 2000 die Düsseldorfer zum World Bowl-Sieg führte. Mit 52 Jahren beendete er schließlich seine aktive Karriere als American Footballer.

In der Saison 2004/2005 versuchte er als Manager und Trainer, den Dortmunder Stadtteilverein SSV Hacheney vor dem Abstieg zu retten. Was nicht klappen sollte, aber von Kabel Eins in der Fußballserie „Helden der Kreisklasse" dokumentarisch verfilmt wurde. Seine lange Sportkarriere hinterließ körperliche Spuren und Burgsmüller musste in seinen letzten Lebensjahren aufgrund von Arthrose in den Füßen einen Gehstock nutzen.

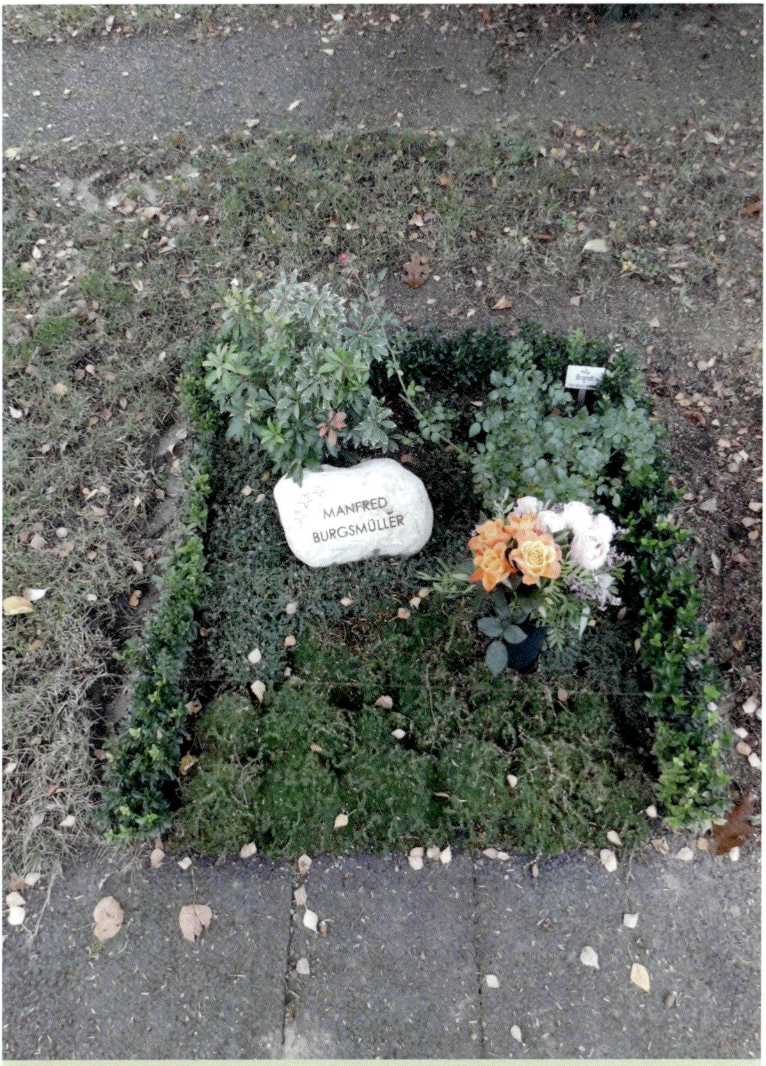

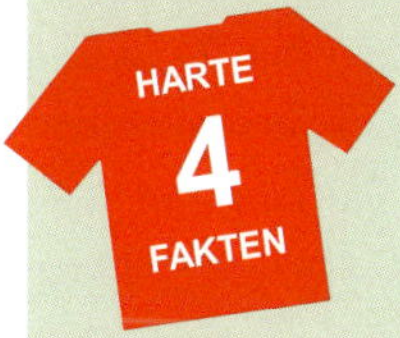

Adresse: Friedhof Rellinghausen, Am Glockenberg 36, 45134 Essen

Nationalmannschaft: 3 Spiele mit 0 Toren

Torschütze: Er liegt auf Platz 5 der Torjäger der Bundesliga. In 17 Saisons erzielte er 213 Tore in 447 Spielen.

Alter: Sein letztes Bundesligator schoss er mit 39 Jahren.

Grugahalle

Rockpalast-Nächte und Mekka des Hallenfußballs

Die Grugahalle im Essener Stadtteil Rüttenscheid ist eine Veranstaltungshalle, die 1958 gebaut wurde. Sie ist Teil des Grugakomplexes, zu dem auch der Grugapark, das Grugabad und die Messe Essen gehören. Seit 2000 steht die Grugahalle unter Denkmalschutz. Über Essen hinaus wurde die Grugahalle durch die Konzerte der „Rockpalast Nacht", die von 1977 bis 1986 per Live-Übertragungen im Radio und Fernsehen Millionen Fans in ganz Europa erreichte, bekannt. Doch auch dem Sport bot die Halle schnell eine Heimat. So fanden hier die Basketball-Europameisterschaft, der Tennis-Davis Cup mit Boris Becker & Co. sowie die Judo-Weltmeisterschaft statt. Für die Essener Handballmannschaften SC Phönix Essen und TUSEM Essen war die „Gruga" von 1970 bis 2005 ihre Heimspielstätte. TUSEM hat in der Grugahalle zudem etliche Europacupschlachten geschlagen.

Die Anfänge des Hallenfußballs in der Grugahalle gehen bis 1964 zurück. Im Januar jenes Jahres fand hier das „1. Hallenfußball-Turnier" für Altherren-Mannschaften statt. Ausgerichtet wurde es von Rot-Weiss Essens.

Die Ära des hochkarätigen Hallenfußballs begann in der Grugahalle im Januar 1972. Standesgemäß siegte RWE beim ersten Turnier und ließ Schwarz-Weiß Essen, Schalke 04 und Borussia Mönchengladbach hinter sich. Publikumsliebling Willi Lippens, der in der Halle auf engstem Raum mit seinen technischen Fertigkeiten und Show-Einlagen brillieren konnte, wurde als bester Spieler des Turniers ausgezeichnet.

RWE gewann zwei weitere Male das heimische Turnier sowie den Ruhrpokal. Gäste waren u.a. Borussia Dortmund, VfL Bochum und der 1. FC Köln. In die 1980er-Jahre hatte sich das Turnier auch aus wirtschaftlichen Gründen überlebt. Weiterhin fanden in der Grugahalle aber Qualifikationsturniere im Rahmen des DFB-Hallenmasters statt, bei denen Rot-Weiss und Schwarz-Weiß Essen zum Teil mit gemeinsamen Mannschaften antraten. 2012 und 2013 wagte ein neuer Veranstalter einen Neuanfang mit dem „Schauinsland-Reisen DERBY CUP", der jedoch keine Tradition entwickelte.

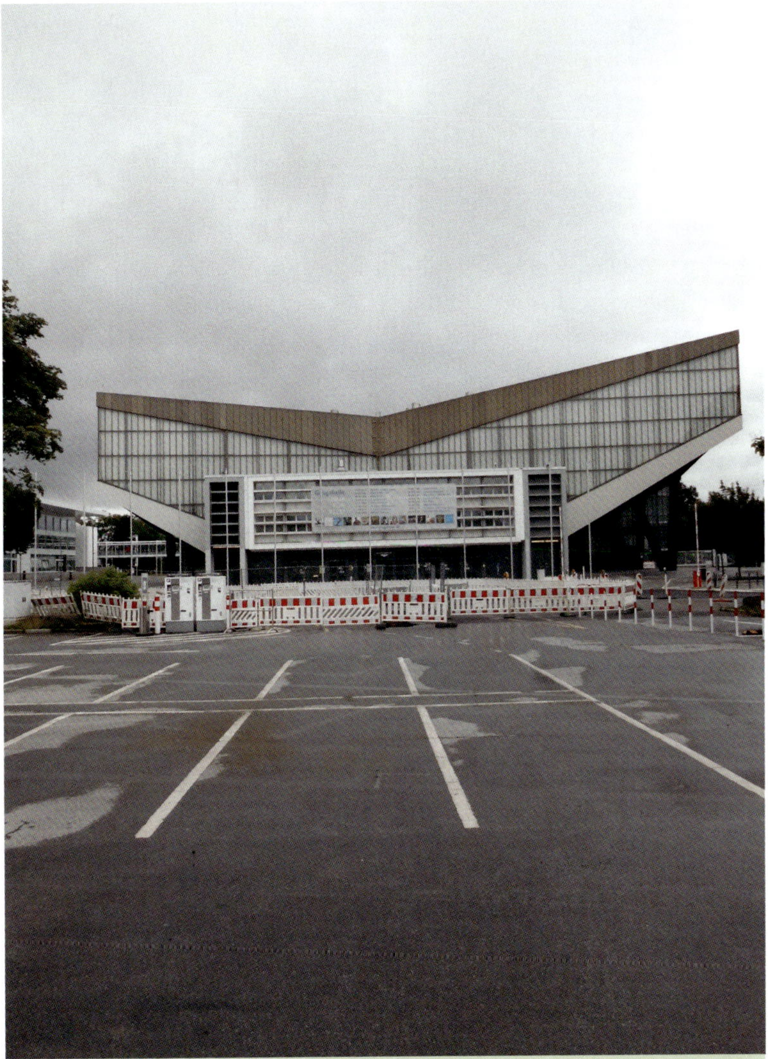

HARTE 4 FAKTEN

Adresse: Messeplatz 2, 45131 Essen

Kapazität: maximal 10.000 Zuschauer (unbestuhlt)

Hallenfußball: 1. Turnier mit Profimannschaften am 9.12.1970 in Wuppertal-Heckinghausen

DFB: DFB-Hallenmasters bzw. -Hallenpokal 1998 bis 2001

11 Freunde – Die Bar

Fantalk aus Essen

„11 Freunde – Die Bar" ist die vielleicht bekannteste Fußballkneipe Deutschlands. Gründer der Bar war der Essener Thomas Siepmann. Er baute die Bar ab 2005 zusammen mit seiner Frau nach und nach zu einer originellen Fußballkneipe mit Public Viewing, zahlreichen Devotionalien und einer eigenen TV-Show aus. Zur Einrichtung gehören Anklänge an das Wankdorf-Stadion in Bern, Kunstrasen an den Wänden und Tische, die aussehen wie Fußballfelder. Bei der Gestaltung kam ihm sicherlich sein beruflicher Hintergrund – Siepmann ist von Hause aus Kommunikationsdesigner – entgegen.

Bekannt wurde „11 Freunde – Die Bar" durch eine eigene Sendung im Deutschen Sportfernsehen bzw. auf Sport1. Am 18. August 2009 startete die Sendung „Heimspiel – Der Fan Talk" auf Sport1. Gäste aus der Sport- und Unterhaltungsbranche diskutierten in der „11 Freunde-Bar" ein bestimmtes Thema aus dem Bereich des Fußballs; im Hintergrund das raunende, klatschende, buhende und trinkende Publikum, das gelegentlich für kurze Fragen miteinbezogen wurde – daher der Name Fantalk. Moderatoren der ersten Sendung waren Frank Buschmann und Lou Richter.

2009 und 2010 wurden insgesamt 30 Folgen produziert, dann war für knapp zwei Jahre Schluss, bevor in Kooperation mit dem TV-Sender ein neues Konzept entwickelt wurde. Nun begleitete die Sendung – meistens dienstags – die Spieltage der UEFA Champions League. Die Promis und die anderen Gäste guckten während der Sendung die Champions League-Spiele, die auf kostenpflichtigen Kanälen liefen und kommentierten bzw. diskutierten diese parallel für die Fernsehzuschauer, die keinen Pay-TV-Kanal abonniert hatten. Bis 2018 wurde die Sendung aus der „11 Freunde – Die Bar" ausgestrahlt, bevor sie nach München wechselte. Seit April 2022 ist die Sendung zurück im Pott und kommt aus dem Dortmunder Fußballmuseum.

Moderiert wird die Sendung seit 2012 vom Ex-Profi Thomas Helmer, an seiner Seite zumeist Peter Neururer. Zur festen Besetzung gehören zudem Laura Papendick, die im Wechsel moderiert, Hartwich Thöne sowie Jana Wosnitza als Co-Moderatorin. „11 Freunde – Die Bar" selbst hat seit 2017 einen neuen Betreiber. An der Innenausstattung hat sich aber wenig geändert.

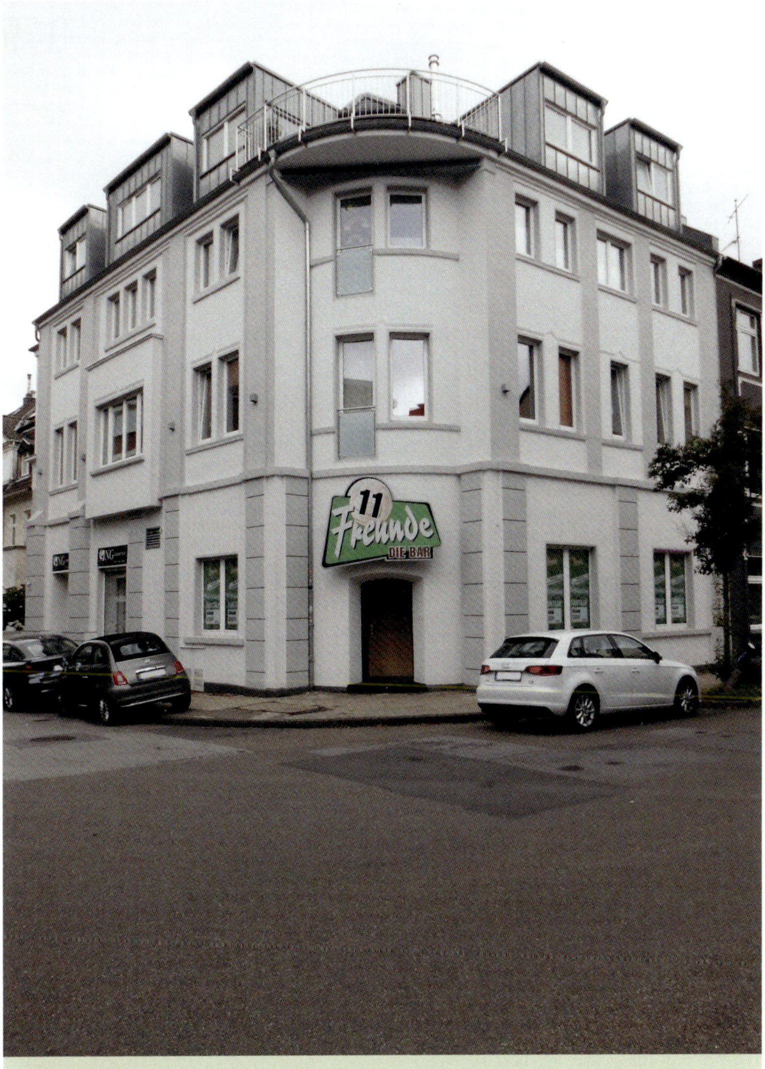

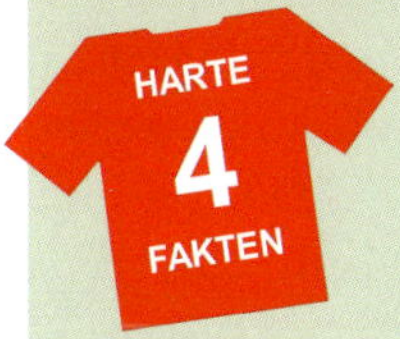

Adresse: Kunigundastraße 27, 45131 Essen

Homepage: www.11freunde-bar.de

Zuschauerrekord: April 2013 beim Champions League-Halbfinale zwischen Borussia Dortmund und Real Madrid

Thomas Helmer: Europameister 1996 und mehrfacher Deutscher Meister

SGS Essen-Schönebeck 19/68

1. Fußball-Bundesliga in Essen

Die Sportgemeinschaft Essen-Schönebeck 19/68 (abgekürzt SGS Essen) ist, wie der Name schon sagt, ein Sportverein aus dem Essener Stadtteil Schönebeck. Er ist in dieser Form erst im Jahre 2000 aus einer Fusion vom VfB Borbeck (gegründet 1919) und dem SC Grün-Weiß Schönebeck (gegründet 1968) entstanden. Die SGS Essen ist ein mitgliederstarker Großverein mit zahlreichen Abteilungen, der auch das dicht besiedelte Borbeck abdeckt. Er bietet seinen Mitgliedern u. a. Gymnastik, Judo, Leichtathletik, Tanzen, Tischtennis, Volleyball und diverse gruppenspezifische Angebote. Überregional bekannt geworden ist die SGS allerdings durch die Erfolge im Mädchen- und Frauenfußball und diese haben ihre Wurzeln beim SC Grün-Weiß Schönebeck.

Schon 1973, also kurz nach der Aufgabe der Verweigerungshaltung des DFB, gründete der SC eine Frauenfußball-Abteilung. 1976 stieg die Mannschaft in die Verbandsliga auf, der damals höchsten Spielklasse. 1997 gelang der Sprung in die Regionalliga, wo man 1999/2000 und 2000/01 jeweils den 2. Platz belegte, beim zweiten Mal bereits als SGS. Am Ende der Saison 2003/04 stand dann die Regionalliga-Meisterschaft und damit der Sprung in die Bundesliga, wo man heute noch spielt.

Höhepunkte waren die beiden DFB-Pokalfinals 2014 und 2020, auch wenn beide verlorengingen. Immerhin zwangen die Essener 2020 den übermächtigen VfL Wolfsburg ins Elfmeterschießen. Die SGS hat eine treue Fangemeinde und lag mit den Zuschauerzahlen lange Zeit an dritter Stelle in der Liga hinter Frankfurt und Potsdam. Die Heimspiele wurden zunächst im Sportpark „Am Hallo", seit 2012/13 im Stadion an der Hafenstraße ausgetragen. Trainiert wird auf der Helmut-Rahn-Sportanlage in Essen-Frohnhausen, die anderen Mannschaften der SGS Essen spielen und trainieren auf der Bezirkssportanlage Essen-Schönebeck, wo es zwei Kunstrasenplätze gibt.

Eng verknüpft ist die Erfolgsgeschichte des Essener Mädchen- und Frauenfußballs mit Willi Wißing, der insgesamt fast 50 Jahre dem Verein gedient hat, darunter 14 Jahre als hauptamtlicher Bundesliga-Manager.

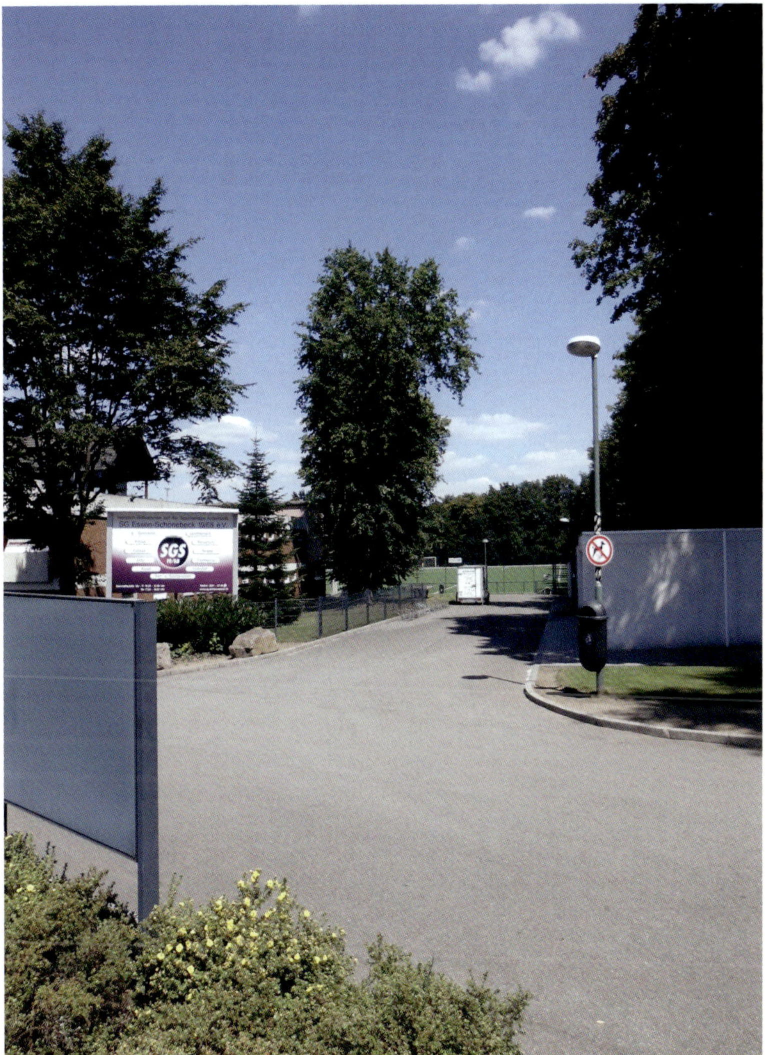

HARTE 4 FAKTEN

Adresse: Ardelhütte 166b, 45359 Essen

Kooperationspartner: Gesamtschule Bockmühle

Männer: spielen keine Rolle bzw. in der Bezirksliga

Bekannteste Spielerinnen: Linda Bresonik, Linda Dallmann, Lena Oberdorf, Lea Schüller

Uhlenkrugstadion

Die Heimat von ETB Schwarz-Weiß Essen

Es war der 21. April 1912. Auf dem Platz des Düsseldorfer SC 1899 spielten der Essener Turnerbund und der Kölner BC 01 um die Verbandsmeisterschaft. Die Essener waren hoch überlegen, dennoch verloren sie nach Verlängerung 1:2 – und hier begann der Fluch des vermeintlich „ewigen Zweiten".

Im Jahr 1900 gründeten einige Mitglieder der jungen Spielabteilung des Essener Turnerbundes die zweite Fußballabteilung in Essen. Die „Turnerbündler", wie sie genannt wurden, wurden schnell die beste Mannschaft in Essen. Von 1902 bis 1943 spielte man stets in der obersten Liga des Westdeutschen Fußballverbandes.

1922 entstand, vom Verein finanziert, das Uhlenkrugstadion. Der Mann, dem dies vor allem zu verdanken war, hieß Max Ring. Der Uhlenkrug hatte eine überdachte Haupttribüne und damals ein Fassungsvermögen von 35.000 Zuschauern. Im Zuge der reinlichen Scheidung trennten sich 1923 die Turner und Sportler des Vereins. Die Fußballer und Leichtathleten machten zunächst als SC Schwarz-Weiß weiter, erst 1937 kam es zur Wiedervereinigung mit den Turnern. Nur ein einziges Mal, 1925, erreichten die Schwarz-Weißen die Endrunde um die Deutsche Meisterschaft, verloren aber in der 2. Runde. Altenessen und dann vor allem RWE liefen nun dem ETB nach und nach den Rang in der fußballerischen Hierarchie der Stadt Essen ab.

Doch einmal wurde der ETB nicht Zweiter, sondern stand ganz oben: Am 27. Dezember 1959 schlugen die Essener im DFB-Pokalfinale Borussia Neunkirchen mit 5:2 und wurden DFB-Pokalsieger. In die Erste Bundesliga schafften es die Männer vom Uhlenkrug nie. In der Aufstiegsrunde 1966/67 wurde der ETB wieder mal Zweiter, nun hinter dem einstigen Gegner im Pokalfinale Borussia Neunkirchen. In den Jahren 1974 bis 1978 spielte der ETB noch recht erfolgreich in der 2. Bundesliga Nord, bevor der Verein wegen finanzieller Nöte die Lizenz freiwillig abgab. Bereits 1973 hatte man das vereinseigene Uhlenkrugstadion an die Stadt verkauft. Die auf diese Weise erlösten 1,4 Mio. DM reichten aber nur wenige Jahre. Heute spielt die 1. Mannschaft in der Oberliga Niederrhein wieder im Uhlenkrugstadion.

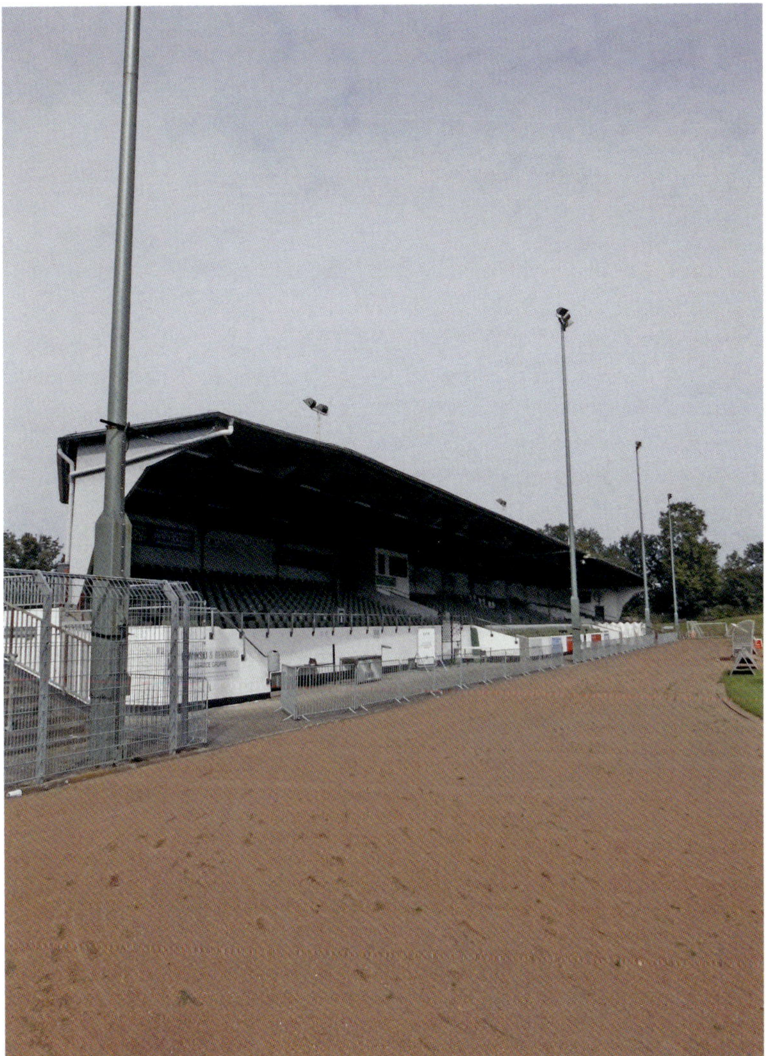

HARTE **4** FAKTEN

Adresse: Am Uhlenkrug 40, 45133 Essen

Stadion: heute rund 9.900 Plätze

Länderspiel: 23. 12. 1951 4:1 gegen Luxemburg vor 45.000 Zuschauern

Bekannteste Ex-Spieler: Oliver Bierhoff und Jens Lehmann

Zeche Zollverein

Die Heimat der Sportfreunde Katernberg

Wie eng im Ruhrgebiet Fußball und Kohleförderung miteinander verbunden sind, zeigt sehr gut das Beispiel der Zeche Zollverein und der Sportfreunde Katernberg. Auf der Zeche Zollverein wurde seit 1851 Steinkohle gefördert. Die Kohleförderung lief bis Ende 1986, die Kokerei existierte sogar noch bis 1993. Im Jahr 2001 ernannte die UNESCO die Zeche Zollverein zum Welterbe. Anfang 2010 wurde in der ehemaligen Kohlenwäsche das Ruhrmuseum eröffnet. Entstanden ist ein Besuchermagnet: Jährlich kommen rund 1,5 Millionen Menschen, um die Zeche Zollverein samt Museum zu besichtigen.

Seit 1907 wird im heutigen Essener Stadtteil Katernberg Fußball gespielt. 1913 entstand im Turnverein von 1887 eine Fußballsparte. Aufgrund der sogenannten reinlichen Scheidung von Turnern und Sportlern trennten sich die Fußballer 1924 von den Turnern und fusionierten 1925 mit dem Ballspielverein 1916 zu den Sportfreunden Katernberg 1913. Ab 1931 konnten die Heimspiele im neuen Stadion Am Lindenbruch ausgetragen werden.

Eine besonders aktive Rolle bei der Entwicklung der Sportfreunde nahm die Zeche Zollverein nach dem Zweiten Weltkrieg ein. Die Zeche war nicht nur Arbeitergeber für Spieler und Funktionäre des Vereins, sondern auch Finanzier, sodass die erste Mannschaft als „Betriebself der Zeche“ galt. Die Erfolge stellten sich schnell ein: Die Sportfreunde Katernberg waren 1947 Gründungsmitglied der Oberliga West. Da sie gleich in der ersten Saison Vizemeister wurden, nahmen sie an der Endrunde der deutschen Meisterschaft teil. Dort scheiterten sie im Viertelfinale an Eintracht Braunschweig. In diesen Jahren spielten Nationaltorhüter Heinz Kusch und Helmut Rahn für die Sportfreunde. Zuschauerzahlen bis zu 25.000 waren keine Seltenheit. In der Zeche Zollverein wurde 1951 der Wechsel von Helmut Rahn zu Rot-Weiss Essen verhandelt, anwesend Georg Melches, der für den Transfer 7.000,- DM bezahlte. Mitte der 1950er-Jahre begann der sportliche Abstieg der Sportfreunde bis in tiefste Amateurligen. 2017 fusionierte der Verein mit der DJK Essen-Katernberg zu der DJK Sportfreunde Katernberg 13/19. Das Stadion Am Lindenbruch wurde 2018 geschlossen.

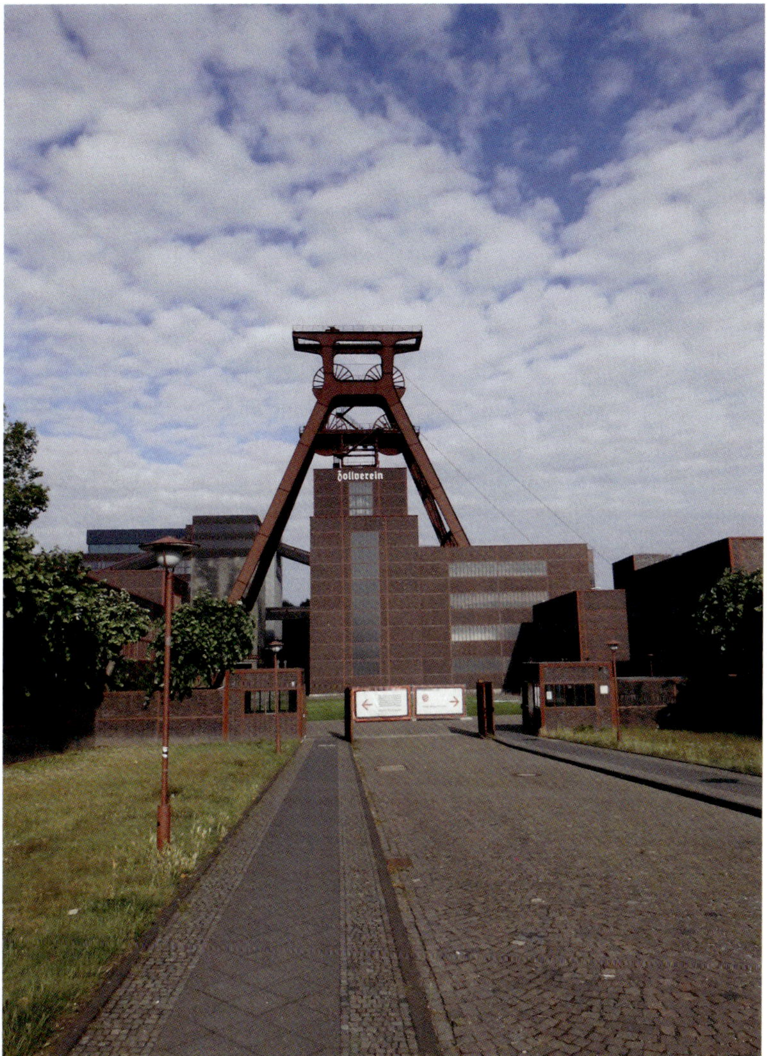

HARTE 4 FAKTEN

Adresse: Gelsenkirchener Straße 181, 45309 Essen

Stadion Am Lindenbruch: 25.000 Sitz- und Stehplätze

23.12.1986: letzter Arbeitstag in der Zeche Zollverein

Filmstar: Die Zeche Zollverein war Kulisse u. a. beim „Wunder von Bern“ und beim „Tatort“.

Michael Tönnies' letzte Ruhestätte

Torschützenkönig und Rekordmann

Michael Tönnies ist im kollektiven Fußballgedächtnis mit einem Hattrick innerhalb von 5 Minuten in der Saison 1991/92 beim 6:2 gegen den Karlsruher SC, im Tor ein gewisser Oliver Kahn, verankert – damals ein Rekord. In der zweiten Halbzeit legte er dann noch 2 Treffer nach.

Geboren wurde Tönnies am 19. Dezember 1959 im Essener Stadtteil Schonnebeck. Bei der dortigen SpVg Schonnebeck lernte er auch das Fußballspielen. Dann lockte ihn der große FC Schalke 04, wo er in der Jugend spielte und auch seine ersten Profi-Einsätze hatte, ohne sich allerdings dauerhaft durchsetzen zu können.

Er ging daraufhin ein bzw. zwei Schritte zurück, spielte erst für die SpVgg. Bayreuth in der Zweiten Liga und dann sogar von 1982 bis 1985 in der Oberliga Nordrhein beim 1. FC Bocholt. Hier wurde Tönnies in der Saison 1983/84 mit 30 Toren Torschützenkönig. Anschließend heuerte er in der Zweiten Liga bei Rot-Weiss Essen an, wo er zwei Jahre blieb und in der Saison 1985/86 mit 24 Toren wiederum Torschützenkönig wurde.

Seine größte Zeit hatte Tönnies beim MSV Duisburg. Mit den Zebras wurde er 1987 Deutscher Amateurmeister sowie 1988 und 1989 Meister der Oberliga Nordrhein, wobei er in der Saison 1988/89 erneut Torschützenkönig wurde (27 Tore). 1989 stieg Tönnies mit dem MSV in die Zweite Bundesliga auf. Fast schon überflüssig zu erwähnen, dass er in der Saison 1990/91 mit 29 Treffern auch in dieser Liga wieder Torschützenkönig wurde. Und endlich konnte Tönnies ab 1991 auch in der Ersten Liga beim MSV seine Torjägerqualitäten unter Beweis stellen. Doch nach einem Jahr war schon wieder Schluss mit der Bundesliga und Tönnies wechselte zum Wuppertaler SV.

Nach seiner Spielerkarriere versuchte er sich bei seinem Heimatverein SpVg Schonnebeck als Sportlicher Leiter und Co-Trainer. Er eröffnete eine Kneipe in Essen-Kray, die er jedoch nach hohen Verlusten wieder schließen musste. 2005 wurde beim starken Raucher Tönnies ein Lungenemphysem festgestellt, 2013 folgte eine Lungentransplantation. Tönnies starb am 26. Januar 2017. Er liegt auf dem Friedhof Am Hallo im Essen-Schonnebeck.

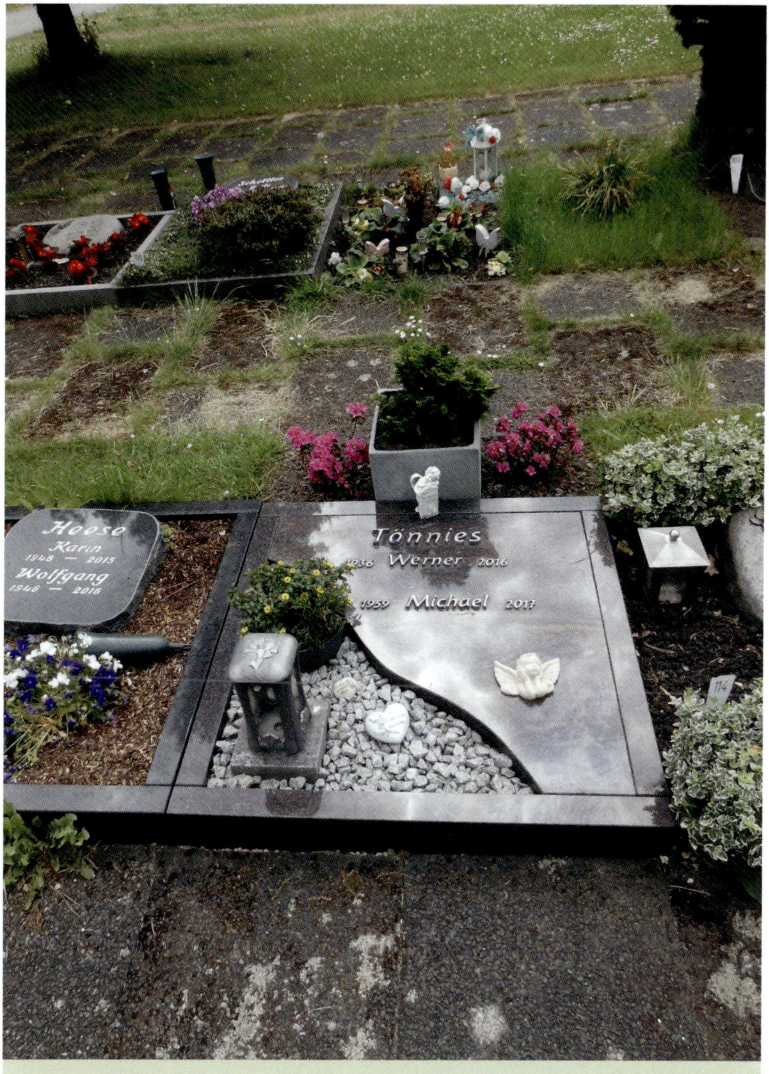

HARTE 4 FAKTEN

Adresse: Friedhof Am Hallo, Hallostraße 120, 45309 Essen

Torgarant: 101 Tore für den MSV Duisburg in 179 Spielen in drei Ligen

Torschützenkönig: 1x der Zweiten Liga, 3x der Oberliga Nordrhein

Nationalmannschaft: 3x U 18 (1977/78); beim 8:0 gegen Dänemark schoss Tönnies fünf Tore

Der Saalbau

Ort der RWE-Ehrungen

Der Saalbau ist die „gute Stube Essens“. Heute ist der Saalbau, gelegen am Rande des Stadtgartens, eine Konzert- und Veranstaltungsstätte sowie Sitz der Philharmonie Essen. Die großen philharmonischen Konzerte, aber auch Kongresse, Banketts und Bälle finden im imposanten Alfried Krupp-Saal statt, der 1906 Besucherinnen und Besuchern Platz bietet.

Einen ersten Stadtgartensaal gab es an dieser Stelle schon seit 1864. Nach dessen Abriss wurde hier 1904 der Saalbau als Konzerthaus feierlich eröffnet. Beim großen Bombenangriff der Alliierten am 26. Juli 1943 wurde der Saalbau wie die gesamte Essener Innenstadt schwer beschädigt. Ab 1949 begann der Wiederaufbau mit dem markanten, mit Kupfer verkleideten Mansarddach, das heute noch besteht. Zwischen 2000 und 2004 erfolgten aufwändige Renovierungsmaßnahmen, um auch die Philharmonie auf den neuesten technischen und akustischen Stand zu bringen.

Dies war zu den Hochzeiten von Rot-Weiss Essen, als hier die Titel-Ehrungen erfolgten, noch ganz anders. So im Mai 1953, als RWE im Düsseldorfer Rheinstadion Alemannia Aachen mit 2:1 bezwang und den DFB-Pokal gewann. Nach der Rückkehr nach Essen wurden die Spieler von der Stadtspitze im Essener Saalbau empfangen. Oberbürgermeister von Essen war damals Hans Toussaint (1949-1956).

Toussaint war auch noch im Amt, als RWE am 26. Juni 1955 im Niedersachsenstadion in Hannover gegen den 1. FC Kaiserslautern 4:3 gewann und Deutscher Meister wurde. Am Tag danach empfingen über 100.000 Essener die Meistermannschaft in der Heimat. In Wagen ging es zum Saalbau, wo es wiederum einen Empfang für die Meistermannschaft gab. Andere Vereine haben ihren Rathausbalkon, RWE den Saalbau.

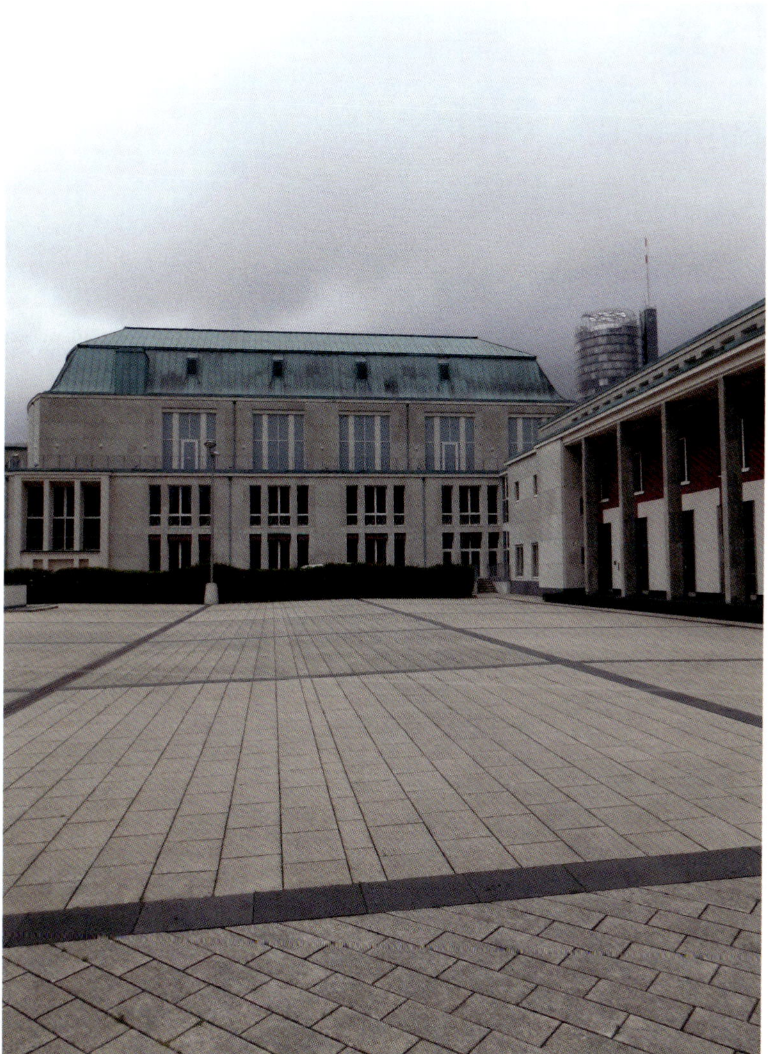

HARTE 4 FAKTEN

Adresse: Huyssenallee 53, 45128 Essen

Stadtgeschichte: Im Stadtgartensaal wurden auch die ersten Messen in Essen abgehalten.

Musikgeschichte: Bei der Eröffnung des Saalbaus 1904 dirigierte Richard Strauss.

Filmgeschichte: Im Ruhrmuseum lagert der Film „Abfahrt der Delegation der Stadt Essen nach Hannover", wo alle wichtigen Szenen des Endspiels zu sehen sind.

Zum Sporttreff

Refugium für RWE-Spieler

Der Kiosk „Zum Sporttreff“ an der Vogelheimer Straße lag ungefähr zehn Minuten vom RWE-Stadion entfernt, mitten in einem Wohngebiet. Über drei Generationen und mehr als 60 Jahre lang wurde das Büdchen, wo es neben Alkoholika und Tabakwaren natürlich auch Speiseeis, bunte Tütchen und andere Süßigkeiten für die Kleinen gab, von der Familie Habraschke geführt, zuletzt von Jörg-Peter Habraschke.

Dessen Großmutter hatte den Laden 1953 eröffnet. In den 1970er-Jahren übernahm Jörg-Peters Vater und mehr und mehr wurde der Kiosk zum Ort, an dem sich die RWE-Spieler noch kurz nach dem Training trafen – ein Sportlertreff eben. Die Beziehungen einiger Spieler zum Kiosk und der Familie Habraschke waren so eng, dass dort Becher auf sie warteten, die mit ihrem Namen beschriftet waren.

Zu diesen Spielern gehörte auch Horst Hrubesch, der seit 1975 an der Hafenstraße spielte. Er blieb drei Jahre, bevor er zum Hamburger SV wechselte. In der Saison 1977/78 erzielte er für RWE 42 Tore in der 2. Bundesliga Nord. Ein Rekord, der bis heute unübertroffen ist. Hrubesch und Jörg-Peters Vater freundeten sich an und als für Jörg-Peter ein Patenonkel gesucht wurde, übernahm Horst Hrubesch diese Aufgabe.

Der Kiosk war natürlich auch Ort von RWE-Siegesfeiern. Legendär ist die Feier zum Aufstieg in die 2. Bundesliga 1988. Und selbstverständlich wurde hier auch nach Niederlagen Trost gesucht. 1989 starb Jörg-Peters Vater, und die Verbindungen zum Verein und zur Mannschaft wurden allmählich schwächer, zumal sich auch in Essen die Strukturen des Profi-Fußballs veränderten. Durch die häufigen Vereinswechsel wurden die Bindungen der Spieler zu Stadt und Verein auch an der Hafenstraße loser. Horst Hrubesch guckte jedoch immer noch gerne bei seinem Patensohn vorbei, wenn er als Trainer oder privat in Essen war. Das „11 Freunde“-Magazin nutzte 2016 den „Sporttreff“ für einen Fußballquiz.

Mittlerweile musste die Trinkhalle abgerissen werden, da der Pachtvertrag nicht verlängert wurde.

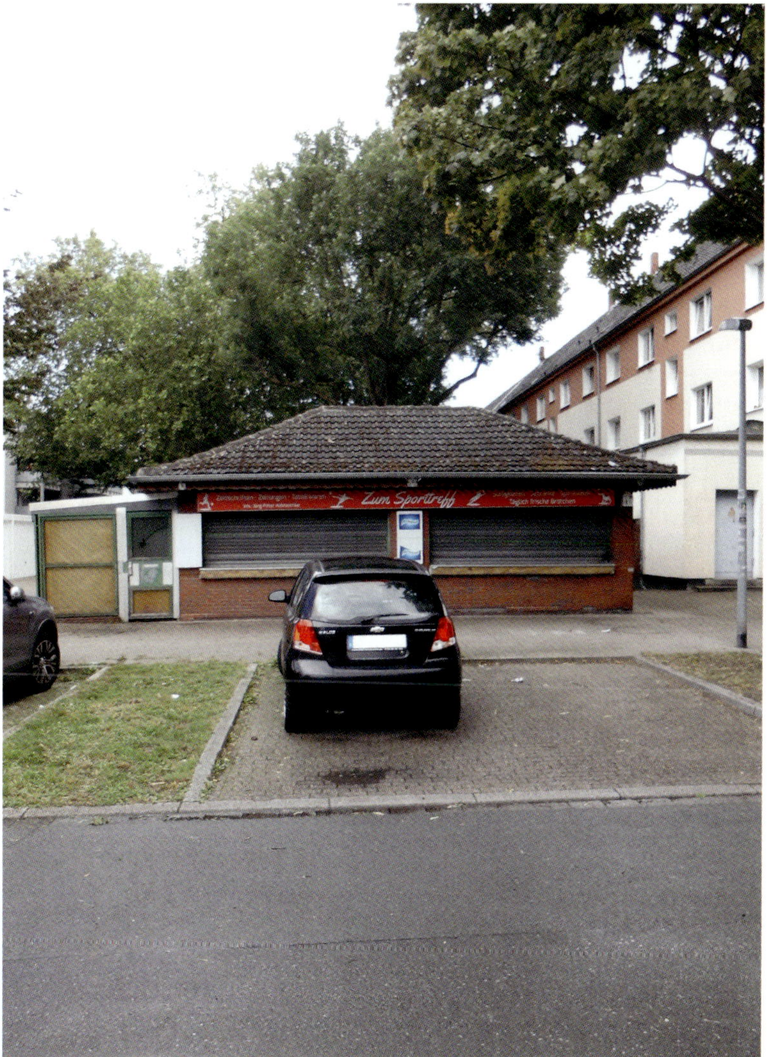

HARTE 4 FAKTEN

Adresse: Vogelheimer Straße 232, 45356 Essen

Torjäger: Torschützenkönig 1. Liga (1982), 2. Liga (1978)

Erfolge als Spieler: Europameisterschaft 1980, Vize-Weltmeister 1982, Deutscher Meister 1979, 1982 und 1983, Europapokalsieger der Landesmeister 1983

Erfolge als Trainer: U21-Europameister 2009, U19-Europameister 2008, Silbermedaille Olympische Spiele 2016

Schalke Fan-Feld

Bis über den Tod hinaus

Schalke 04 war 2012 nach dem Hamburger SV der zweite Bundesligist, der seinen Anhängern die Möglichkeit bot, auf einem eigenen Grabfeld, dem Schalke Fan-Feld, die letzte Ruhestätte zu finden. Sie liegt rund 500 Meter von der Veltins Arena entfernt auf dem Friedhof Gelsenkirchen Beckhausen-Sutum und bietet Platz für – wie könnte es anders sein – 1904 Reihen- und Urnengräbern. Das Fan-Feld steht allen Konfessionen offen und ist in Form eines Stadions angelegt. Bei der Bepflanzung dominieren blaue und weiße Blumen. Auch Vereinsfahnen und sogar Flutlichter sind hier zu finden. Die Kosten einschließlich Beisetzung und 25 Jahren Grabpflege beginnen bei rund 3.000 Euro. Auch eine Reservierung zu Lebzeiten ist gegen eine Gebühr möglich. Der Betreiber wirbt damit, dass die Angehörigen sicherlich wenigstens bei den 17 Heimspielen pro Saison das Grab besuchen werden …

Der Verein selbst nutzt das Grabfeld mittlerweile, um längst verstorbenen Spielerlegenden, deren Liegezeit auf ihren bisherigen Friedhöfen ausläuft, eine letzte Ruhestätte zu verschaffen. Dazu zählt auch Adolf Urban. „Ala" Urban spielte von 1933 bis 1943 – also im erfolgreichsten Jahrzehnt der Vereinsgeschichte – für Schalke 04. Er gewann mit den Königsblauen fünf Deutsche Meisterschaften und schoss als Halbstürmer 109 Tore für die Schalker. Als Wehrmachtssoldat fiel er am 27. Mai 1943 in der Sowjetunion. Ihm zu Ehren wurde ein Weg, der zur Veltins-Arena führt, in Adolf-Urban-Weg umbenannt. Seit dem 20. November 2013 liegen seine sterblichen Überreste auf dem Schalker Fan-Feld.

Knapp zwei Jahre später wurde für die Vereinsgründer Willy Gies, Johann Kessel, Viktor Krogull, Heinrich Kullmann, Adolf Oetzelmann, Ferdinand Gebauer, Johannes Hornung, Josef Seimetz, Wilhelm van den Berg und Josef Versen ein eigener Erinnerungsort auf dem Schalke Fan-Feld eingeweiht. In den letzten Jahren folgten die Umbettungen von Ernst Poertgen, Deutscher Meister mit Schalke 04 1935 und 1937 und Tschammer-Pokalsieger 1937, sowie von Reinhard „Stan" Libuda, der an anderer Stelle im Buch ausführlich gewürdigt wird.

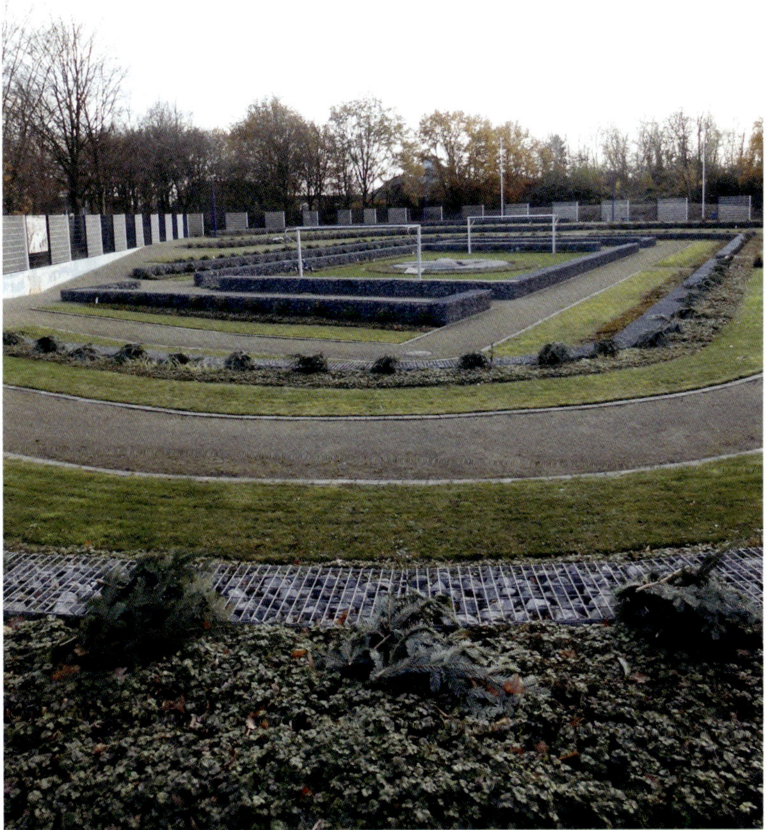

HARTE 4 FAKTEN

Adresse: Pfeilstraße 37, 45897 Gelsenkirchen

Auszeichnung I: Wahl zu einem der zehn schönsten Friedhöfe 2013

Auszeichnung II: seit 2021 immaterielles UNESCO-Weltkulturerbe

Soziales: Die Schalke-Stiftung unterstützt die Grablegung für sozial schwächer gestellte Angehörige.

Kirchenfenster in der St. Joseph-Kirche

Der Fußballheilige von der Grillostraße

Die St. Joseph-Kirche ist die Kirche für Schalke-Fans. An Heimspieltagen greift hier das Projekt „Offene Kirche“. Die Fans machen in der Kirche auf dem Weg in die Arena Station, stoßen im Zweifelsfall Gebete aus, zünden Kerzen in Blau und Weiß an oder trinken einfach nur gemeinsam einen Kaffee, unterhalten sich und relativieren ihre Sorgen um den Verein und sonstige Probleme. Im Seitenschiff der Kirche befindet sich zudem eine „Schalke Mauer“, an der Bitten hinterlassen werden können. Zu Beginn einer Saison findet in der Kirche alljährlich auch ein ökumenischer Gottesdienst unter dem Motto „Anstoß“ statt. An deren Organisation beteiligt ist der christliche Fanclub „Mit Gott Auf Schalke“.

Doch die Kirche St. Joseph hat für Schalker 04-Anhänger noch ein ganz besonderes Highlight zu bieten: das Aloisius-Fenster. Das Buntglasfenster wurde vom Gelsenkirchener Künstler Walter Klocke kurz nach Schalkes letzter Deutscher Fußballmeisterschaft 1958 entworfen. Klocke, der in den 1950er-Jahren bei vielen Kirchen im Ruhrgebiet am Wiederaufbau beteiligt war, entschied sich dafür, den heiligen Aloisius, der passenderweise der Patron der Jugend ist, mit fußballerischen Insignien zu versehen. Deutlich zu erkennen sind ein blau-weißer Ball und blau-weiße Sportschuhe. Das Fenster wurde 1959 gestaltet und ein Jahr später eingesetzt.

Auch die Geschichte der Kirche ist interessant: Sie war Ende des 19. Jahrhunderts der erste katholische Kirchenbau im wachsenden Arbeiterviertel Schalke. Der alliierte Bombenangriff vom 6. November 1944 samt anschließenden Brand ließen von der Kirche nur Mauerreste übrig. Der Wiederaufbau konnte aber schon 1953 abgeschlossen werden. Die Buntglasfenster von Walter Klocke waren dann das i-Tüpfelchen für die wiedererrichtete Kirche. Seit 2021 gehört die St. Joseph-Kirche zur St. Augustinus-Kirche in der Innenstadt, sodass hier nicht mehr regelmäßig Gottesdienste stattfinden, sondern die Kirche eher zu einem Ort der Kultur und des Zusammenkommens geworden ist – und das nicht nur für Schalke-Fans.

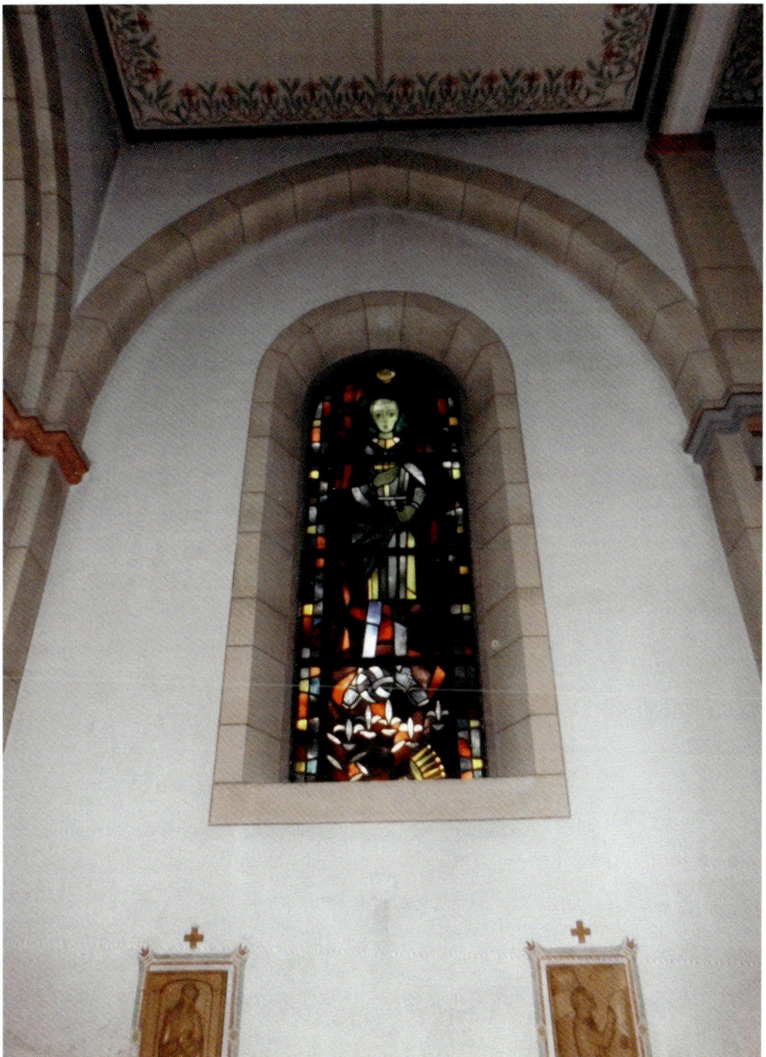

HARTE 4 FAKTEN

Adresse: St. Joseph-Kirche, Grillostraße 62, 45881 Gelsenkirchen

Künstler: Walter Knocke (27. 8. 1887 – 5. 11. 1965)

Stiftung Schalker Markt: hat ihren Sitz ebenfalls hier

Kultur: Zur 25-Jahr-Feier des UEFA-Cup-Sieges fand hier eine Ausstellung statt.

Grab Fritz Szepan

Begnadeter Fußballer und Profiteur der „Arisierung"

Sechs deutsche Meistertitel, 34 Länderspiele für die deutsche Nationalmannschaft, davon 30 als Kapitän – Fritz Szepan war der vielleicht beste Fußballer, der jemals bei Schalke 04 gespielt hat, dennoch sucht man in Gelsenkirchen nach einer Fritz-Szepan-Straße oder einem Fritz-Szepan-Platz vergeblich.

Friederich Heinrich „Fritz" Szepan wurde am 2. September 1907 als Sohn eines masurischen Einwanderers in Gelsenkirchen geboren und wuchs im Schalker Arbeitsmilieu auf. Über seinen Freund und späteren Schwager Ernst Kuzorra spielte er ab Mitte der 1920er-Jahre für Schalke 04, nachdem er die Schule ohne Abschluss verlassen und eine Ausbildung zum Klempner absolviert hatte. Auf dem Spielfeld wurde Szepan schnell zum Schlüsselspieler und Fixpunkt des „Schalker Kreisels". Er war Teil der Meistermannschaften von 1934, 1935, 1937, 1939, 1940 und 1942 sowie am Gewinn des Tschammer-Pokals 1937 beteiligt. In der Nationalmannschaft spielte er von 1929 bis 1939. Er war Kapitän der legendären „Breslau-Elf", die im Mai 1937 Dänemark mit 8:0 schlug.

Doch neben dem Spielfeld blieb er weniger erfolgreich. Verschiedene, vom Verein unterstützte, berufliche und geschäftliche Aktivitäten scheiterten, bevor Szepan 1938 das „arisierte" Textil-Kaufhaus „Julius Rode & Co." deutlich unter Wert übernahm, welches er bis 1972 unter seinem Namen führte. Die jüdischen Vorbesitzer Sally Meyer und Julie Lichtmann wurden deportiert und 1944 in Riga ermordet. Szepan war 1937 in die NSDAP eingetreten und hatte wiederholt zur Unterstützung von Adolf Hitler und der NS-Bewegung aufgerufen. Dennoch wurde er 1947 im Rahmen des Entnazifizierungsverfahrens entlastet und 1954 lediglich zu einer geringen Entschädigungszahlung an die Jewish Trust Corporation verpflichtet.

Seine Spielerkarriere beendete Szepan 1949. Danach arbeitete er erfolgreich als Trainer bei TSV Marl-Hüls, Schalke 04 und Rot-Weiss Essen mit dem Gewinn der Deutscher Meisterschaft 1955. Bei Schalke 04 übernahm er 1964–1965 und 1966–1967 auch kurzzeitig das Präsidentenamt. Szepan starb nach langer Krankheit am 14. Dezember 1974. Von einer Ehrung im Gelsenkirchner Stadtbild wurde aufgrund seiner NS-Verstrickung abgesehen.

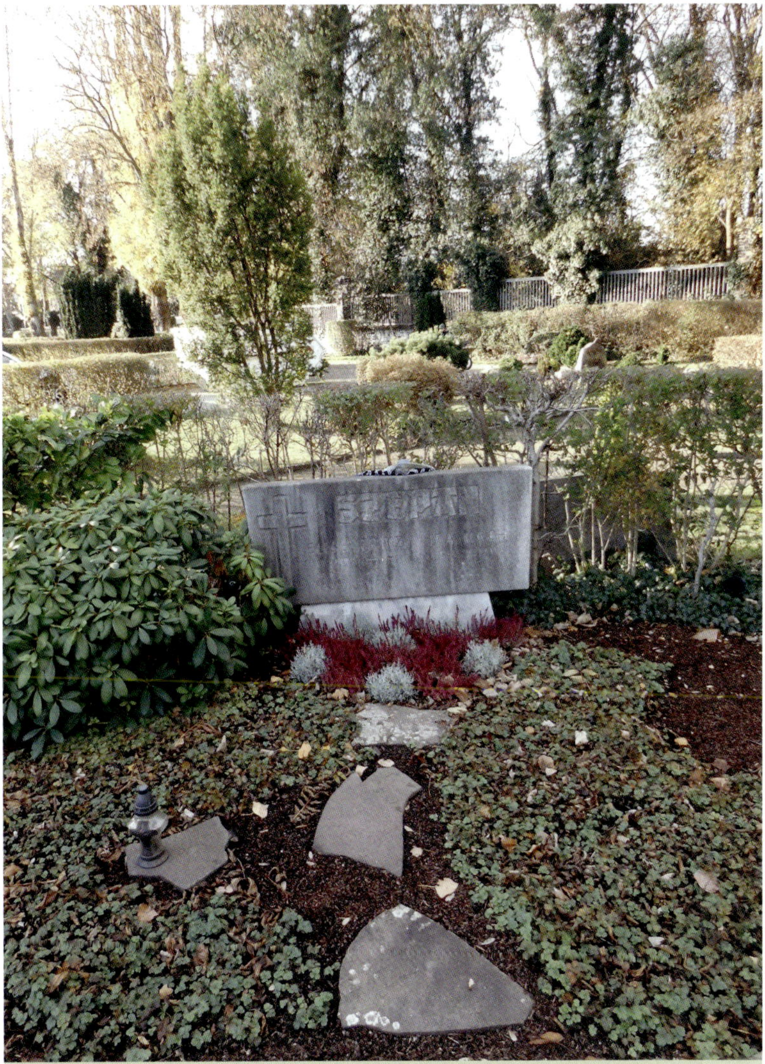

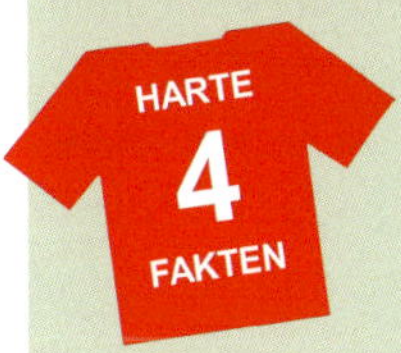

Adresse: Evangelischer Friedhof Rosenhügel, Am Rosenhügel, 45881 Gelsenkirchen

Torjäger: 242 Tore in 342 Spielen für Schalke 04

Nationalmannschaft: 34 Länderspiele, 8 Tore, 2 WM-Teilnahmen

Spielweise: „Beckenbauer der Vorkriegszeit"

Stölting Service Group

Olaf Thon: Shooting-Star und Weltmeister

Die Stölting Service Group in Gelsenkirchen wirbt auf ihrer Internetseite mit drei großen Geschäftsfeldern: Cleaning – Security – Personal. Im Aufsichtsrat der Unternehmensgruppe wird neben Peter Neururer auch Olaf Thon geführt. Das überrascht auf den ersten Blick, andererseits hat Thon während seiner Spielerkarriere stets in Mittelfeld und Abwehr aufgeräumt, hatte ein sicheres Passspiel und machte sein mitspielendes Personal besser.

Olaf Thon ist ein Gelsenkirchner Junge: Geboren am 1. Mai 1966 im Stadtteil Beckhausen spielte er zunächst wie sein Vater Günther bei der STV Horst Emscher, bevor er 1980 zu Schalke 04 wechselte. Mit 17 Jahren debütierte er in der 2. Fußball-Bundesliga. Im Mai 1984, kurz nach seinem 18. Geburtstag, wurde Thon schlagartig in ganz Deutschland bekannt: Beim 6:6 im DFB-Pokal-Halbfinale gegen den großen FC Bayern München gelangen ihm drei Tore – nicht nur ZDF-Reporter Rolf Töpperwien geriet in Ekstase. Und die Bayern wären nicht die Bayern, wenn sie Thon nicht vier Jahre später verpflichtet hätten. Mit den Münchnern wurde er dreimal Deutscher Meister, doch die größten Erfolge errang er jeweils auf italienischem Boden: 1990 in Rom die Weltmeisterschaft mit der deutschen Nationalmannschaft und 1997 in Mailand den UEFA-Cup mit Schalke 04, wo er seit 1994 wieder spielte.

Thon war als Spieler das, was man heute als „polyvalent" bezeichnet. Er konnte hängende Spitze spielen, im Mittelfeld auf der „10" die Fäden ziehen oder als „freier Mann" die Abwehr organisieren und zugleich den Gegenangriff aufbauen. Er war enorm torgefährlich, mit feiner Schusstechnik und trotz seiner geringen Körpergröße mit einem guten Kopfballspiel ausgestattet, war sich aber auch nicht für einen harten Defensivzweikampf zu schade.

Aufgrund von diversen langwierigen Verletzungen beendete Thon 2002 endgültig seine Karriere. Nach einigen Verstimmungen ist er nun wieder offizieller Repräsentant von Schalke 04 und leitet die Abteilung „Traditionsmannschaft". Daneben ist er für mehrere Medien als Experte und Kolumnist tätig.

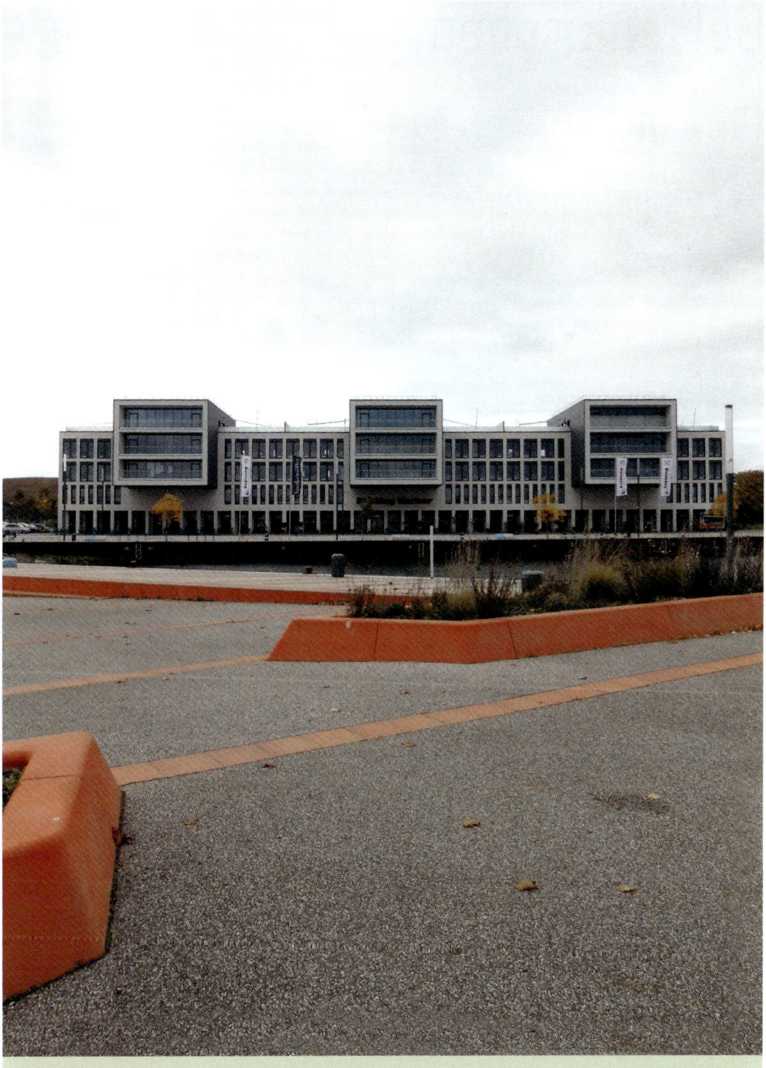

HARTE 4 FAKTEN

Adresse: Stölting GmbH, Johannes-Rau-Allee 15–19, 45889 Gelsenkirchen

Bundesliga: 295 Spiele für Schalke 04, 148 Spiele für Bayern München; insgesamt 82 Tore

Nationalmannschaft: 52 Länderspiele, 3 WM-Teilnahmen

Spitzname: „Der Professor“ (wegen seiner rhetorischen Fähigkeiten)

Consol Theater

Yves Eigenrauch – der etwas andere Fußball-Profi

„Yyyyyves", schallte es von den Rängen des Gelsenkirchner Parkstadions, wenn Yves Eigenrauch wieder mal einen Zweikampf gewonnen hatte. Legendär ist sein Spiel im UEFA-Cup-Viertelfinale 1998 gegen Inter Mailand, als sein brasilianischer Gegenspieler Ronaldo, damals auf dem Weg zum Weltstar, nicht einen Zweikampf gegen Eigenrauch gewann und dieser hinterher glaubhaft versicherte, er wüsste gar nicht, wer Ronaldo sei.

Geboren ist Eigenrauch am 24. April 1971 in Minden, wo er bei Minden 05 und Blau-Weiß Lerbeck in der Jugend Fußball spielte. Über Arminia Bielefeld kam er zu den Schalker Knappen, denen er bis zu seinem vorzeitigen Karriereende 2002 aufgrund eines Knorpelschadens treu blieb. Spielerisch und technisch war Eigenrauch im Vergleich zu einem Olaf Thon und einem Andreas Möller limitiert, doch machte er seine Defizite mit unbändigem Einsatz wett, sodass ihn das Schalker Publikum schnell in sein Herz schloss. Insgesamt 229 Bundesligaspiele absolvierte Eigenrauch für Schalke 04. Dass er trotz seiner sehr körperlichen Spielweise niemals vom Platz gestellt wurde und in der Bundesliga nur 15-mal verwarnt wurde, spricht für seine Kontrolle und Disziplin auf dem Rasen. Er war Mitglied der „Eurofighter"-Mannschaft, die 1997 gegen Inter Mailand im Giuseppe-Meazza-Stadion den UEFA-Cup gewann.

Doch schon zu Spielerzeiten war Fußball nicht Eigenrauchs alleiniger Lebensmittelpunkt. Er las Bücher in den Trainingslagern, trug schwarze Hornbrillen und Second Hand-Klamotten und kam mit dem Fahrrad statt einem PS-starken Boliden zum Training. Schnell galt er als der „etwas andere Fußball-Profi". So war es auch nur konsequent, dass Eigenrauch nicht wie viele andere einen Platz im Fußball-Business suchte, sondern sich die Freiheit nahm, soziale und kulturelle Projekte zu verfolgen. So machte er Musik, versuchte sich in Kunst, agierte als Schauspieler und engagierte sich intensiv für das Consol Theater in Gelsenkirchen, einem Kinder- und Jugendtheater. Außerdem unterstützt er gemeinnützige Projekte in Gelsenkirchen.

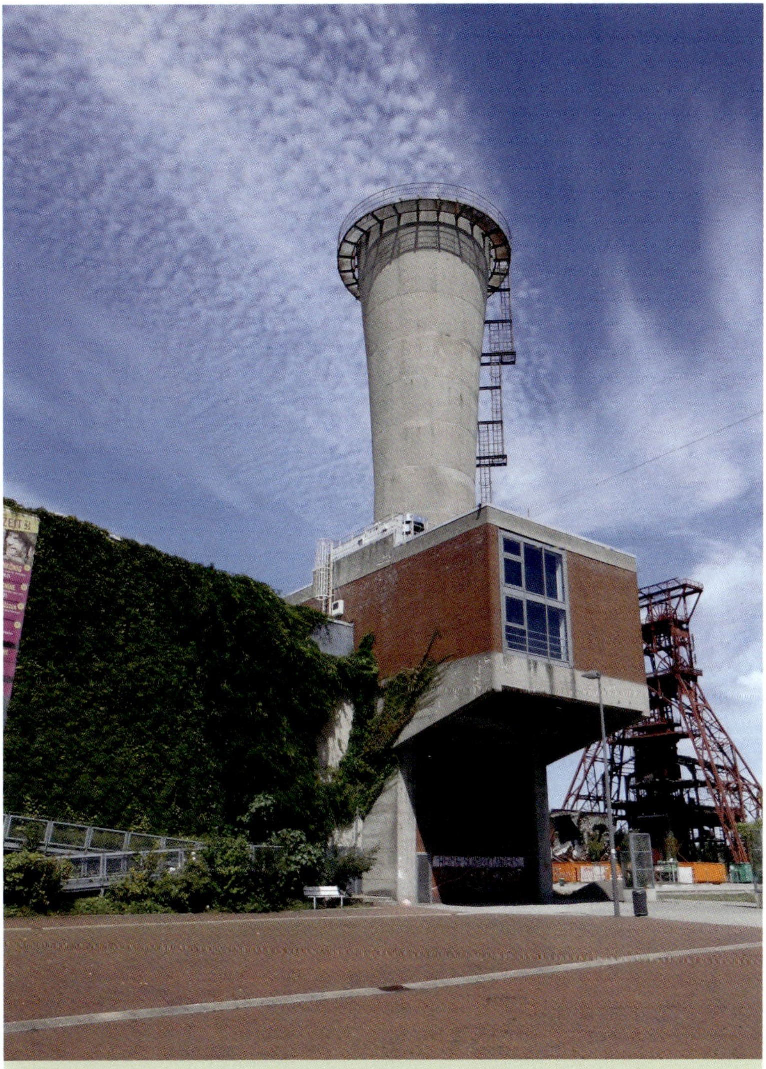

HARTE 4 FAKTEN

Adresse: Bismarckstraße 240, 45889 Gelsenkirchen

Nationalmannschaft: Eigenrauch saß bei vier Länderspielen ohne Einsatz auf der Bank.

Song: „Yves, wie hältst du das aus?“ von Tomte

Podcast: „Yves – der Podcast“ (https://yves-podcast.de)

Grabstätte Rolf Rüssmann

Kind und Gesicht der Bundesliga

Auch wenn Rolf Rüssmann aufgrund einer Sperre im Zuge des Bestechungsskandals 1973 elf Spiele im Ausland für den FC Brügge bestritt, war er ein Kind der Bundesliga und prägte die Liga fast vierzig Jahre als Spieler und Manager.

Rolf Rüssmann zählt zu denjenigen, die sowohl bei Schalke 04 als auch beim großen Revierrivalen Borussia Dortmund beliebt waren. Am 13. Oktober 1950 im westfälischen Schwelm geboren erfuhr er seine fußballerische Sozialisation beim FC Schwelm 06. Zur Saison 1969/70 wechselte er in die Bundesliga zu Schalke 04 und avancierte schnell zu einem der kopfballstärksten Abwehrspieler der Liga. Mit Rüssmann als Vorstopper gewann Schalke 1972 den DFB-Pokal und verpasste nur knapp als Zweiter hinter Bayern München die Deutsche Meisterschaft. Dann setzte der Bundesliga-Skandal Rüssmanns und Schalkes Aufstieg ein jähes Ende. Rüssmann hatte wie anderer Schalker Spieler für eine Niederlage gegen Arminia Bielefeld im April 1971 2.300 DM angenommen und wurde dafür 1973 zu einer Gelstrafe verurteilt und vom DFB gesperrt, woraufhin der Wechsel nach Belgien erfolgte. Später bezeichnete Rüssmann die Annahme des Bestechungsgeldes als „miesestes Geschäft meines Lebens".

Unmittelbar nach seiner Begnadigung durch den DFB kehrte „Rolli" im Januar 1974 wieder zu Schalke zurück, wo er 1977 als tragende Säule erneut Vizemeister wurde. In dieser Zeit gelang ihm auch die Berufung in die Nationalmannschaft, die ihm zuvor wegen seiner Beteiligung am Bundesliga-Skandal verwehrt worden war. Bei der WM 1978 in Argentinien bestritt er alle sechs Spiele. Im Dezember 1980 transferierte ihn Schalke für 800.000 DM zu Borussia Dortmund. Auch hier war er auf Anhieb Führungsspieler und später sogar Mannschaftskapitän.

Nach Ende seiner Spielerkarriere 1985 fasste er schnell als Bundesliga-Manager Fuß. Einem halbjährigen Intermezzo auf Schalke als Nachfolger von Rudi Assauer folgten ab 1990 acht prägende Jahre bei Borussia Mönchengladbach und später nochmals fast zwei Jahre beim VfB Stuttgart.

Rolf Rüssmann erlag im Oktober 2009 58-jährig einem Krebsleiden und ist auf dem Evangelischen Altstadtfriedhof in Gelsenkirchen beerdigt.

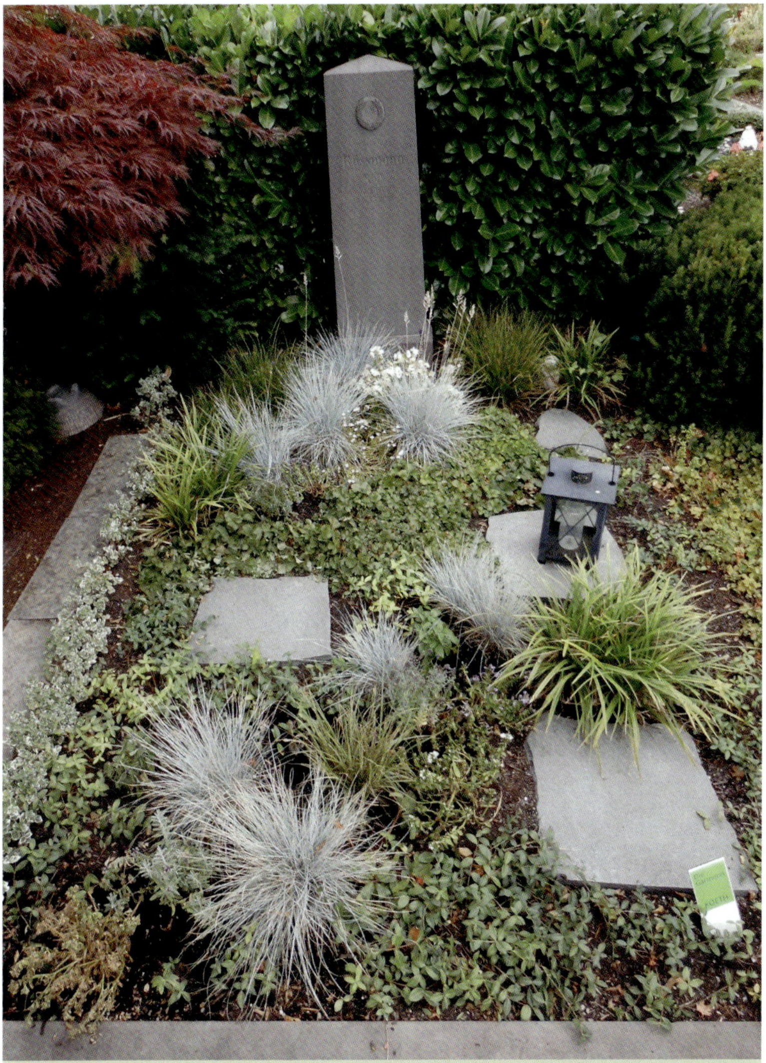

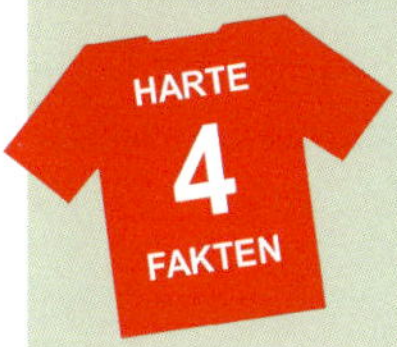

Adresse: Evangelischer Altstadtfriedhof, Kirchstraße 59, 45888 Gelsenkirchen

Bundesliga: 453 Spiele (304 für Schalke, 149 für den BVB)

Nationalmannschaft: 20 Länderspiele mit einem Tor

DFB-Pokalsiege: 1972 als Spieler mit Schalke, 1995 als Manager mit Mönchengladbach

Das „kleine museum“

Schalke 04 und Bergbau

Als im Jahr 2000 nach über 130 Jahren die Schachtanlage Hugo in Gelsenkirchen-Buer mit ihren fast 3.900 Beschäftigen dichtgemacht wurde, drohte wieder ein Stück Bergbaugeschichte im Ruhrpott in Vergessenheit zu geraten. Um dies zu verhindern, wurden ein Teil der Übertageanlagen, das Fördermaschinenhaus und das Schachtgerüst von Schacht II erhalten. Zugleich gründete sich ein Trägerverein, der seitdem das sog. „kleine museum“ betreibt. Ziel ist es, die Geschichte der Zeche und des Bergbaus im Ruhrgebiet insgesamt auch nachfolgenden Generationen näherzubringen.

Das „kleine museum“ in der restaurierten Bergbausiedlung Schüngelberg am Fuße der Rungenberghalde wird seinem Namen in jeder Hinsicht gerecht. Lediglich 61 Quadratmeter Ausstellungsfläche stehen den Machern zur Verfügung. Umso bemerkenswerter ist es, dass ein Teil dieser begrenzen Kapazitäten Schalke 04 gewidmet ist. Dies ist auch Ausdruck der ursprünglich engen Verbindung zwischen Verein und Kohlenpott.

Und so stößt der interessierte Besucher neben Scheißkübel, Mutterklötzchen, Arschleder, Wetter- und Grubenlampen auch auf zahlreiche Exponate rund um Schalke 04. Viele wurden dem Museum von Schalker Spielern geschenkt. Fußballschuhe mit Autogrammen von Marc Wilmots und Andreas Möller, Torwarthandschuhe und Torwarttrikot von Oliver Reck, Grubenhelme von Mika Häkkinen und der Schalker Mannschaft, Bilder mit Widmungen von Rudi Assauer, Olaf Thon, Marc Wilmots, Oliver Reck und Heino. Auf der Homepage des Museums wird unter anderen auch Gerald Asamoah, Frank Rost, Tomasz Waldoch, Ebbe Sand und Youri Mulder für die Spende von Ausstellungsstücken gedankt.

Eine treibende Kraft hinter der engen Verbindung von Museum und Verein war Willy Koslowski. Koslowski lernte auf der Zeche Hugo den Beruf des Bergmanns, wurde mit Schalke 04 1958 Deutscher Meister und spielte für die deutsche Nationalmannschaft bei der WM 1962 in Chile.

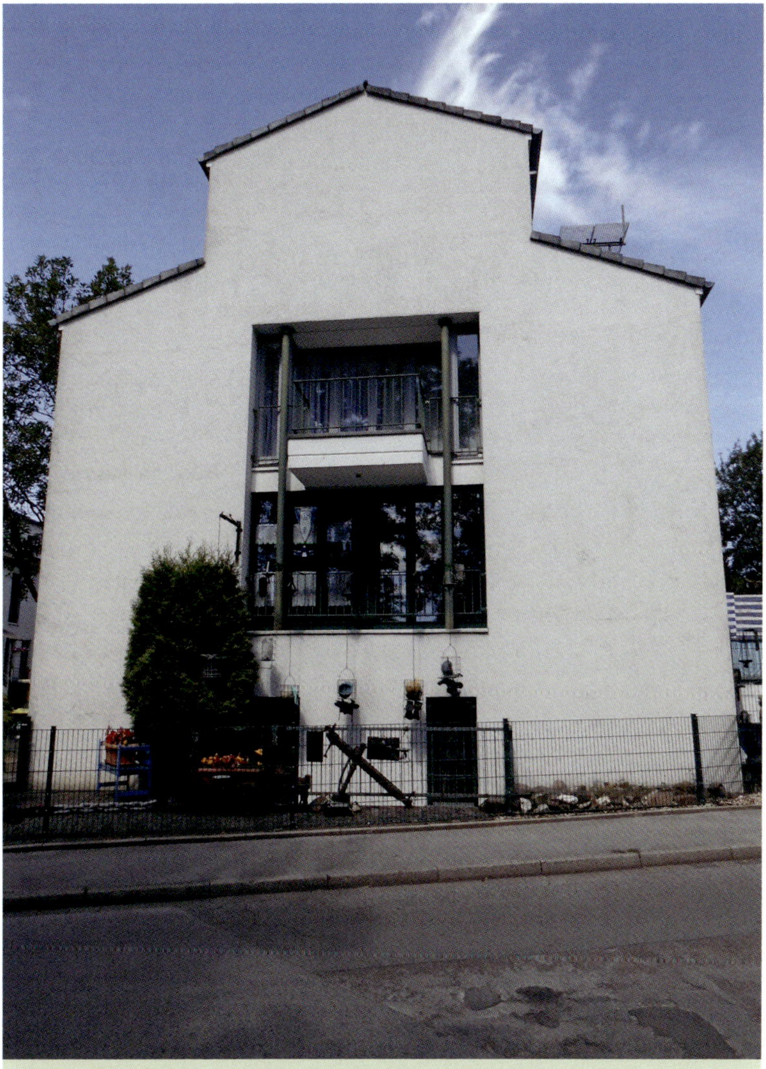

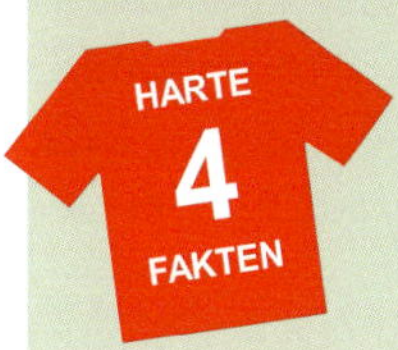

Adresse: Eschweiler Straße 47, 45897 Gelsenkirchen

Internet: www.zeche-hugo.com

Speisekarte: Panhas, Bratwurst, Bratkartoffeln

Geheimtipp: Haldenführung mit Blick auf das nächtliche Buer und das Ruhrgebiet samt Bergmannschnaps

GelsenTrabPark – Trabrennbahn Nienhausen (Gelsenkirchen)

Schalker Spieler im Sulky

Dass Fußballspieler gerne auch mit höheren Einsätzen wetten, ist bekannt. Dass sie dabei auch auf Pferdewetten setzen, ist zumindest nicht auszuschließen. Dass sich Fußballprofis allerdings selbst aktiv am Pferderennsport beteiligen, klingt nach einer längst vergangenen Zeit. Und in der Tat sprechen wir hier vor allem von den 1970er- und 1980er-Jahren, als sich Profis von Schalke 04 auch außerhalb von Promirennen in den Sulky eines Trabers setzten.

Gelegenheit dazu hatten sie auf der Trabrennbahn Nienhausen (Gelsenkirchen). Sie war 1912 im Stadtteil Feldmark auf dem Gelände des Flugplatzes Gelsenkirchen-Essen-Rotthausen errichtet worden. Nach Ende des Ersten Weltkriegs wurden die Renntage hier zur festen Institution und zum Zuschauermagneten für die nach Unterhaltung dürstenden Menschen. Seit 1992 trägt die Bahn den Namen GelsenTrabPark.

Neben Klaus Fischer, Rolf Rüßmann und Hannes Bongartz waren bei den Schalkern insbesondere Torwart Norbert Nigbur und Libero Klaus Fichtel Trabernarren. Der 1944 in Castrop-Rauxel geborene Fichtel spielte von 1965 bis 1980 und dann noch einmal von 1984 bis 1988 für Schalke 04. Insgesamt bestritt der Rekordspieler 477 Bundesligaspiele für die Knappen. Schon in den 1970er-Jahren interessierte er sich für den Trabrennsport, fuhr selbst und besaß mit anderen zusammen Rennpferde. Mit dem Wallach Nero Clown gelangen ihm einst bei zwölf Starts acht Siege.

Norbert Nigbur, 1948 in Gelsenkirchen geboren, ging noch einen Schritt weiter. Nigbur, hauptberuflich eigentlich Bundesliga-Torwart bei Schalke 04 sowie Hertha BSC und in der Nationalmannschaft zweiter Torwart hinter Sepp Maier, hatte sich schon als junger Mann für den Trabrennsport interessiert. Später gründete er dann sogar einen eigenen Rennstall. Auch er stieg selbst in den Sulky und gewann 24 Amateurrennen.

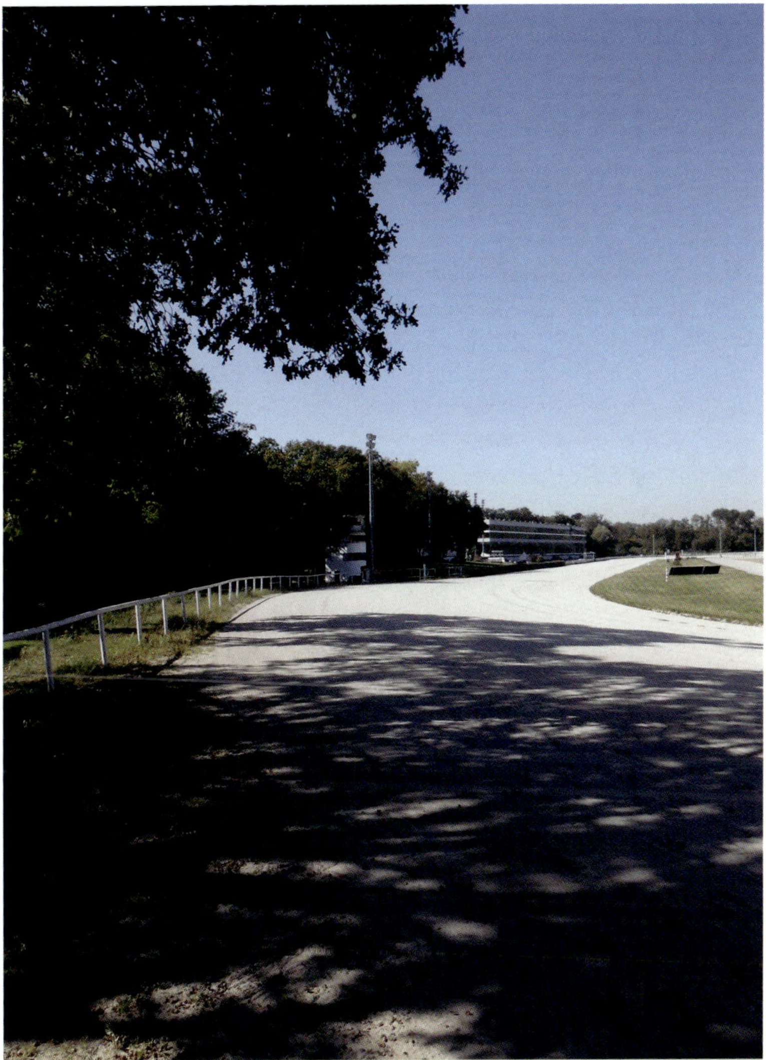

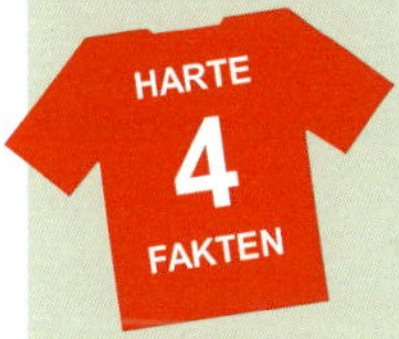

Adresse: Nienhausenstraße 42, 45883 Gelsenkirchen
Bahnlänge: 1.200 Meter
Tribüne: 9.600 Plätze
Renntage: Donnerstag, Freitag, Sonntag

Das Fürstenbergstadion

Heimat der Husaren

Das Fürstenbergstadion im Gelsenkirchner Stadtteil Horst war für viele Jahrzehnte die Heimspielstätte der STV Horst-Emscher, in guten Zeiten als „Emscherhusaren" gefeiert. Das Stadion mit Laufbahn wurde 1928 fertiggestellt und 1956 um eine überdachte Sitzplatztribüne erweitert. Bis zu 25.000 Zuschauer konnten hier die STV anfeuern.

Die STV Horst-Emscher geht zurück auf den Turnverein Horst 1892. 1906 gründeten Kumpel der Zeche Nordstern im Turnverein eine eigene Fußball-Abteilung, die dann 1920 mit den Fußballern der Turngemeinde Horst Sport- und Turnvereinigung Horst-Emscher fusionierte. Sportlich stand die STV fast immer im Schatten des großen FC Schalke 04, auch wenn immer mal wieder Pflichtspielsiege gegen den Stadtrivalen eingefahren werden konnten. Erst nach dem Zweiten Weltkrieg konnten die Emscherhusaren auch überregional auf sich aufmerksam machen. 1947 gelang der Aufstieg in die erstklassige Oberliga West, in der gleich in der Premierensaison der dritte Platz erreicht wurde, was zur Teilnahme an der Britischen Zonenmeisterschaft berechtigte. Überragender Spieler war in dieser Zeit Torjäger Alfred Kelbassa, der für die STV in den Jahren 1946 bis 1952 in 135 Spielen 80 Tore schoss. Und hinten sorgte der ehemalige Nationalkeeper Heinz Flotho dafür, dass der Kasten sauber blieb. Nun begann Borussia Dortmund damit, die besten Emscherhusaren abzuwerben, sodass die STV 1954 den Gang in die Zweitklassigkeit antreten musste. Kurze Intermezzi in der Oberliga und ab 1963 in der Regionalliga West konnten nicht darüber hinwegtäuschen, dass die Zeit des erstklassigen Fußballs in Horst vorbei war. Ein letztes Ausrufezeichen setzte die STV 1967 mit dem Gewinn der Deutschen Amateurmeisterschaft im Endspiel gegen die Amateure von Hannover 96.

Abgerutscht in die unteren Amateurklassen und finanziell chronisch klamm, löste sich die STV 2007 mitten in der laufenden Saison auf. Fast 100 Jahre Horster Fußballgeschichte endeten unrühmlich. Im Fürstenbergstadion spielen heute der BV Horst-Süd 1962 und die American Footballer der Gelsenkirchen Devils.

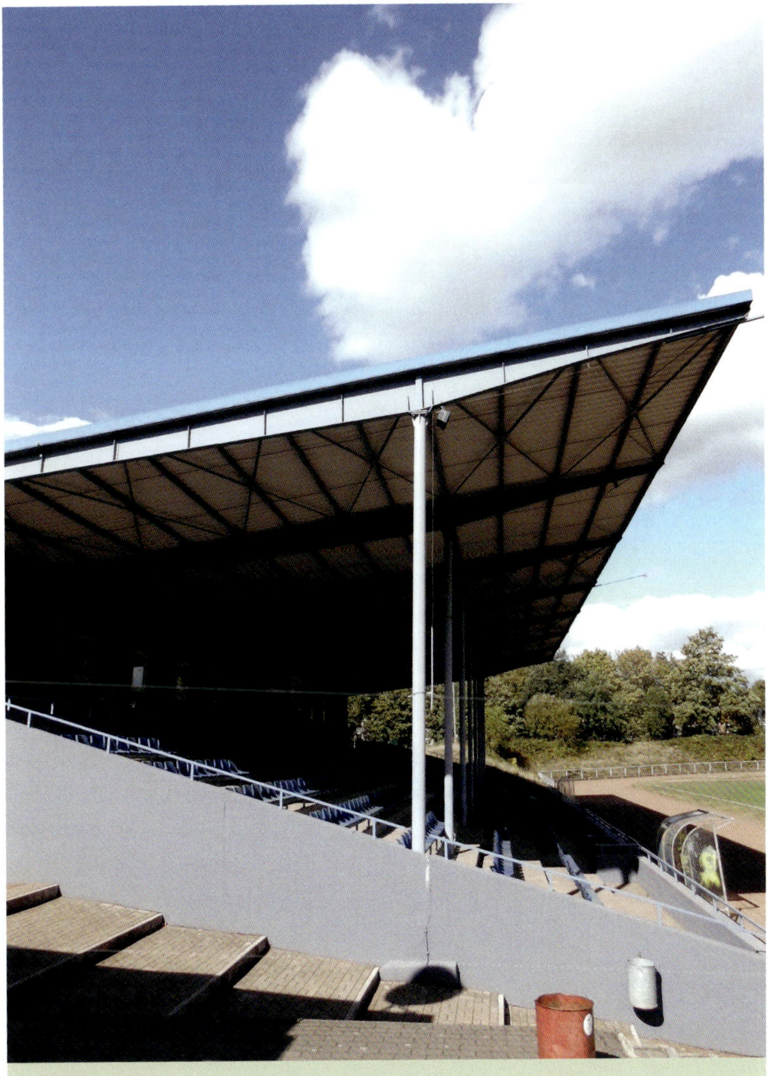

HARTE 4 FAKTEN

Adresse: Fischerstraße 35, 45899 Gelsenkirchen

Fürstenbergstadion: einst offiziell 23.140 Sitz- und Stehplätze

Zuschauerrekord: über 25.000 Zuschauer 1957 beim Derby gegen Schalke 04

Berühmter Zögling: Olaf Thon spielte in seiner Jugend von 1972 bis 1980 bei der STV

Glückauf-Kampfbahn

Das erste Stadion von Schalke 04

Die Glückauf-Kampfbahn in Gelsenkirchen ist auf ewig verbunden mit den großen Erfolgen von Schalke 04, auch wenn die Knappen ihre Deutsche Meisterschaften nicht hier, sondern zumeist im Berliner Olympiastadion errangen. Von 1928 bis 1973 war die Glückauf-Kampfbahn die Heimspielstätte von Schalke 04, und für viele Jahrzehnte in diesem Zeitraum galt die Schalker Mannschaft als eine der besten in Deutschland.

Baubeginn für die Glückauf-Kampfbahn war im August 1927 auf einem Gelände, das zur Zeche Consolidation gehörte. Das erste Spiel war ein Freundschaftsspiel von Schalke gegen den damaligen Westdeutschen Meister SpVgg Sülz 07. Erst einige Tage später fand die offizielle Eröffnung mit Feldhandball, Leichtathletik und einem Fußball-Freundschaftsspiel gegen Tennis Borussia statt. Neben über 30.000 Stehplätzen gab es auch bereits 1.200 Sitzplätze. Angeblich sollen 1931 bei einem Spiel gegen Fortuna Düsseldorf 70.000 Zuschauer im Stadion gewesen sein. Doch ein Blick in die damaligen Zeitungen enthüllt, dass 30.000 Zuschauer gar nicht erst reinkamen. Da sich auch die Stadt Gelsenkirchen an den Kosten für den Stadionbau beteiligte, nahm Schalke 04 den Namen Gelsenkirchen an. Seitdem heißt der Verein offiziell Fußballclub Gelsenkirchen-Schalke 04 e.V.

1944 wurde die Kampfbahn, deren Kapazität in den 1930er-Jahren erweitert worden war, fast vollständig zerstört. Der Wiederaufbau erfolgte fast originalgetreu. 1956 wurde eine Flutlichtanlage installiert, zur Fußball-Bundesligazeit kam eine Stahltribüne hinzu und es passten nun auch offiziell über 45.000 Zuschauer rein. Zu einem Spiel gegen Borussia Dortmund sollen einst über 60.000 Zuschauer, teils mit gefälschten Tickets, in die Kampfbahn gekommen sein. 1965 übernahm die Stadt Gelsenkirchen die Glückauf-Kampfbahn. Das letzte Spiel war ein 1:2 in der Intertoto-Runde gegen Standard Lüttich am 21. Juli 1973 vor 4.000 Zuschauern.

Die Glückauf-Kampfbahn wurde anschließend nicht komplett abgerissen. So steht noch die mittlerweile denkmalgeschützte Haupttribüne. Heute suchen die DJK Teutonia Schalke-Nord und die Frauenabteilung von Schalke 04 in der Kampfbahn ihr Glück.

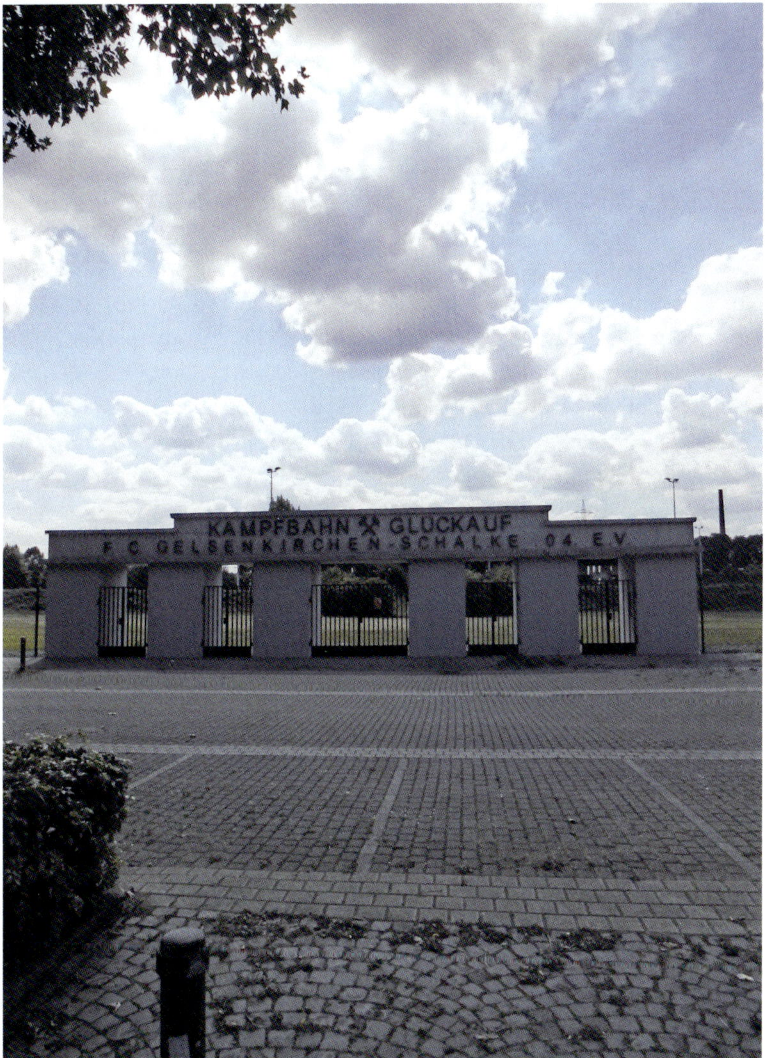

HARTE 4 FAKTEN

Adresse: Ernst-Kuzorra-Platz, 45881 Gelsenkirchen

Bauherr: Schalke 04, seit 1965 Stadt Gelsenkirchen

Kapazität: 50.000 Steh- und Sitzplätze, heute: 11.000 Plätze

Glücksbringer: Schalke 04 wurde nur Deutscher Meister, als die Glückauf-Kampfbahn die Heimspielstätte war.

Die Schalker Meile

Nostalgie und Stadtentwicklungsprojekt

Die „Schalker Meile" ist ein etwa 800 Meter langer Abschnitt der Kurt-Schumacher-Straße, einer vielbefahrenen Hauptverkehrsachse in Gelsenkirchen-Nord. Die „Schalker Meile" verbindet die St. Joseph-Kirche im Süden mit dem Ernst-Kuzorra-Platz im Norden. Mittlerweile heißen die beiden entsprechenden Straßenbahnhaltestellen auch „Schalker Meile" und „Ernst-Kuzorra-Platz". Die „Schalker Meile" ist lebendige Traditionspflege und Stadtteilentwicklung zugleich.

Ihre Einrichtung geht auf die Initiative der „Schalke Supporters" zurück, einem 1996 als Interessenvertretung der Mitglieder gegründeten, eingetragenen Vereins. Ihnen stieß auf, dass während der Fußball-WM 2006 der entsprechende Abschnitt zwar als Fanmeile ausgewiesen war, die Stadt Gelsenkirchen aber die Geschichte des FC Schalke an dieser Stelle nicht hochhielt. Heute hat sich dies dank der Beharrlichkeit und des ehrenamtlichen Engagement der Supporters grundlegend geändert. Schilder verweisen seit 2011 auf die „Schalker Meile. Die Meile der Traditionen", der Gehweg der Legenden erinnert an prägende Figuren des Vereins. Durchgehend dominieren die Farben Blau und Weiß die Fassaden in diesem Abschnitt, auf die Spitze getrieben bei der „Blauweißen Fahrschule", eher ein Schalke-Museum als eine Einrichtung zur Erlangung des Führerscheins. Neben den beiden Lokalen der Schalke Fan-Initiative und des Schalker Fan Club Verbandes gibt es einen „Schalker Grill Eck – Echte Fans essen hier".

Die „Schalker Meile" hat natürlich auch sehr authentische Orte aus der Vereinsgeschichte zu bieten: die Glückauf-Kampfbahn, die Vereinsgaststätte „Bosch" mit dem Stammplatz von Ernst Kuzorra, an den heute eine Plakette erinnert, und der Tabakwarenladen von Kuzorra, später von Stan Libuda. Auch zum Friedhof Rosenhügel, auf dem Kuzorra und Fritz Szepan beerdigt sind, ist es nur ein Katzensprung. Wer will, kann all diese Erinnerungsmarken im Rahmen von unterschiedlich konzipierten Touren besichtigen und sich fachkundig von Olivier Kruschinski, der damals die Idee für die „Schalker Meile" hatte, erklären lassen.

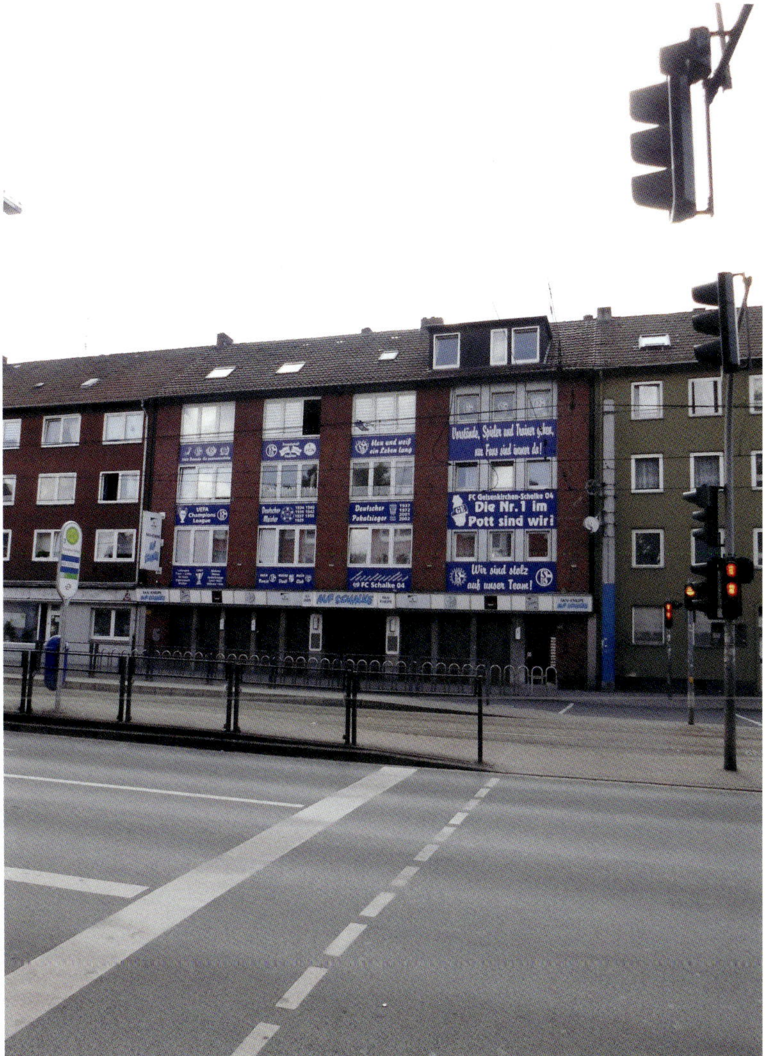

HARTE 4 FAKTEN

Adresse: Ernst-Kuzorra-Platz, 45881 Gelsenkirchen

FC Schalke Supportersclub e.V.: fast 850 Mitglieder

Touren: unter www.mythos1904.de zu buchen

Größtes Ärgernis: ein gelbes Haus auf der „Schalker Meile“

Ernst-Kuzorra-Platz

Die vereinstreue Legende

Der Ernst-Kuzorra-Platz hat genau zwei Hausnummern und verbindet zwei wichtige Punkte im Leben von Ernst Kuzorra. Die Hausnummer 1 trägt die Kneipe, heute Sportsbar „Bosch", die Vereinsgaststätte von Schalke 04, in der Kuzorra einst sein Bier getrunken hat und Zigarren geraucht hat. Sein dortiger ehemaliger Stammplatz ist noch zu besichtigen. Und an der Hausnummer 2 liegt die Glückauf-Kampfbahn, in der Kuzorra von 1923 bis 1950 als Spieler die Massen begeistert. Unweit davon, in der heutigen Schalker Meile, betrieb er zudem ein Tabakgeschäft. Wer mit öffentlichen Verkehrsmitteln hier auf Spurensuche gehen will, hat es nicht schwer, heißt doch die entsprechende Straßenbahnhaltestelle ebenfalls „Ernst-Kuzorra-Platz".

Ernst Kuzorra wurde am 16. Oktober 1905 in Gelsenkirchen geboren. 1920 trat er bei Schalke 04 ein und spielte in seinem ganzen Leben niemals für einen anderen Verein. Hatte er nach seiner Schulzeit noch kurz bei der Zeche Consolidation gearbeitet, konnte er sich dank der Einnahmen aus seinem Tabakgeschäft und dem, was ihm der Verein zukommen ließ, bald stark auf den Fußball konzentrieren, auch wenn es offiziell in Deutschland noch keine Fußball-Profis gab. Und Kuzorra dankte es dem Verein mit Leistung. Sechsmal führte er die Mannschaft zusammen mit seinem späteren Schwager Fritz Szepan, mit dem er den berühmten „Schalker Kreisel" aufzog, zur Deutschen Meisterschaft, einmal zum Pokalsieg. Nach dem Zweiten Weltkrieg, mit über 40 Jahren, half er quasi als Spielertrainer beim Wiederaufbau einer neuen Schalker Erfolgsmannschaft.

Nachdem er 1950 45-jährig seine Spielerkarriere beendet hatte, lebte Kuzorra weiter von seinem Tabakladen, den er später an „Stan" Libuda übergab, und blieb zugleich seinem Verein in verschiedenen ehrenamtlichen Funktionen verbunden. Kuzorra starb am 1. Januar 1990. Die Diskussionen um die Aberkennung seiner Ehrenbürgerschaft der Stadt Gelsenkirchen, die ihm 1985 verliehen worden, aufgrund seiner NSDAP-Mitgliedschaft ab 1937 hat er nicht mehr erlebt.

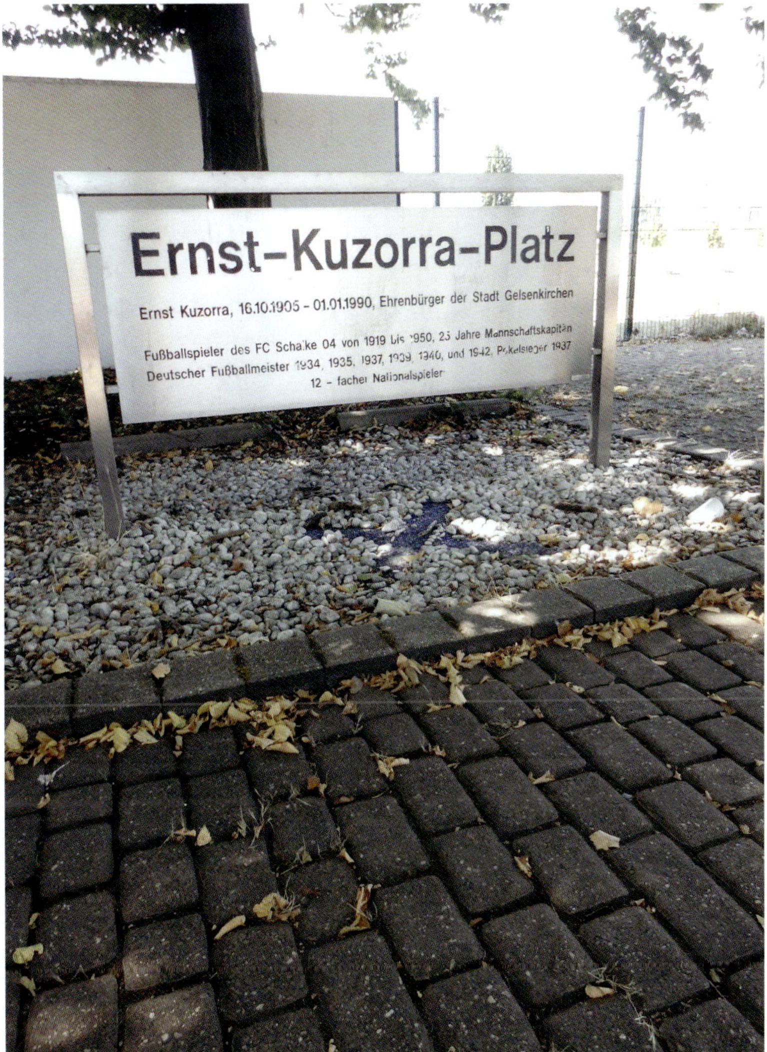

HARTE 4 FAKTEN

Adresse: Ernst Kuzorra-Platz, 45881 Gelsenkirchen

Nationalmannschaft: 12 Länderspiele mit 7 Toren zwischen 1927 und 1938

Weitere Ehrungen: Verdienstkreuz am Bande der Bundesrepublik Deutschland, Verdienstorden des Landes Nordrhein-Westfalen, „Ernst-Kuzorra-Weg“ an der Arena

Grab: auf dem Friedhof Rosenhügel in Gelsenkirchen-Nord mit seiner Frau, neben Fritz Szepan

Rüdiger Abramczik's Sportshop

Vom Flankengott zum Unternehmer

Rüdiger Abramczik, von seinen Mitspielern nur „Abi" gerufen, gehört zu den wenigen Kickern, die sowohl für Schalke 04 wie auch Borussia Dortmund spielten und wegen ihrer Leistungen und ihres Auftretens bei beiden Vereinen bis heute wohlgelitten sind.

Abramczik wurde am 18. Februar 1956 in Gelsenkirchen-Erle geboren. Seine ersten Schritte als Fußballer machte er dann auch beim Erler SV 08, bevor ihn Berni Klodt in die Schalker Jugend holte. Dort wurde sogar der DFB auf ihn aufmerksam, sodass er insgesamt 23-mal in den diversen Jugendnationalmannschaften auflief. 17-jährig gab er 1973 sein Debüt in der Fußball-Bundesliga, damals als jüngster Spieler aller Zeiten. Schnell avancierte er zum kongenialen Sturmpartner von Klaus Fischer. Kennzeichen waren seine maßgenauen Flanken, die Fischer per Kopf und – wenn es sein musste – auch per Fallrückzieher verwertete. Ein ähnliches Bild dann bei Borussia Dortmund, wohin Schalke ihn 1980 aus finanziellen Gründen verkaufte. Hier war es Manfred Burgsmüller, der von „Abis" Assists profitierte. Dabei gerät leicht in Vergessenheit, dass Abramczik auch selbst sehr torgefährlich war. 44 Tore für Schalke in 198 Spielen und 30 Tore für den BVB in 90 Spielen sind eine Quote, von der die meisten Bundesliga-Stürmer träumen.

Nach seinem Abschied vom BVB 1993 erlebte Abramczik wechselhafte Jahre beim 1. FC Nürnberg, Galatasaray Istanbul und Rot-Weiß Oberhausen, bevor er 1987/88 noch einmal vier Spiele für Schalke 04 bestritt – aufgrund seines Alters nun nicht mehr im Vollsprint als Rechtsaußen, sondern als Libero mit gutem Stellungsspiel. Seine Spielerkarriere ließ er schließlich bei Wormatia Worms und FC Gütersloh ausklingen.

Während er als Trainer nur selten ein glückliches Händchen bei der Wahl seiner Vereine hatte, kam er im Geschäftsleben offenbar gut zurecht. Er erwarb zahlreiche Immobilien, betrieb eine Färberei und zusammen mit Manfred Burgsmüller und Peter Neururer ein Reisebüro. Noch heute existiert in der Cranger Straße sein Sportgeschäft „Abi's Sportshop". Dort unter anderem erhältlich: ein T-Shirt mit dem Aufdruck „Abi Flankengott".

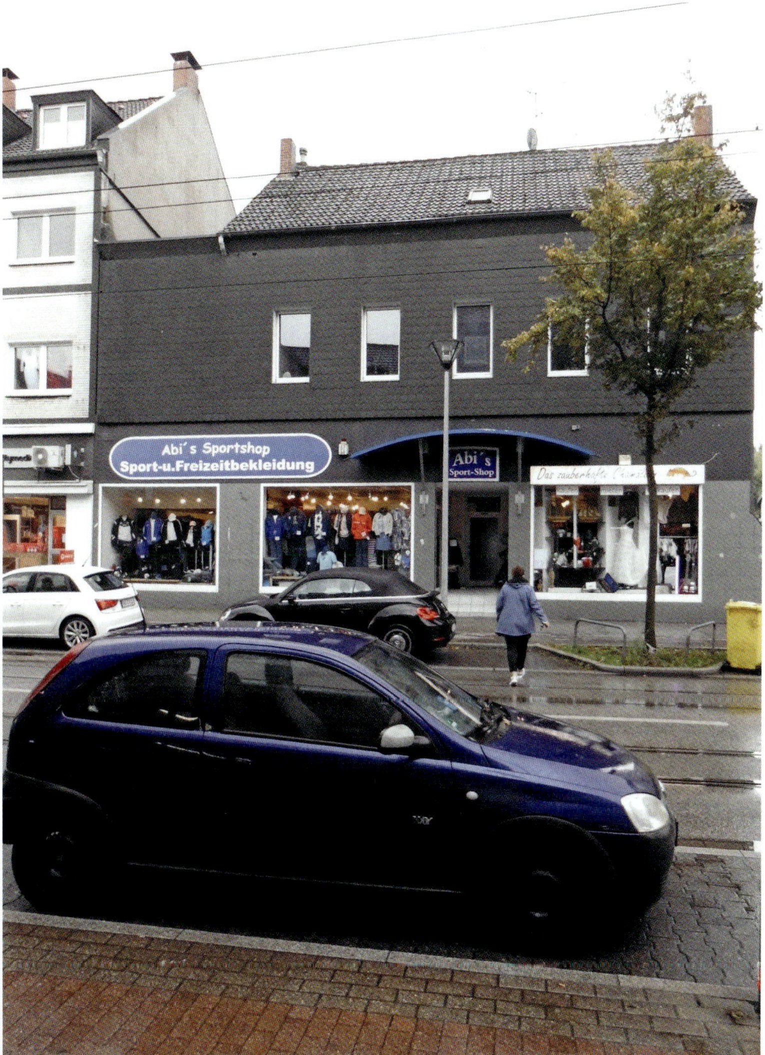

HARTE 4 FAKTEN

Adresse: Cranger Straße 282, 45891 Gelsenkirchen

Bundesliga: 316 Spiele und 77 Tore

Länderspiele: 19 Spiele, zwei Tore; Teilnahme an der WM 1978

Bruder: Volker Abramczik war als Außenstürmer ebenfalls Profifußballer und galt als mindestens so großes Talent wie Rüdiger.

Rudi-Assauer-Platz

Malocher, Manager, „Meister der Herzen"

Es gibt wohl wenige Manager in der Fußball-Bundesliga, die so sehr mit „ihrem" Verein verbunden werden wie Rudi Assauer. Einen ähnlichen Status wie Assauer „auf Schalke" hat höchstens noch Uli Hoeneß bei Bayern München. Dabei gerät leicht in Vergessenheit, dass Assauer nie für Schalke spielte und seinen größten Erfolg als Spieler sogar mit dem „Erzfeind" Borussia Dortmund errungen hat. Auch als Manager war er bei den Königsblauen sowohl bei den Fans als auch im Vorstand und Aufsichtsrat nicht immer unumstritten. Doch am Ende seines Lebens stand er wie kein anderer für Schalke 04 – in guten wie in schlechten Zeiten.

Rudolf „Rudi" Assauer war zwar ein „Kind des Ruhrgebiets", doch geboren wurde er am 30. April 1944 in Sulzbach-Altenwald an der Saar, wo seine Mutter Schutz vor alliierten Bombenangriffen suchte. Rudi wuchs im westfälischen Herten auf und spielte seine gesamte Jugend und die ersten beiden Herrenjahre bei der SpVgg Herten, mit der er 1963/64 die Regionalliga West erreichte. Spätestens durch seine Auftritte in der Bundeswehrnationalmannschaft überzeugte er Borussia Dortmund von sich. Mit den Borussen holte er den DFB-Pokal 1965 und den Europapokal der Pokalsieger 1966.

Seine meisten Bundesligaspiele bestritt Assauer allerdings für Werder Bremen, wo er 32-jährig von vom Spieler zum Manager wurde. Als Schalke 1981 einen Manager suchte, ergriff Assauer diese Chance, auch um wieder in seine Heimat zurückkehren zu können. Ende 1986 endete diese erste Phase mit seiner Entlassung. Es war schließlich der als „Sonnenkönig" titulierte Präsident Günther Eichberg, der Assauer 1993 zurückholte und damit die besten Jahre der jüngeren Vereinsgeschichte einläutete. Assauer sanierte nicht nur den Club, sondern führte ihn zu den ersehnten sportlichen Erfolgen mit dem UEFA-Cup 1997 und den DFB-Pokalsiegen 2001 und 2002. Unvergessen auch Assauers erst ausgelassener Jubel, dann tiefe Trauer und schließlich Trotz am Tag, als Schalke 2001 „Meister der Herzen" wurde. Sein größter Coup und zugleich sein Vermächtnis an den Verein war die Arena AufSchalke. Rudi Assauer starb am 6. Februar 2019, am Ende desselben Jahres wurde der Platz am Stadion nach ihm benannt.

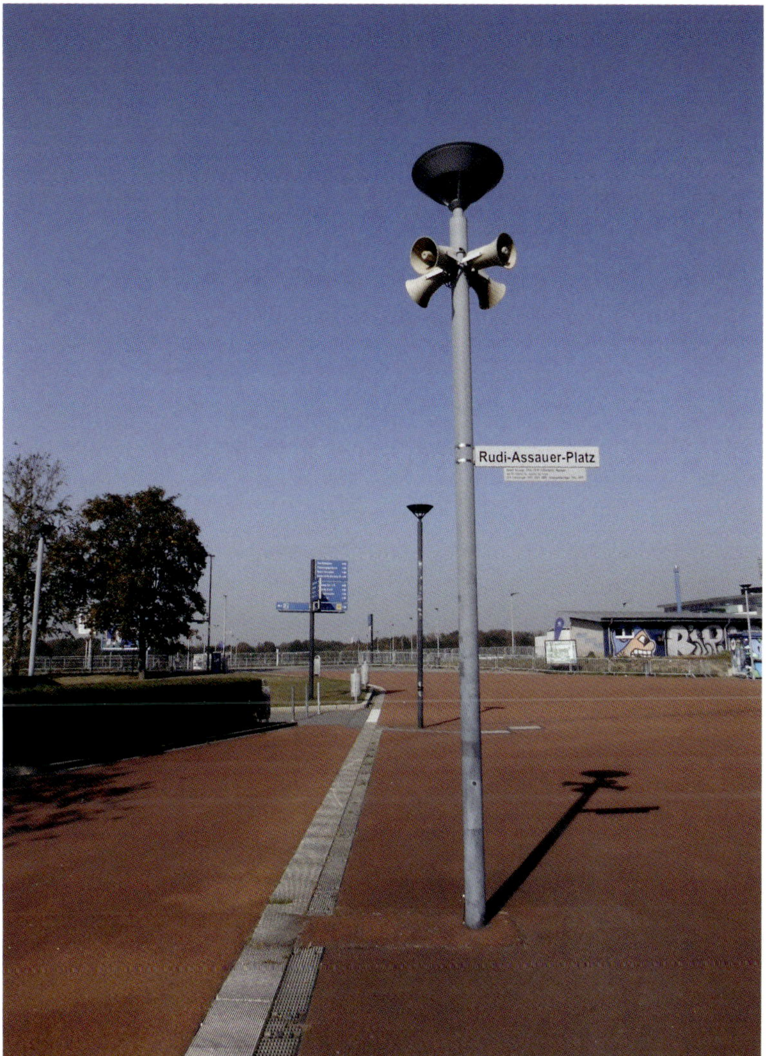

HARTE 4 FAKTEN

Adresse: Rudi-Assauer-Platz 1, 45891 Gelsenkirchen

Bundesliga: 307 Spiele von 1964–1976 mit 12 Toren

Trainer: sowohl bei Werder Bremen als auch bei Schalke 04 interimsweise

Ehrung: 2010 erhielt Assauer einen Stern auf dem „BVB Walk of Fame 2010“.

Die Kapelle auf Schalke

In der Arena Gott näherkommen

Schon bei der Planung der Arena auf Schalke war an eine Kapelle im Herzen des Stadions gedacht worden. Am 12. August 2001 konnte sie schließlich eingeweiht werden. Sie befindet sich quasi im Bauch der Arena in einer Linie mit dem Anstoßpunkt und ist mit dem Spielertunnel verbunden. Alexander Jokisch, der für den Entwurf der Kapelle verantwortlich zeichnete, hat sie bewusst als Kontrapunkt zum lauten Stadion konzipiert.

Fußball bzw. die Liebe zu Schalke 04 bilden zwar den Rahmen für den Gottesdienstraum, aber ansonsten soll er frei von der fußballerischen Passion sein und Ruhe und Einkehr ermöglichen. Daher ist der Raum auch nicht in blau-weiß, sondern durchgehend in schwarz-weiß gehalten. Einzig der Eingangsbereich zur Kapelle greift mit seinen biblischen Motiven in den Zeichnungen zum Thema „Zweikampf" eine Allegorie zum Fußball auf.

Die Kapelle soll eine ökumenische Begegnungsstätte über die Konfessionsgrenzen hinweg sein. Daher wird sie auch sowohl von einem evangelischen wie einem katholischen Pfarrer betreut. Schalke-Fans, aber natürlich auch Anhänger anderer Vereine können hier an Andachten teilnehmen, sich trauen oder ihre Kinder taufen lassen, Seelsorge in Anspruch nehmen, beten oder einfach mal zur Ruhe kommen. Die Kapelle dient aber nicht unbedingt dazu, göttlichen Beistand für die Heimmannschaft zu erbitten.

Ernst-Martin Barth, der evangelische Pfarrer der Arena-Kapelle, bietet anderen evangelischen Kirchengemeinden auch Führungen durch Kapelle und Stadion an. Darüber hinaus kann die Kapelle auch im Rahmen der regulären Stadionführungen besucht werden.

Weitere Stadionkapellen gibt es im Berliner Olympiastadion und im Frankfurter Waldstadion (momentan Deutsche Bank Park). Sehr viel verbreiteter sind Gottesräume in Fußballstadien auf der Iberischen Halbinsel und natürlich in Südamerika.

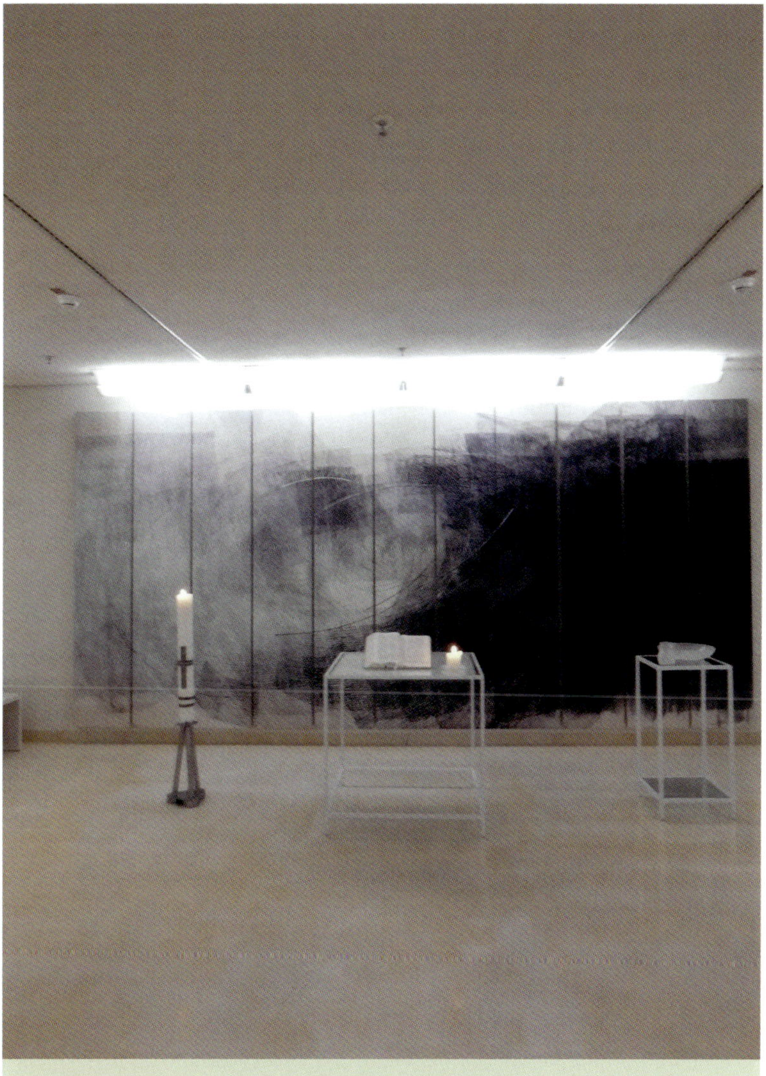

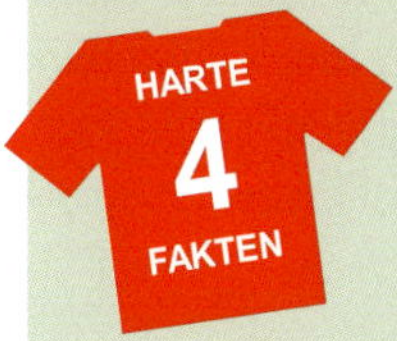

Adresse: Rudi-Assauer-Platz 1, 45891 Gelsenkirchen

Taufen: über 2.000

Trauungen: über 1.000

Gemeinde: Ev. Christus-Kirchengemeinde Gelsenkirchen-Buer

Schalke Museum

Schalke Rückblick in die Vergangenheit

Wer tief in die Geschichte von Schalke 04 eindringen und sich nostalgisch aufladen möchte, ist hier genau richtig: Das Anfang der 2000er-Jahre eröffnete Schalke Museum lässt wohl kaum einen Fanwunsch offen. Verein und museologische Experten vom alten Essener Ruhrlandmuseum haben auf über 600 Quadratmetern im Treppenhaus 12 der Veltins Arena mithilfe von mehr als 500 Exponaten, Fotos und Filmen eine Schatz- und Mythenkammer des königsblauen Kults zusammengestellt.

Bereits beim Eintreten erschlägt einen fast die Silberware und wird dem Besucher sehr physisch vor Augen geführt, dass Schalke 04 einst die Nummer 1 im deutschen Fußball war: Die originalgroßen Reproduktionen der Pokale und Meisterschalen einschließlich des UEFA-Cups für den Sieg 1997 erzeugen bei den Fans sicherlich auch eine Sehnsucht auf neue Titel. Daneben dann Rasengrün aus dem Stadion, wo Schalke die meisten seiner Titel holte – dem Olympiastadion in Berlin.

Kleinteiliger und daher mehr Aufmerksamkeit erfordernd sind die Vitrinen mit Medaillen, Ehrennadeln, Wimpeln, Plakaten, Meisterschaftsprämien und Ehrengaben. Wer es lieber audiovisuell mag, der ist im sogenannten Hörraum gut aufgehoben, in dem in dem unter anderem Ernst Kuzorra, Willi Koslowski, Klaus Fischer und Olaf Thon ihre Schalker Geschichten aus verschiedenen Epochen erzählen. Ein Fanzimmer, die Stadienecke mit Bestuhlung aus Glückauf-Kampfbahn, Parkstadion und Veltins-Arena und die Fußabdrücke der Euro-Fighter von 1997 vervollständigen den Ritt durch die Schalker Geschichte.

Führungen, gerne auch in Begleitung von prominenten Ex-Spielern, und zahlreiche Veranstaltungen hauchen dem Museum immer wieder neues Leben ein. Wer mag, kann den Museumsbesuch auch mit einer Stadiontour verknüpfen. Diese führt neben Medienzentrum und Stadionkapelle auch in das Allerheiligste – die Spielerkabine, dorthin, wo die nächsten Heldenstücke für das Schalke Museum vorbereitet werden sollen.

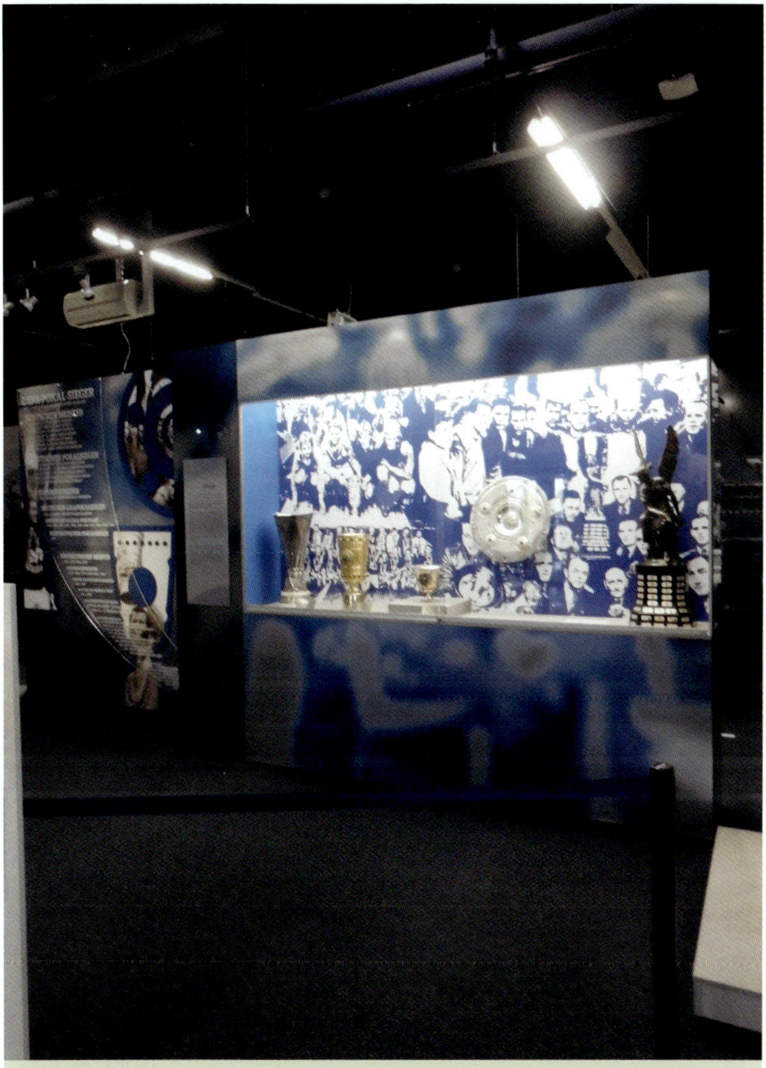

HARTE 4 FAKTEN

Adresse: Rudi-Assauer-Platz 1, 45891 Gelsenkirchen

Eintrittspreise: Erwachsene 5 Euro, Jugendliche (6–21 Jahre) 3 Euro, Kinder unter 6 Jahre frei

Öffnungszeiten: Dienstag bis Sonntag 10.00–17.00 Uhr, bei Heimspielen nur mit Eintrittskarte

Besondere Formate: Anne Theke, 90 Minuten, Kneipenquiz

Gelsenkirchen 071

Arena AufSchalke / Veltins-Arena

Willkommen in der modernen Fußball-Welt

Schon seit Ende der 1980er-Jahre kursierten auf Schalke Pläne, das zunehmend als unkomfortabel empfundene Parkstadion durch eine moderne, reine Fußballarena abzulösen. Doch eine Umsetzung scheiterte immer wieder an Finanzierungsproblemen des chronisch klammen Clubs. Erst unter Manager Rudi Assauer als treibende Kraft konnten die Planungen 1996 konkretisiert werden. 1998 erfolgte die Grundsteinlegung, drei Jahre später die feierliche Eröffnung. Als Vorbild galt der GelreDome im niederländischen Arnhem.

Für deutsche Verhältnisse war vieles an der Arena AufSchalke neu: Die Finanzierung erfolgte rein privatwirtschaftlich, die Baukosten übernahm komplett der Verein ohne öffentliche Mittel. Das Dach kann je nach Wetter komplett geschlossen oder geöffnet sein, der Rasen wird als Ganzes zur Schonung und besseren Erholung nach den Spielen aus dem Stadion geschoben und auf einem riesigen Videowürfel können die Zuschauer in den Pausen neben der obligatorischen Werbung auch Spielszenen gucken. Die UEFA hat die Arena in die höchste Kategorie 4 eingestuft. Ein kleiner Wermutstropfen war lediglich, dass das erste Tor in der Arena mit Fredi Bobic im Rahmen eines Miniturniers am 13. und 14. August 2001 ausgerechnet ein Dortmunder schoss. Die Bundesligapremiere fand dann wenige Tage später beim 3:3 zwischen Schalke und Bayer Leverkusen statt.

Jahrelang boomte die Arena, die seit 2005 Veltins Arena heißt, und galt als bestausgelastetes deutsches Stadion. Schalke war sportlich erfolgreich, spielte mehrere Saisons europäisch und sogar in der Champions League. Fußball-Länderspiele, Champions League-Finale 2004, Sommermärchen 2006, riesige Stadionkonzerte, Opern, Boxkämpfe, ja sogar Biathlonwettkämpfe, Eishockeyspiele und Dart-Turniere zogen die Massen an. Doch dann kamen Corona und Schalkes sportlicher Abstieg. Vieles hat sich mittlerweile wieder normalisiert, doch hängt der Erfolg der Arena trotz aller anderen Veranstaltungen natürlich weiterhin stark am Werdegang von Schalke 04 und der Zuneigung der Fans zu ihrem Verein.

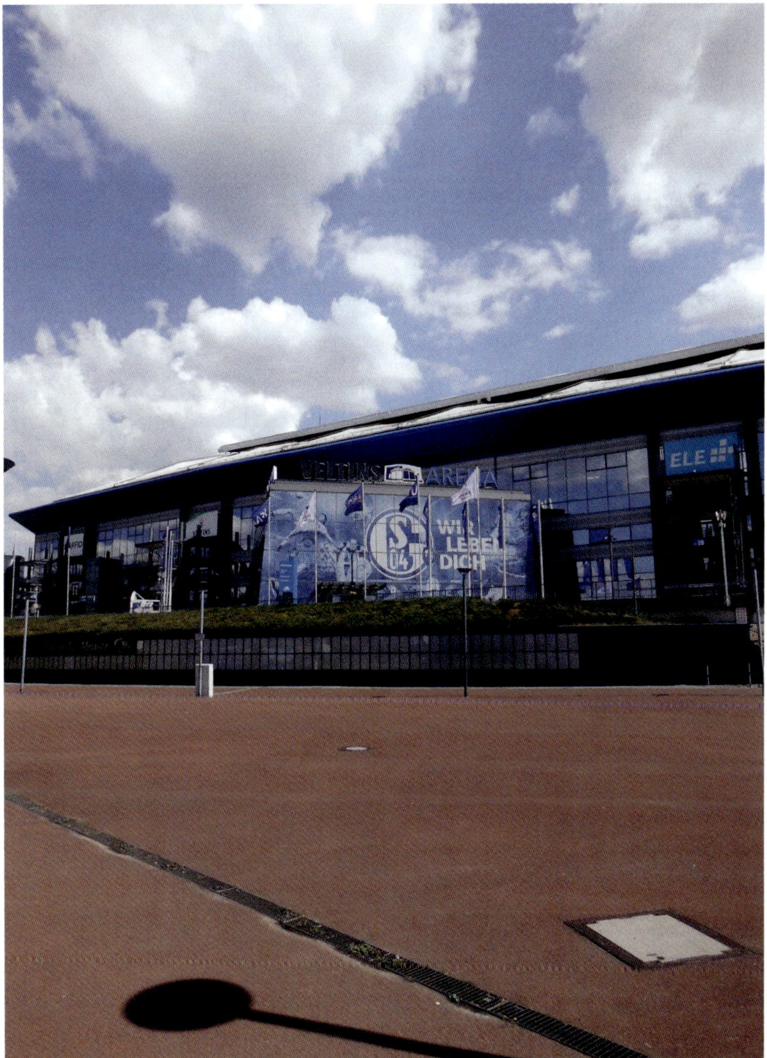

HARTE 4 FAKTEN

Adresse: Rudi-Assauer-Platz 1, 45891 Gelsenkirchen

Bauherr: FC Schalke 04-Stadion

Sitz- und Stehplätze: 54.740 (international), 62.271 (national)

Ehrung: Um die Verdienste Rudi Assauers zu ehren, wurde Ende 2019 der Platz an der Arena in Rudi-Assauer-Platz umbenannt.

Gesamtschule Berger Feld

Schalkes Nachwuchsschmiede

Schalkes Nachwuchsarbeit ist legendär. Immer wieder erreichen die A- und B-Jugend der Gelsenkirchner Finalspiele auf DFB-Ebene und stoßen Spieler aus der eigenen Jugend zum Profikader hinzu. Manche aus der Knappenschmiede werden gar Fußball-Weltmeister.

Ein wichtiger Mosaikstein in der Nachwuchsentwicklung ist die Gesamtschule Berger Feld im Gelsenkirchner Stadtteil Erle in der Nähe der Veltins-Arena. 1969 unter dem Namen Gesamtschule Gelsenkirchen gegründet ist sie eine der ältesten Gesamtschulen in Nordrhein-Westfalen. Schon früh hatte sie einen Oberstufenzweig und somit die Berechtigung zur Abiturverleihung. Heute unterrichten hier über 100 Lehrer mehr als 1.400 Schülerinnen und Schüler.

Seit 1995 arbeiten Gesamtschule und Schalke 04 eng zusammen. Die schulischen Belange und die Anforderungen des Fußballbetriebes sind eng miteinander verzahnt. Weilen die Nachwuchskicker in Trainingslagern oder auf längeren Auswärtsreisen, soll der entfallene Unterrichtsstoff über Kompensationsstunden, Hausaufgabenbetreuung und Nachhilfestunden aufgeholt werden. Es besteht sogar die Möglichkeit, „auswärts" unter pädagogischer Aufsicht Klausuren zu schreiben. Aufgrund der Nähe zum Trainingsgelände können die Schülerinnen und Schüler zudem leichter zwischen Schule und Training pendeln als an anderen Bundesliga-Standorten.

Die Reihe der prominenten Kicker, die einst an der Gesamtschule Berger Feld ausgebildet wurden, ist lang: Am bekanntesten sind sicherlich Alexander Baumjohann, Sebastian Boenisch, Michael Delura, Julian Draxler, Benedikt Höwedes, Tim Hoogland, Joel Matip, Manuel Neuer, Mesut Özil, Leroy Sané und Alexandra Popp im Frauenbereich. Zum Leidwesen der Schalker Vereinsführung sind nicht alle dieser Spieler lange „auf Schalke" geblieben, nachdem sie den Sprung in den Profibereich geschafft hatten, aber dies ist ein anderes Thema, für das die Gesamtschule Berger Feld gewiss keinerlei Verantwortung trägt …

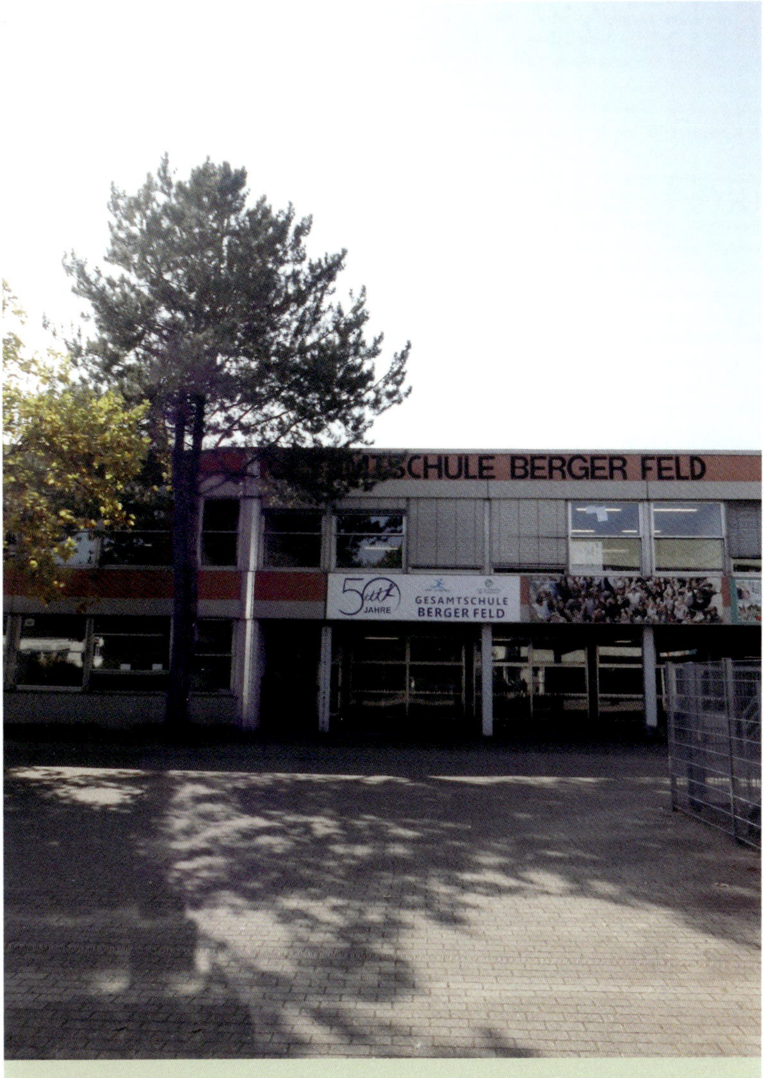

HARTE 4 FAKTEN

Adresse: Adenauerallee 110, 45891 Gelsenkirchen

Auszeichnung I: seit 2007 DFB-Eliteschule des Fußballs

Auszeichnung II: seit 2012/13 Sportschule des Landes NRW

Profiteure: Neben Schalke 04 gehen auch Nachwuchsspieler von Rot-Weiss Essen und dem MSV Duisburg auf die Gesamtschule Berger Feld.

Ötte-Tibulsky-Weg

Otto Tibulsky: Chef der Abwehr und Serienmeister

Ob es dem bodenständigen Otto Tibulsky wohl recht gewesen wäre, wenn er gewusst hätte, dass in der Veltins-Arena ein sogenannter Hospitality-Bereich für VIPs nach ihm benannt ist? Wohl eher hätte er sich damit anfreunden können, Namensgeber für eine Straße auf dem Vereinsgelände im Umfeld des Stadions zu sein – zumal sie nach seinem Spitznamen „Ötte" benannt ist.

Otto „Ötte" Tibulsky wurde am 15. Dezember 1912 in Gelsenkirchen geboren. Sein älterer Bruder Hans, später auch Nationalspieler, entfachte seine Fußball-Begeisterung und nahm ihn mit zu Schalke 04. Bereits als 17-Jähriger trainierte er mit der 1. Mannschaft von Schalke 04. Aber erst mit 19 debütierte er am 4. September 1932 beim 2:0 gegen Gladbeck in einem Pflichtspiel. Die ersten Jahre fungierte er als rechter Außenläufer, bevor seine Idealposition frei wurde: Mittelläufer, Organisator der Abwehr und verkappter Spielmacher, der sich auch immer wieder in die Offensive einschaltete. Diese Rolle füllte er derart elegant aus, dass Ernst Kuzorra Tibulskys Spielweise später mit der von Franz Beckenbauer verglich. Und erfolgreich war sie auch noch: Mit dem nur 1,72 m großen Tibulsky als Dreh- und Angelpunkt gewann Schalke 04 in diesen Jahren sechs Deutsche Meisterschaften, den Tschammer-Pokal und von 1934 bis 1944 durchgehend die Gaumeisterschaft.

Nur während der Zweiten Weltkrieges wurde Tibulsky seinen Knappen kurzzeitig untreu: Nach Verwundung und Lazarettaufenthalt trat er als Kriegsgastspieler in wenigen Partien für Hertha BSC, Victoria Köln und den FV Bonn an. Doch selbstverständlich stand er nach Kriegsende wieder für die Schalker auf dem Platz und dirigierte gewohnt umsichtig deren Verteidigung auch in den Oberliga-Jahren. Erst im Dezember 1948 führte ein doppelter Schienbeinbruch zu einem jähren Karriereende. Insgesamt bestritt Tilbulsky in seiner Laufbahn über 1.000 Spiele für die Königsblauen.

Anschließend betrieb er mit seiner Frau erst die Gaststätte des Clubheims an der Glückauf-Kampfbahn, später ein Lokal in Marl. Tibulsky starb am 25. Februar 1991 und ist auf dem Altstadtfriedhof in Gelsenkirchen beerdigt.

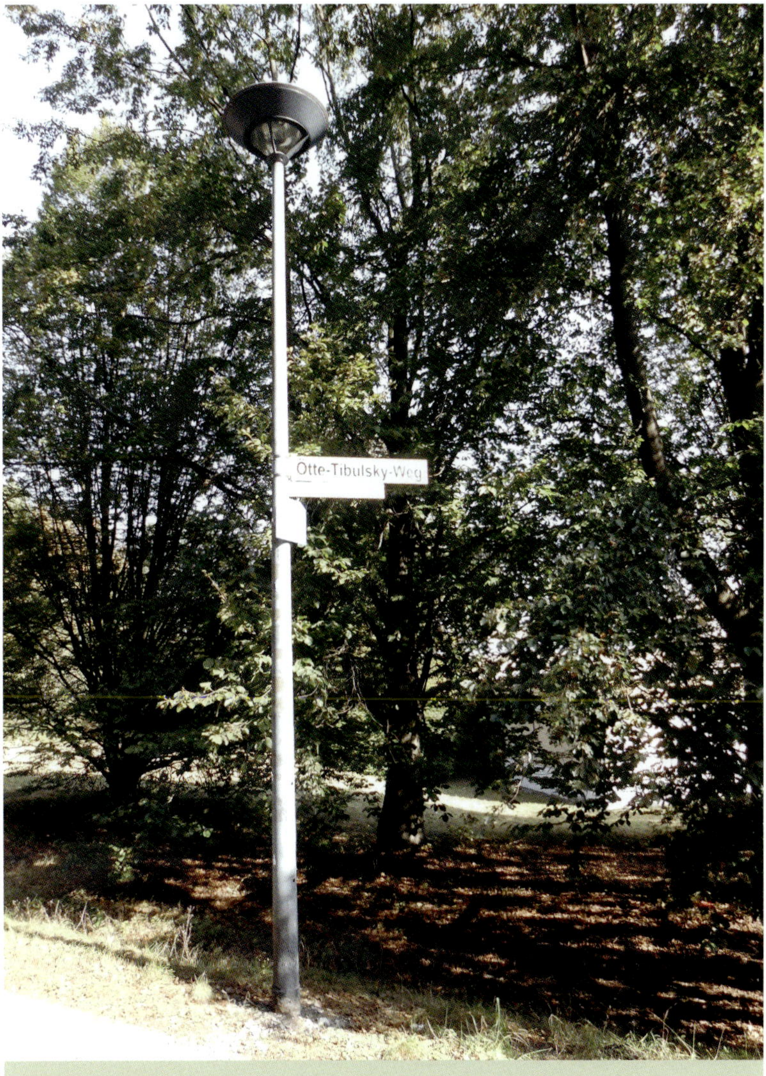

HARTE 4 FAKTEN

Adresse: Ötte-Tibulsky-Weg, 45891 Gelsenkirchen

Länderspiele: 2 (1936 und 1939)

Schreibweise: gelegentlich auch Tilbulski

Schauspieler: Tibulsky wirkte 1941 in dem Sportfilm „Das große Spiel“ mit.

Herbert-Burdenski-Weg

Die Burdenskis: eine Fußballer-Familie zwischen Schalke 04 und Werder Bremen

Mit Herbert Burdenski fing alles an: Der am 19. Mai 1922 in Gelsenkirchen geborene Stammhalter lernte das Fußballspielen beim Erler SV 08, bevor ihn der große Ernst Kuzorra quasi als Scout bei Schulmeisterschaften entdeckte und zu Schalke 04 lockte. Mit dem fast 17 Jahre älteren Kuzorra sollte Burdenski sogar noch zusammenspielen, nachdem er 1940 in der ersten Mannschaft von Schalke 04 debütiert hatte. Er wurde als Mittelfeldspieler Teil des legendären Schalker Kreisels und gewann 1940 und 1942 mit den Knappen die Deutsche Meisterschaft, bevor er von der Wehrmacht eingezogen wurde. Als Kriegsgastspieler lief er für den VfB Königsberg und den TSV Braunschweig auf. Über Umwege ging er von 1947 bis 1949 zurück zu Schalke, ehe es den gelernten Kaufmann und Sportlehrer aus beruflichen Gründen zu Werder Bremen verschlug, wo er 1954 auch seine Karriere beendete. Teil der bundesdeutschen Fußballgeschichte wurde Herbert Burdenski 1950, als er am 22. November im Stuttgarter Neckarstadion im ersten Länderspiel, das die DFB-Elf nach Ende des 2. Weltkriegs wieder spielen durfte, per Elfmeter den 1:0-Siegtreffer gegen die Schweiz erzielte.

Nach Ende seiner Spielkarriere coachte Herbert Burdenski verschiedene Teams; unter anderem neben Rot-Weiss Essen, Borussia Dortmund und dem Wuppertaler SV auch Werder Bremen in der Saison 1975/76. Zwischen den Torpfosten stand in dieser Zeit sein Filius Dieter, der seine ersten Bundesligaspiele für Schalke 04 gemacht hatte. Insgesamt 16 Jahre hütete Dieter Burdenski das Werder-Tor und wurde dort zum Nationalspieler. Auch Herberts zweiter Sohn Hans Joachim Burdenski war ein sehr guter Fußballer und spielte immerhin in der 2. Mannschaft von Schalke 04. Und Dieter Burdenskis Sohn Fabian wiederum, also der Enkel von Herbert, kickt gegenwärtig nach mehreren Stationen in Deutschlands dritter und vierter Liga in Spanien.

Herbert Burdenski blieb Schalke 04 als Mitglied des Aufsichtsrats, des Ehrenrats und des Ehrenpräsidiums verbunden. Der Schütze des ersten deutschen Länderspieltores nach dem 2. Weltkrieg starb am 15. September 2001.

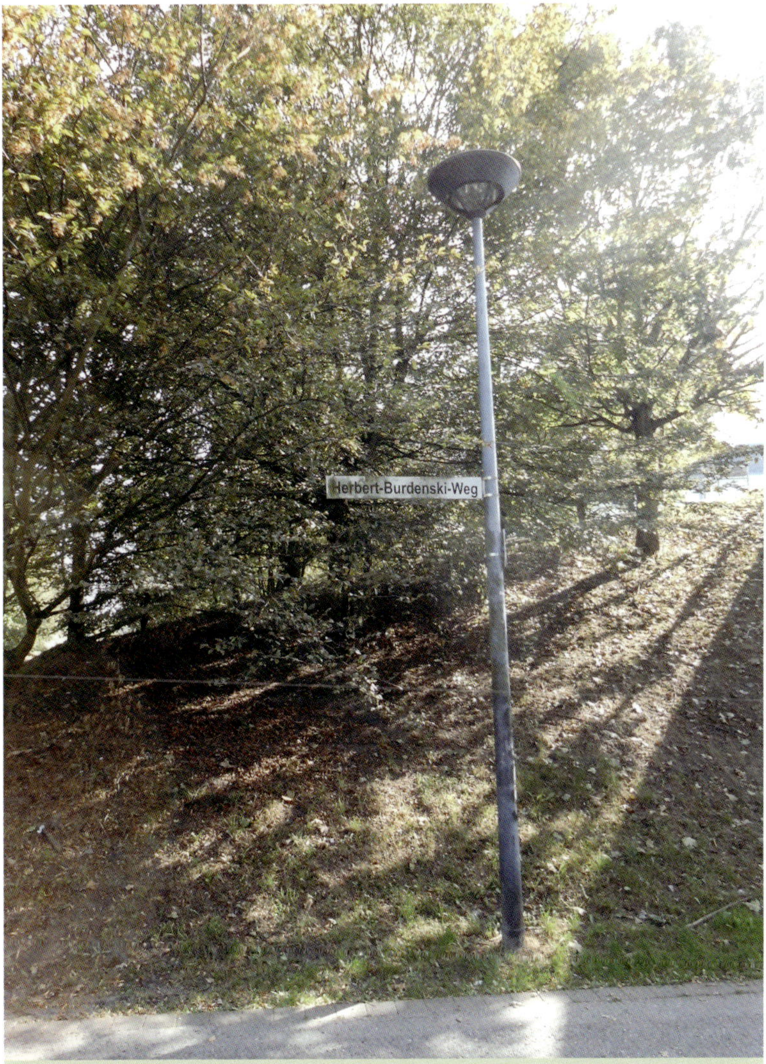

HARTE 4 FAKTEN

Adresse: Herbert-Burdenski-Weg, 45891 Gelsenkirchen
Länderspiele Herbert: 5
Länderspiele Dieter: 12
Grab Herbert: Hauptfriedhof Ortbeckstraße 2, 45894 Gelsenkirchen

Berni-Klodt-Weg

Schalker, Deutscher Meister, Weltmeister

Bernhard Klodt, den alle nur „Berni" nannten, wurde am 26. Oktober 1926 in Gelsenkirchen-Bismarck als jüngster von fünf Brüdern geboren. Sein Bruder Hans Klodt, als Torwart selbst 17-maliger Nationalspieler und dreifacher Deutscher Meister mit Schalke 04, meldete ihn 1940 bei der Schalker Jugend an. Anders als sein Bruder entpuppte sich Berni schnell als einer, der Tore schießen und vorbereiten statt das Tor verteidigen wollte. Offensiv bekleidete er mehrere Positionen: Rechtsaußen, Linksaußen und Spielmacher.

Noch während des Zweiten Weltkriegs spielt er erstmals in der ersten Mannschaft von Schalke 04, unter anderem neben Ernst Kuzorra und mit seinem Bruder im Tor. Er bleibt Schalke auch in der Nachkriegszeit treu und wird dort auch aufgrund seines stets korrekten Auftretens in den 1950er-Jahren zur Identifikationsfigur. Lediglich zwischen 1948 und 1950 tritt er für den STV Horst-Emscher an. Die Gründe für den zwischenzeitlichen Wechsel sind umstritten. Aber Schalke holte ihn zurück und Klodt prägte als Mannschaftskapitän die letzte große Glanzzeit der Knappen mit dem Höhepunkt der Deutschen Meisterschaft 1958. Beim 3:0 im Endspiel gegen den Hamburger SV schoss Berni die ersten beiden Tore. Bei der anschließenden Meisterfeier am Schalker Markt hätte Klodt dem Treiben auch von seiner Gaststätte aus zugucken können, die er dort seit 1952 betrieb.

1954 war Klodt bereits der „zwölfte Weltmeister" geworden, wie Sepp Herberger ihn bezeichnete. Bei der Weltmeisterschaft in der Schweiz bestritt Berni allerdings nur Vorrundenspiele. In der K.o.-Runde wurde ihm als Rechtsaußen jemand anderes vorgezogen – Helmut Rahn.

1963, mit Einführung der Bundesliga, beendete Klodt seine über 20-jährige Karriere und arbeitete als Verkaufsleiter einer großen Brauerei im Ruhrgebiet. 1990 erlitt er einen Schlaganfall und war seitdem rechtsseitig gelähmt. Am 23. Mai 1996 starb er in Garmisch-Partenkirchen, wo er die letzten Lebensjahre verbrachte. Zur Beerdigung kamen auch die damals noch lebenden 54er-Weltmeister.

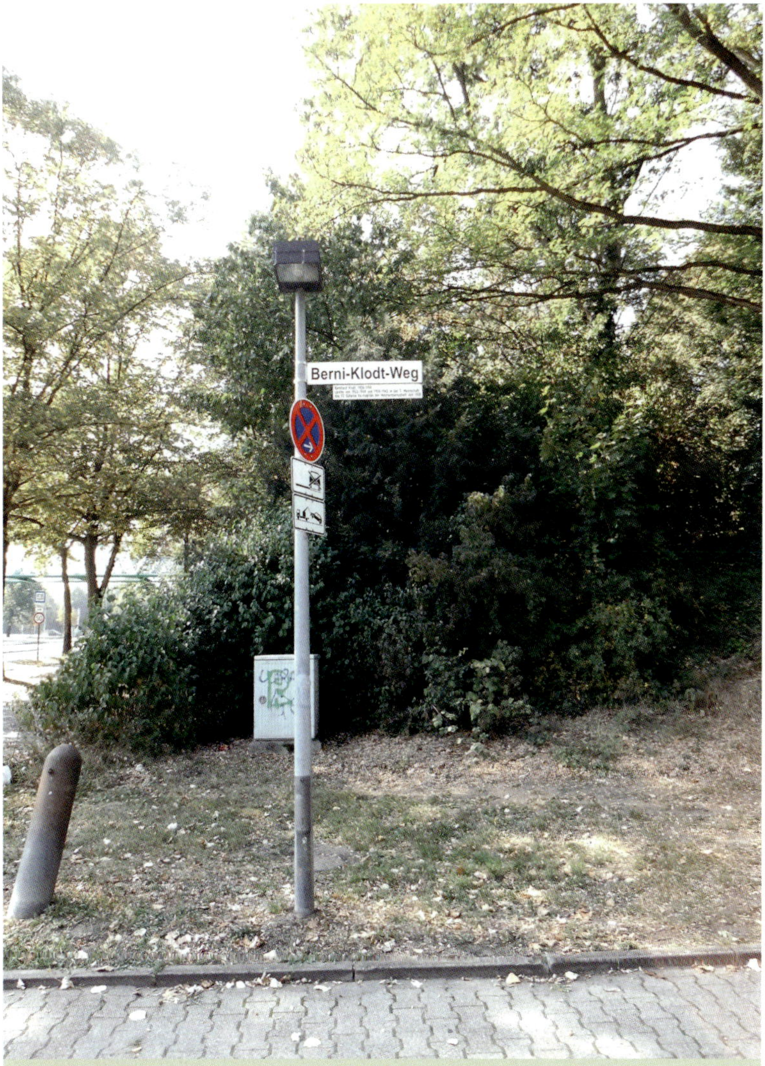

HARTE 4 FAKTEN

Adresse: Berni-Klodt-Weg, 45891 Gelsenkirchen

Spiele für Schalke: 306 mit 121 Toren

Länderspiele: 19; darunter 4 WM-Spiele 1954 und 1958

Fairness: Klodt soll ein zu Unrecht gegebenes Hand-Tor von ihm selbst annulliert haben.

Stan-Libuda-Weg

Der schüchterne Dribbel-König

Im Januar 2022 wurde Reinhard Libuda ein zweites Mal beerdigt. Was erst einmal makaber klingt, war doch eigentlich eine hohe Schalker Ehrung: Weil die Liegezeit seines bisherigen Grabes auf dem Gelsenkirchener Ostfriedhof im Stadtteil Bismarck unweit seines Elternhauses auslief, sorgte die Stiftung Schalker Markt dafür, dass einer der besten Schalker Spieler der 1960er- und 70er-Jahre auf dem Schalker Fan-Feld in Beckhausen-Sutum seine letzte Ruhestätte finden konnte –mit Blick auf das Stadion und natürlich im Feld 7, seiner angestammten Rückennummer.

Reinhard Libuda wurde am 10. Oktober 1943 in Wendlinghausen geboren. Nach Kriegsende zog die Familie wieder nach Gelsenkirchen-Bismarck in die Arbeitersiedlung Haverkamp zurück. Sein Vater Paul, einst selbst ein trickreicher Stürmer bei Gelsenkirchen 07, meldete Reinhard 1952 bei Schalke 04 an. Zehn Jahre später wurde er zum ersten Mal in der Oberliga-Mannschaft eingesetzt. Mit 19 Jahren debütierte er in der Nationalmannschaft unter Herberger. Schnell verdiente er sich den Spitznamen „Stan", weil er die Finten des legendären englischen Fußballers Sir Stanley Matthews fast so gut beherrschte wie dieser. An guten Tagen konnte Libuda eine ganze Abwehr schwindlig spielen, gebündelt in dem Spruch: „An Gott kommt keiner vorbei, außer Stan Libuda." An schlechten Tagen, und diese waren meistens auswärts, blieb er blass und unsichtbar.

Libuda spielte von 1962 bis 1965, 1968 bis 1972 und 1973 bis 1976 bei Schalke. Er gehört zu den wenigen Spielern, denen die Fans sogar einen zwischenzeitlichen Wechsel zu Borussia Dortmund verziehen, ebenso wie seinen Meineid im Bundesligaskandal 1972, der seine Nationalmannschaftskarriere beendete. Seinen größten Erfolg feierte er allerdings mit Borussia Dortmund, als seine Bogenlampe aus 30 Metern zum 2:1 gegen Liverpool im Endspiel des Europapokals der Pokalsieger den Cup sicherte. Mit Schalke gelang ihm 1972 der DFB-Pokalsieg durch ein 5:0 gegen Kaiserslautern.

Nach seinem Karriereende 1976 war Libuda weniger Glück beschieden. Er starb am 25. August 1996 nach Kehlkopfkrebs und Schlaganfall mit gerade einmal 52 Jahren.

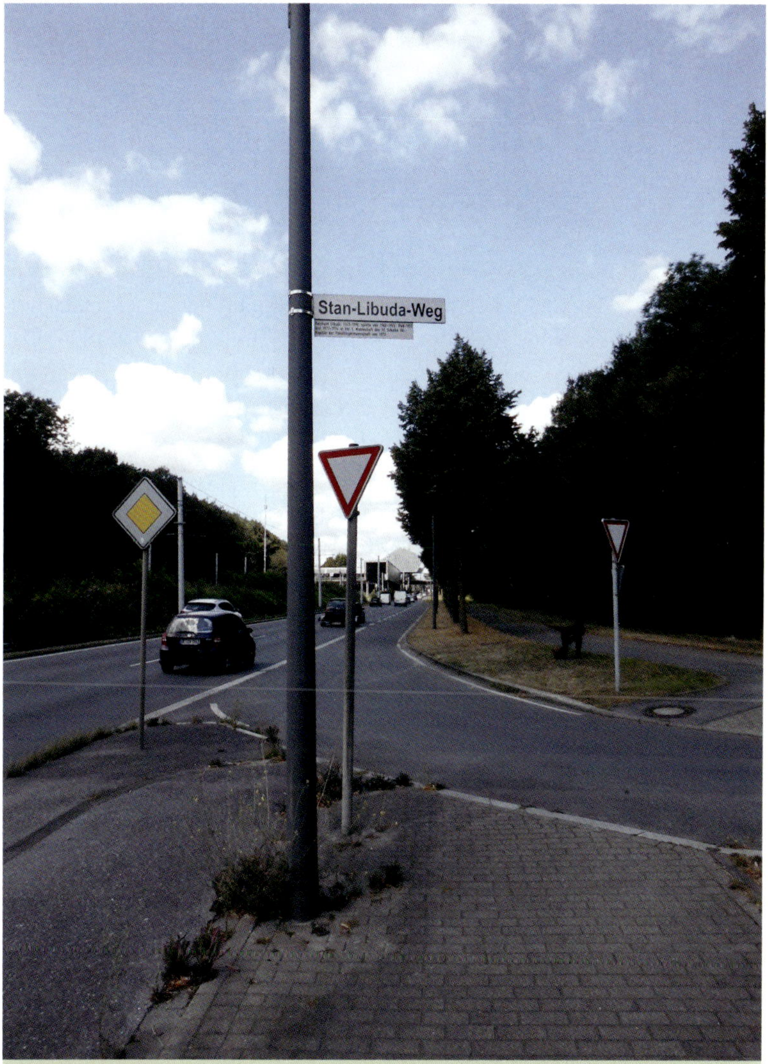

HARTE 4 FAKTEN

Adresse: Stan-Libuda-Weg, 45891 Gelsenkirchen

Bundesliga: 264 Spiele für Schalke 04 und Borussia Dortmund mit 28 Toren

Nationalmannschaft: 26 Spiele mit drei Toren

Ehrung: Ehrenspielführer und Mitglied der Jahrhundertmannschaft von Schalke 04

Das Parkstadion

Papstmesse und fußballerische Hochämter

Das Parkstadion löste 1973 die Glückauf-Kampfbahn als Heimspielstätte des FC Schalke 04 ab. Das neue Stadion im Stadtteil Erle auf dem Gelände des Flugplatzes Buer, gebaut für die Fußball-Weltmeisterschaft 1974, war ein typisches Stadion seiner Zeit: mit einer Laufbahn ausgestattet, große, unüberdachte Kurven, wenig komfortabel und zugig. Aber es passten eben über 70.000 Menschen rein, was Schalke 04 einen großen Wettbewerbsvorteil gegenüber den meisten anderen Bundesligisten verschaffte, wenn die Mannschaft erfolgreich spielte und die Zuschauer ins Stadion strömten. Das Stadion konnte am 4. August 1973 mit einem Spiel gegen Feyenoord Rotterdam vor 50.000 Zuschauern eröffnet werden. Während der WM 1974 fanden hier sieben Spiele statt, allerdings anders als erwartet wegen des 0:1 gegen die DDR keines der DFB-Elf in der Zwischenrunde. Grundsätzlich war das Parkstadion ein gutes Pflaster für die bundesdeutsche Nationalmannschaft, blieb man hier doch in acht Spielen unbesiegt. Unter anderem gab es während der EM 1988 ein 2:0 gegen Dänemark.

Das Parkstadion hat viele legendäre Spiele von Schalke 04 gesehen. Das 6:6 im DFB-Pokal mit dem jungen Olaf Thon gegen Bayern München gehört gewiss ebenso dazu wie die sechs Heimspiele ohne Gegentor in der UEFA-Cup-Saison 1996/97. Seinen emotionalen Höhepunkt hatte sich das Stadion aber für das letzte Schalker Pflichtspiel aufgehoben: Am letzten Spieltag der Saison 2000/01 war Schalke nach Abpfiff des 5:3 gegen Unterhaching für einige Minuten Deutscher Meister, bevor Bayern München den Schalkern mit einem späten Tor beim HSV doch noch die Meisterschale entriss.

Dank seiner Größe war das Parkstadion auch für andere Veranstaltungen ein beliebter Austragungsort. Deutsche Leichtathletik-Meisterschaften fanden hier ebenso statt wie Konzerte von Pop- und Rockgrößen. 1987 zelebrierte hier Papst Johannes Paul II. eine Messe.

Nach Fertigstellung der nahegelegenen Arena folgte der fast vollständige Abriss des Parkstadions. Die Reste wurden für einen Neubau unter dem alten Namen mit 3.000 Plätzen genutzt. Im „neuen" Parkstadion spielen jetzt die U19 und U23 von Schalke.

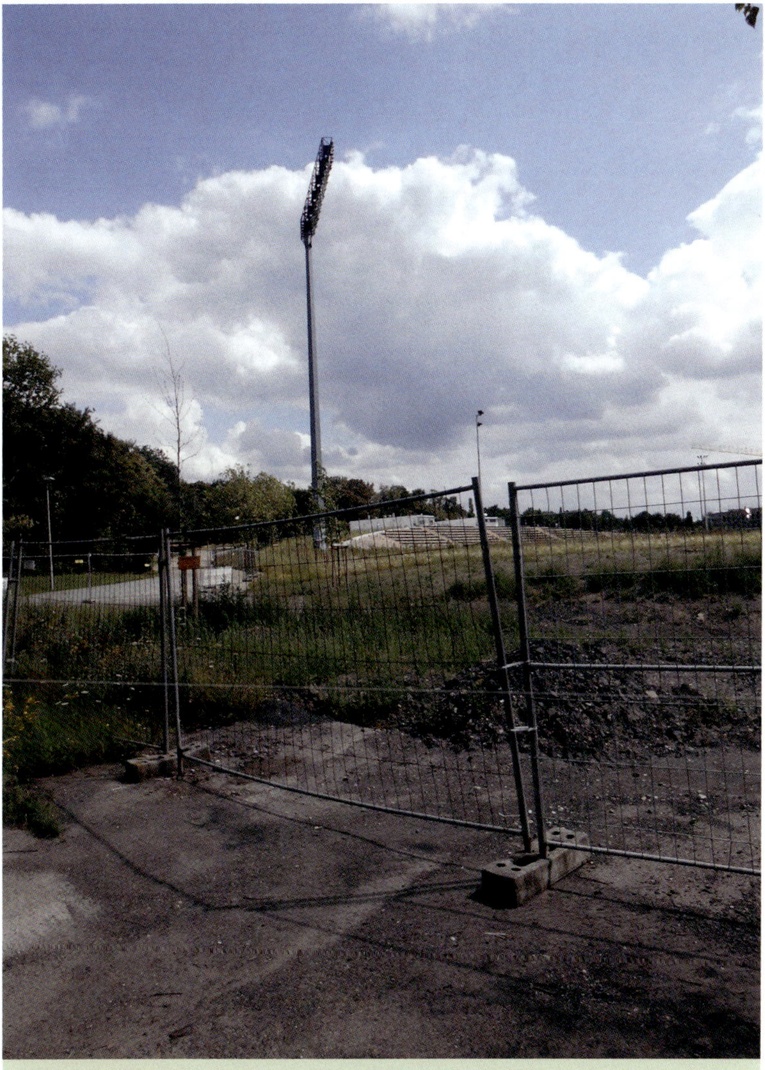

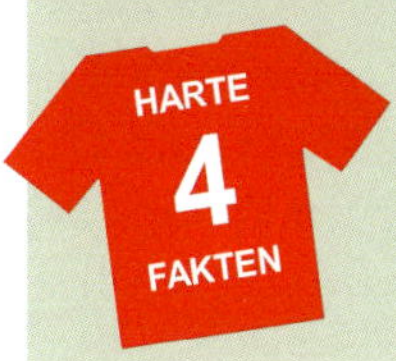

Adresse: Parkallee 3, 45891 Gelsenkirchen

Bauherr: Stadt Gelsenkirchen mit Unterstützung des Bundes

Steh- und Sitzplätze: 70.600 Zuschauer

Fun Fact: Im Mai 1977 trug Borussia Dortmund hier ein Bundesliga-Heimspiel aus.

Hans-Sachs-Haus: Gelsenkirchens Rathaus

Meistersingerhaus und Titelzwischenstation

Borussia Dortmund hat den Borsigplatz, Bayern München den Marienplatz, Eintracht Frankfurt und die DFB-Elf den Römer – und Schalke 04? Der „natürliche" Ort für Meisterfeiern könnte das Hans-Sachs-Haus, die Verwaltungszentrale der Stadt Gelsenkirchen, samt vorgelagertem Platz sein, doch eine echte Tradition hat sich nicht entwickelt.

Das Hans-Sachs-Haus, vom Essener Architekten Alfred Fischer entworfen und zwischen 1924 und 1927 gebaut, gilt als ein Stück Weltarchitektur. Entstanden ist das Haus, das stilistisch unter „Backsteinexpressionismus" fällt, aus einem Bürgerwettbewerb für einen Konzertsaal der Stadt Gelsenkirchen. So ist auch die Verbindung zum Namen Hans Sachs, dem Meistersinger aus Nürnberg zu erklären. Ursprünglich war das Haus multifunktional geplant, also neben dem Konzertsaal mit Büros, Hotel, Gastronomie, Ladenlokalen und vielem mehr. Doch etablierte es sich rasch als Verwaltungssitz der Stadt Gelsenkirchen. Im Zweiten Weltkrieg wurde das Hans-Sachs-Haus teilweise zerstört. Seitdem hat es zahlreiche Um-, An- und Abbauten, Sanierungen, Modernisierungen und damit einhergehende Kontroversen erlebt. Bis heute ist es ein absolutes Wahrzeichen der Stadt und Pilgerstätte für Architekturinteressierte.

Die Stadtspitze ehrte hier die Mannschaft von Schalke 04 nach den DFB-Pokalsiegen 1972, 2001, 2002 und 2011 war. Zu Meisterfeierlichkeiten ist es bekanntlich in den letzten Jahrzehnten in Gelsenkirchen nicht gekommen. Bei den Deutschen Meisterschaften in den 1930er- und 40er-Jahren gab es auch Empfänge und Ehrungen durch die Stadtoberen im Hans-Sachs-Haus. Die eigentlichen Feiern mit den Fans fanden aber nach dem Triumphzug vom Bahnhof durch die Stadt am Schalker Markt statt. Der Sieg im UEFA-Cup 1997 wurde dagegen von den Schalkern im Parkstadion ausgelassen gefeiert, wo am Tag nach dem Coup von Mailand viele Schalker Fans ihre Mannschaft bejubelten.

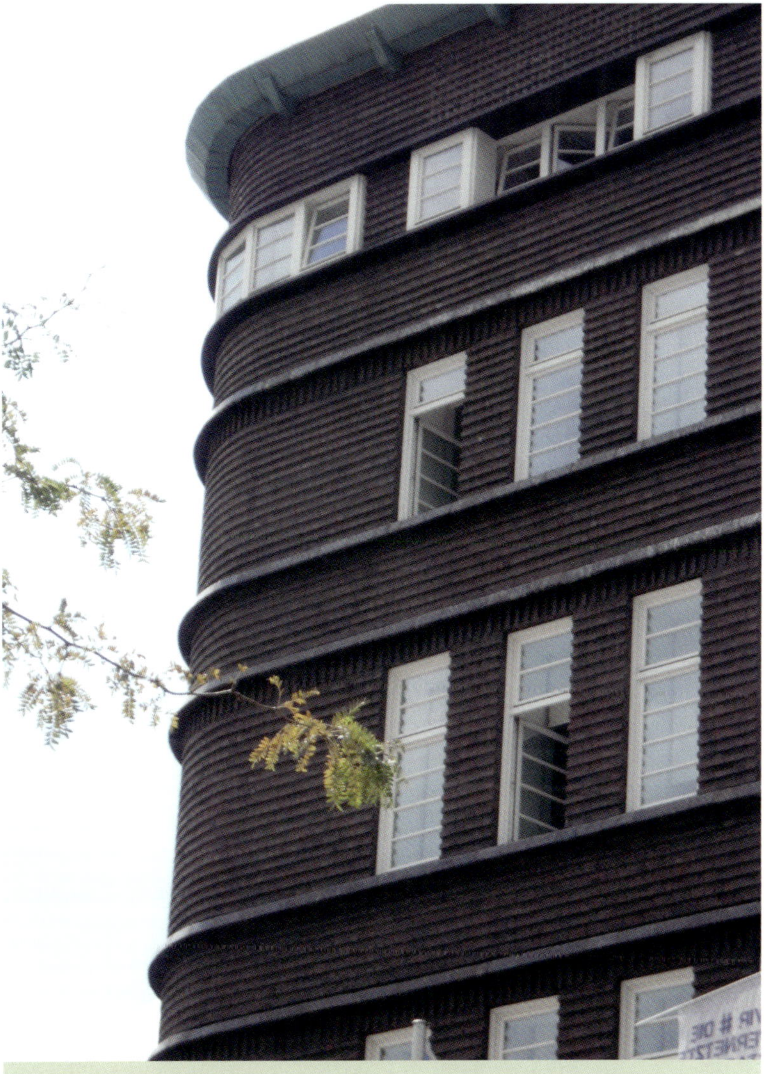

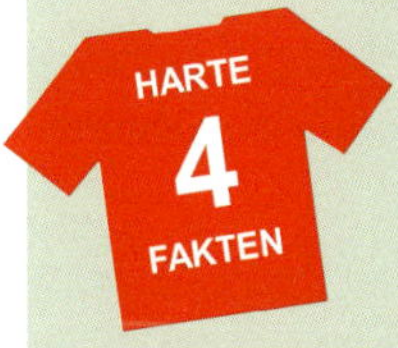

Adresse: Ebertstraße 11, 45879 Gelsenkirchen

Schalkes Meisterschaften: 1934, 1935, 1937, 1939, 1940, 1942, 1958

Schalkes Pokalsiege: 1937, 1972, 2001, 2002, 2011

Europapokal: UEFA-Cup-Sieg 1997

Vestische Kampfbahn – Stadion Gladbeck

Rekorde nur von anderen Vereinen

Fußball in Gladbeck wäre auch historisch gesehen eine relativ trostlose Veranstaltung gewesen, gäbe es nicht die imposante Vestische Kampfbahn, heute zumeist Stadion Gladbeck genannt und unter Denkmalschutz stehend.

Planungen für ein monumentales Stadion entwickelte die Stadt Gladbeck bereits 1923. Beflügelt wurde sie dabei von einem wirtschaftlichen Aufschwung dank der Ruhrkohle. Das Stadion sollte Teil eines größeren Sport- und Naherholungsgebiets sein. Eröffnet wurde das Stadion unter dem Namen Vestische Kampfbahn mit einem großen Sportfest dann am 17. Mai 1928. Der Begriff „Vestisch" bezieht sich auf eine historische Territorialbezeichnung um das benachbarte Recklinghausen. Bereits bei seiner Einweihung hatte die Kampfbahn eine Kapazität von bis zu 40.000 Zuschauern. Dies lockte nicht nur kommerzielle Sportanbieter an, die hier Motorradrennen veranstalteten, sondern auch die Nationalsozialisten, die das Stadion für Massenkundgebungen nutzten.

Nachdem das Stadion im Zweiten Weltkrieg schwer beschädigt worden war, wurde das Fassungsvermögen im Zuge des Wiederaufbaus sogar noch auf über 45.000 Zuschauer erweitert. Die Gladbecker Fußballvereine lockten nicht annähernd entsprechende Zuschauerzahlen an. Sportlich am höchsten spielten hier zwischen 1957 und 1963 die Sportfreunde Gladbeck in der Zweiten Liga West. In die Bresche mussten daher andere Vereine und Spiele springen. So spielte hier der STV Horst-Emscher die Saison 1950/51 in der Oberliga West, während das eigene Fürstenbergstadion umgebaut wurde, und zog alleine zum Heimspiel gegen Schalke 04 30.000 Zuschauer an. Platzrekord stellen allerdings die 45.000 Zuschauer beim Spiel zwischen Borussia Dortmund und VfR Mannheim in der Endrunde um die Deutsche Meisterschaft am 21. Mai 1950 dar.

Heute wird das Stadion, das über keine Flutlichtanlage verfügt, vor allem zur Leichtathletik und von Schulen genutzt. Wer es besichtigen möchte, sollte vor allem die drei aus Ruhrsandstein erbauten Eingangsbauwerke beachten.

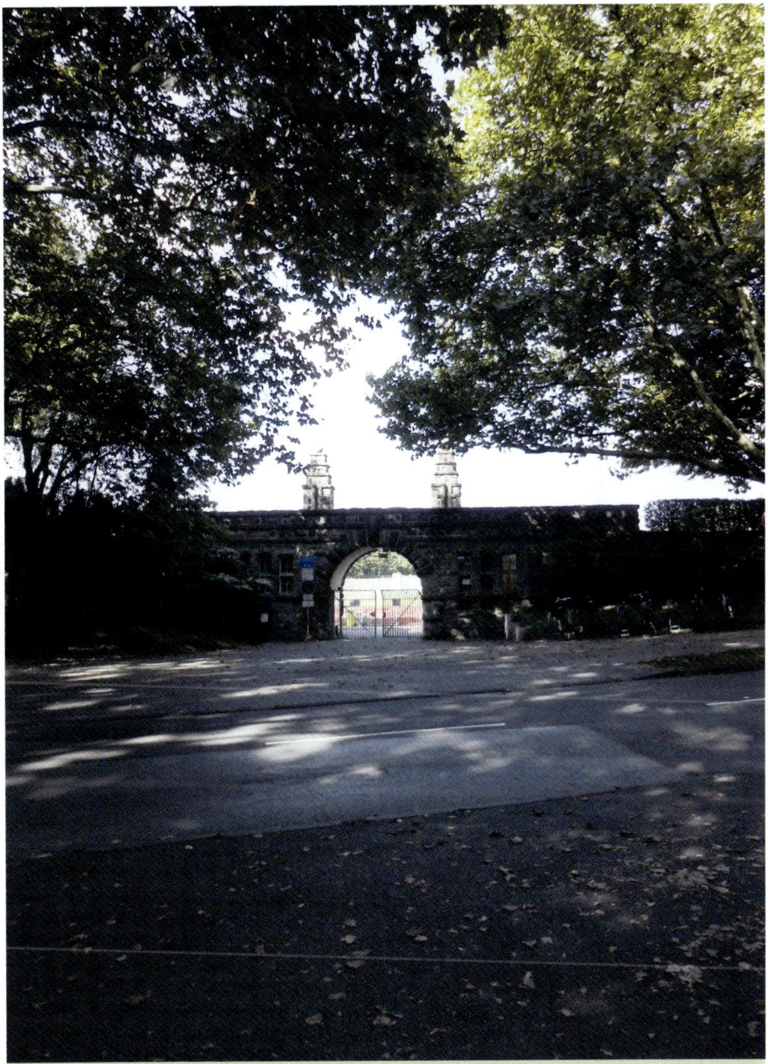

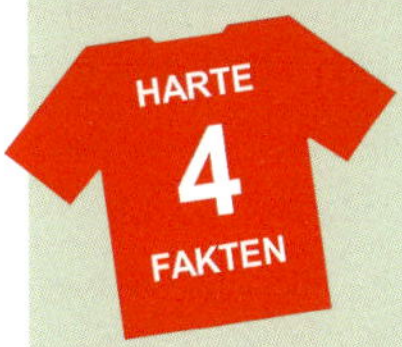

Adresse: Bohmertstraße 2, 45964 Gladbeck

Bauherr: Stadt Gladbeck

Gladbecker Fußball-Sohn: Pierre-Michel Lasogga

Filmkulisse: Für den Film „Berlin 36" wurden hier Leichtathletik-Szenen gedreht.

Hagen

080

Ischelandstadion

Nicht nur die Fußballer des SSV Hagen sind hier zu Hause

Das 1960 eröffnete Ischelandstadion hatte einst eine Kapazität von rund 40.000 Zuschauern. Ausverkauft war es jedoch nie. 25.000 Zuschauer sahen zur Einweihung das Feldhandball-Länderspiel zwischen Deutschland und Österreich und 32.000 Menschen wollten am 21. April 1965 das Spiel zwischen der bundesdeutschen Mannschaft und der Tschechoslowakei beim UEFA-Jugendturnier sehen. Von solchen Zahlen konnte und kann der SSV Hagen, der hier seit 1966 seine Heimspiele austrägt, nur träumen, obwohl er ein treues Stammpublikum hat und in seiner einzigen Regionalliga West-Saison 1966/67 immerhin auf einen Zuschauerschnitt von über 7.000 kam. Doch am Ende der Saison ging es wieder runter und die Fußballer standen zunehmend im Schatten der Basketballer vom SSV Hagen, die 1974 Deutscher Meister und 1975 Deutscher Pokalsieger wurden. Einer der Vorgängervereine des SSV Hagen spielte in den 1930er-Jahren immerhin in der Gauliga, der damals höchsten Klasse.

Einer der bekanntesten Spieler, den die nach dem Zweiten Weltkrieg unter diesem Namen gemeldete SSV Hagen hervorgebracht hat, ist Erdal Keser. Er kam im Alter von zehn Jahren mit seiner Familie nach Hagen und spielte die gesamte Jugend für den SSV Hagen, bevor er in die große Fußball-Welt eintauchte. Sowohl für Borussia Dortmund als auch für Galatasaray Istanbul spielte er jeweils in zwei Perioden mehrere Jahre. Er war ein Edel-Techniker, der auch dank seiner Torgefahr in Deutschland wie in der Türkei verehrt wurde. Für die türkische Nationalmannschaft bestritt er 25 Länderspiele. Nach seiner Spielerkarriere fungierte er in verschiedenen Bereichen insbesondere bei Galatasaray und engagierte sich ehrenamtlich für die Erforschung des Rett-Syndroms.

Im Ischelandstadion wird zwar immer noch Fußball gespielt. Nach mehreren Umbauten ist die Kapazität allerdings auf 16.500 Zuschauer gesunken. Dafür gibt es nun eine Kunststoffbahn und Flutlicht. Das Stadion gilt als eine der schönsten Arenen für Leichtathletik in Deutschland.

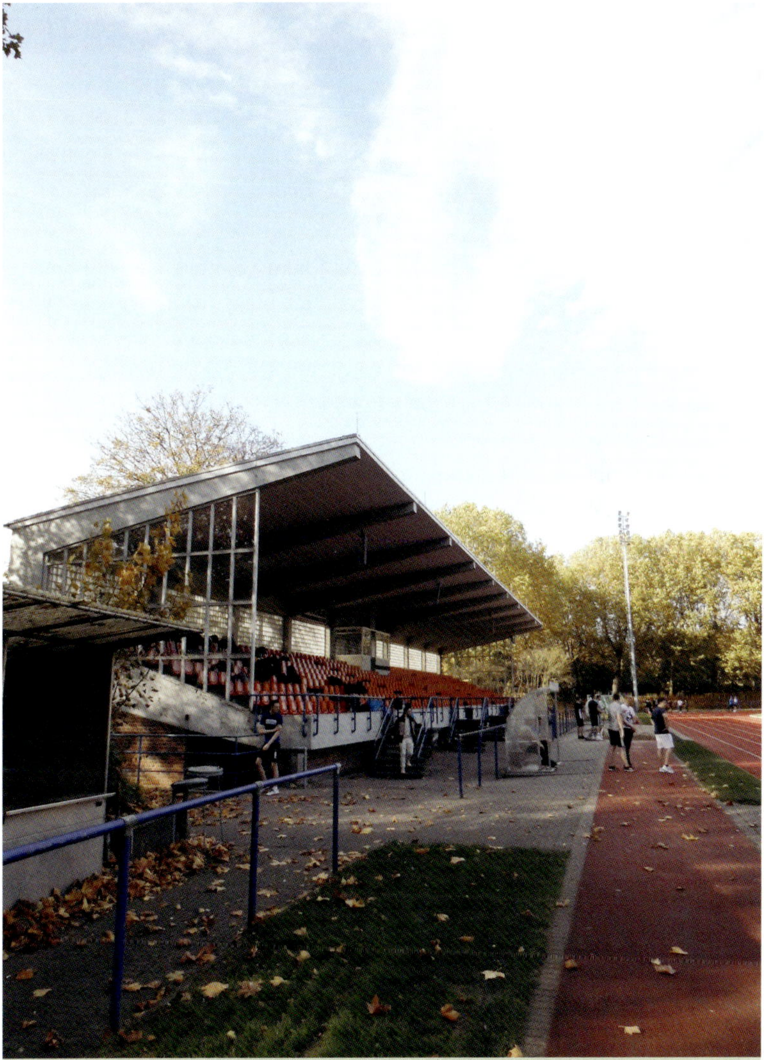

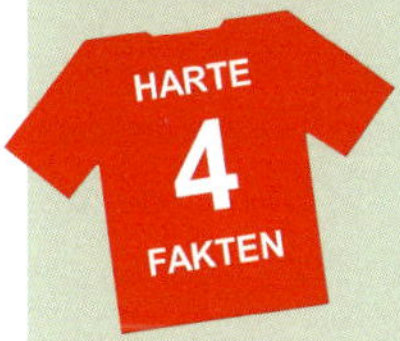

Adresse: Stadionstraße 17, 58097 Hagen

Bauherr: Stadt Hagen

Steh- und Sitzplätze: 16.500 Steh- und Sitzplätze

Weiterer Spross des SSV Hagen: Lukas Klostermann (Nationalspieler seit 2019)

Stausee-Kampfbahn

TuS Haltern: Christoph Metzelders Heimatverein

Wie der Name schon suggeriert, liegt die Stausee-Kampfbahn unweit des Halterner Stausees am Flüsschen Stever. Hier kickt der Turn und Sportverein Haltern am See von 1882, abgekürzt TuS Haltern.

Ältester Vorgängerverein der TuS ist der am 22. Oktober 1882 gegründete Turner Feuerwehr Haltern e.V. Hier wurde allerdings noch geturnt und Fußball als „Lümmelei" abgetan. Erst 1907 wurde in Haltern auch offiziell Fußball gespielt, ab 1914 dann im eigenen Fußballverein „Edelweiß". In der Weimarer Republik fanden die verschiedenen aufstrebenden Sportarten eigene Gruppen und Vereine, bis die Nationalsozialisten im Sinne ihrer Vereinheitlichungs- und Gleichschaltungspolitik 1937 alle Halterner Sportvereine zwangsweise im Turn- und Sportverein Haltern von 1882 zusammenführten. Die 1951 neu gegründete TuS war dann ein Kind der jungen Bundesrepublik.

Für erst- oder zweitklassigen Fußball hat es in Haltern bislang nicht gereicht, dafür brachte die TuS immer wieder Spieler hervor, die im Erwachsenenalter bundesweit für Aufmerksamkeit sorgten. Sergio Pinto spielte hier zum Beispiel als Junior, ebenso wie Weltmeister Benedict Höwedes, der sogar seine Karriere hier bei seinem Heimatverein ausklingen ließ. Eine besondere Verbindung zur TuS Haltern hat Christoph Metzelder. Metzelder, der am 5. November 1980 in Haltern geboren wurde, spielte von 1986 bis 1995 bei TuS Haltern, bevor er über Schalke 04 und Preußen Münster bei Borussia Dortmund zum Nationalspieler wurde. Die Krönung seiner Vereinslaufbahn war ein mehrjähriger Vertrag bei Real Madrid. Ähnlich wie Höwedes spielte auch Metzelder seine letzten Jahre bei der TuS Haltern und war sich auch nicht zu schade, am Ende für die zweite und dritte Mannschaft aufzulaufen, wenn sein verletzungsgeplagter Körper es ihm erlaubte. Daneben fungierte er als (Co-)Trainer für die Herren und U19. Zugleich unterstützte er seinen Verein über mehrere Jahre finanziell und ideell, um die drohende Insolvenz abzuwenden. Heute hat der Mehrspartenverein am Halterner See rund 1.000 Mitglieder.

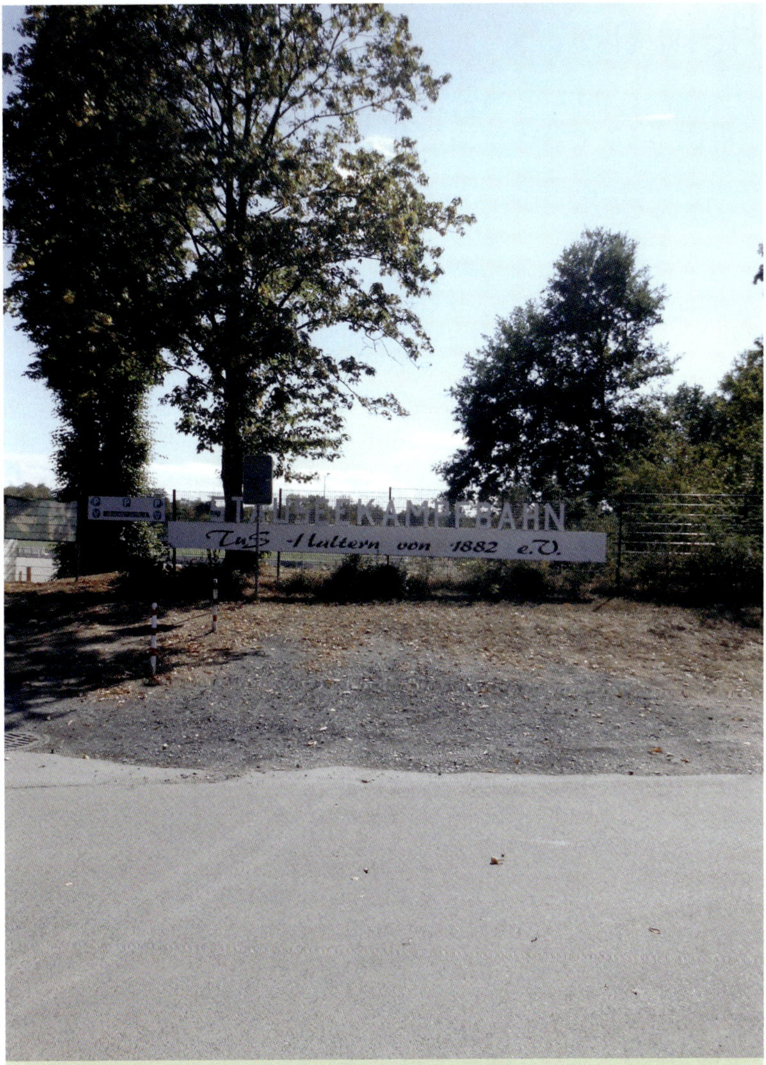

HARTE 4 FAKTEN

Adresse: Ernst-August-Schmale-Platz 1, 45721 Haltern am See

Bauherr: Stadt Haltern am See

Kapazität: 4.000 Sitz- und Stehplätze

Metzelders Erfolge: deutscher Meister mit Borussia Dortmund 2001/02, spanischer Meister mit Real Madrid 2007/08, DFB-Pokalsieger mit Schalke 04 2010/11, Vize-Weltmeister 2002, WM-Dritter 2006

„Horst" und „Mike"

Hrubesch und Hanke in Hamm

In Hamm-Pelkum stehen seit dem 30. Mai 2017 zwei neue „Alltagsmenschen" der Künstlerin Christel Lechner. In diesem Fall handelt es sich um zwei sehr ungleich große Fußballspieler. Als Namensgeber wurden die zwei vermutlich prominentesten Kicker der Stadt Hamm gewählt: Horst Hrubesch und Mike Hanke. Beide Ex-Fußballspieler waren zur Taufe auch anwesend. Natürlich ist „Horst" deutlich größer und guckt stoisch in die Ferne, während „Mike" ein Junge mit Ball ist, der leicht verschmitzt zur Seite schaut. Ansonsten haben die beiden Figuren so gut wie keine äußerlichen Ähnlichkeiten mit ihren Namenspaten.

Horst Hrubesch und Mike Hanke sind beide in Hamm geboren, spielten für die Hammer Spvg, waren Mittelstürmer, ausgewiesene Torjäger und Nationalspieler. Hier enden dann aber auch ihre Parallelen. Während Hrubesch mit dem Hamburger SV und dem DFB erst als Spieler, dann als Trainer Titel sammelte, konnte Hanke am Ende seiner Laufbahn zwar auf einen DFB-Pokalsieg zurückblicken, für die ganz große Karriere hatte es jedoch nicht gereicht. Im Gegensatz zu Hrubesch, der insbesondere bei Rot-Weiss Essen und dem Hamburger SV mehrere Jahre verweilte, fallen bei Mike Hanke die zahlreichen Vereinsstationen im Profi-Bereich auf: Schalke 04, VfL Wolfsburg, Hannover 96, Borussia Mönchengladbach, SC Freiburg und zum Schluss Guizhou Renhe in China. Er absolvierte 284 Spiele in der Bundesliga und erzielte dabei 57 Tore. Zwölfmal trug er den „Adler auf der Brust" und schoss dabei ein Tor. Er war Teil des Sommermärchens 2006 und wurde Dritter bei der Heim-WM.

Die zumeist lebensgroßen Alltagsmenschen-Skulpturen der Wittener Künstlerin Christel Lechner sind aus Beton. Ziel ist es, Menschen in Alltagsszenen einzufangen. Die Künstlerin schreibt auf ihrer Homepage: Die Alltagsmenschen „sind eine künstlerische Inszenierung des Alltäglichen – berührende Momentaufnahmen, die zeigen, was gemeinhin übersehen wird: das gelebte Leben in seiner reinsten Form, ungeschönt und dennoch fern von Banalität." Viele „Alltagsmenschen" gehen auf Aufstellungstournee. „Horst" und „Mike" sind jedoch bodenständig und fest installiert.

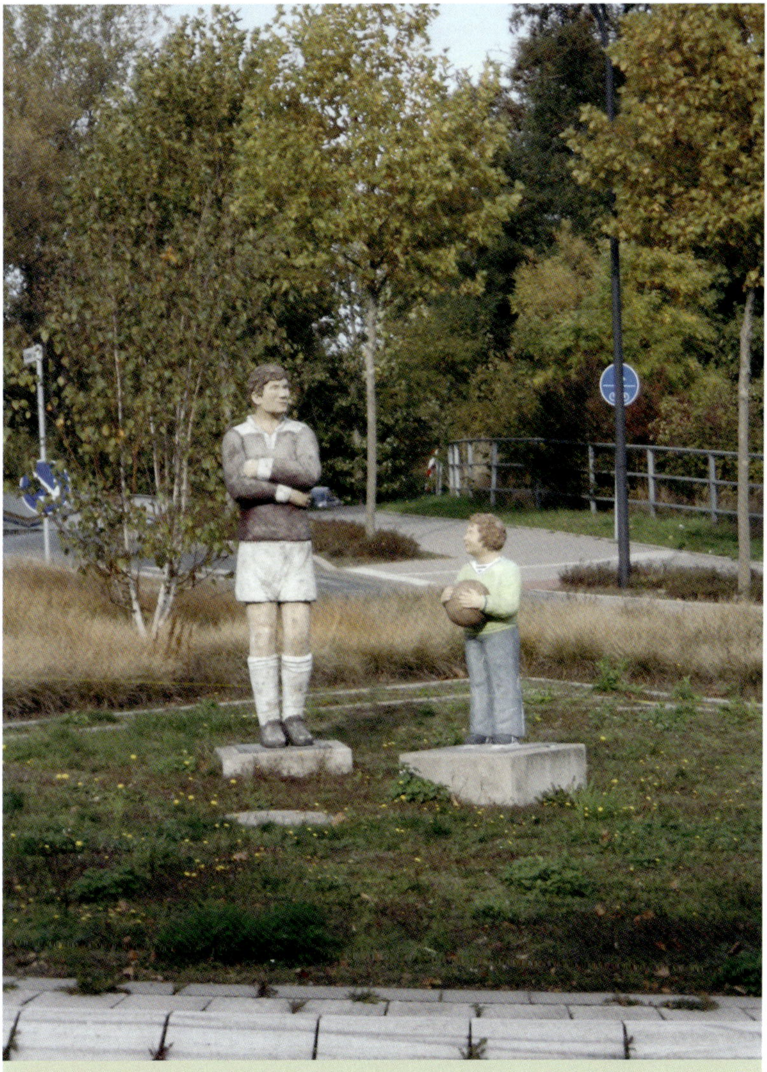

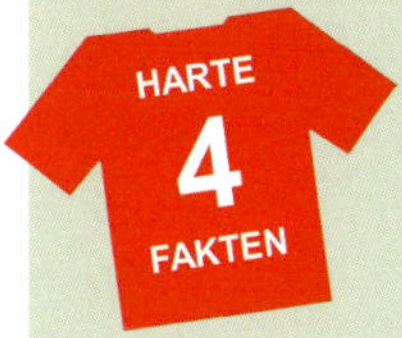

Adresse: Kamener Straße und Kleine Werlstraße, 59077 Hamm

Titel Hrubesch: Deutscher Meister 1979, 1982 und 1983, Europapokal der Landesmeister 1983

Titel Hanke: DFB-Pokalsieg 2002 mit Schalke 04

Hammer SpVg: Hrubesch spielte hier von 1971–1972, Hanke von 1996–1999.

24nexx Arena

Die Heimat der „Rotblusen“

Die 24nexx Arena – man ahnt es schon – hieß nicht immer so. Die früheren Namen, HSV-Anlage, Mahlberg-Stadion und EVORA Arena, sind auch Indikatoren für die Entwicklung des Fußballs, selbst im Amateurbereich. Das Stadion existiert an dieser Stelle seit 1965 und löste die HSV-Kampfbahn als Heimspielstätte der Hammer Spielvereinigung ab. Seitdem hat es nicht nur mehrere Umbenennungen, sondern auch Umbauten und Modernisierungen erfahren. Ein weiterer Ausbau, mit dem die Anforderungen für die 3. Liga erfüllt wären, steht immer noch im Raum.

Die Hammer Spielvereinigung ist am 23. August 1922 aus der Fusion des Fußballclubs von 1903 und des Hammer Spielvereins von 1904 gegründet worden. Dank der Zusammenführung der beiden Vereine wurde die Hammer SpVg zum mitgliederstärksten Fußballvereins Westfalens. Dennoch reichte es nie für erstklassigen Liga-Fußball in Hamm. Lange Zeit pendelte der Verein zwischen den diversen Ligen unterhalb der Oberliga West bzw. Regionalliga West. Nur in der Saison 1966/67 spielte die Hammer SpVg dank eines für sie günstigen Münzwurfs nach einem 2:2 im Entscheidungsspiel gegen den SSV Hagen in der Regionalliga West, damals immerhin der Unterbau der Ersten Bundesliga. Für Aufsehen sorgte der Verein noch einmal im DFB-Pokal 1982/83, als man die zweite Runde erreichte und dem Bundesligisten VfL Bochum ein 1:1 nach Verlängerung abtrotzte. Im damals noch fälligen Wiederholungsspiel unterlagen die Hammer allerdings mit 1:6.

Die Hammer SpVg hat immer wieder gute Jugendspieler hervorgebracht. Zu den bekanntesten gehören Frank Fahrenhorst und Mike Hanke. Auch Horst Hrubesch hat in jungen Jahren seine Fußballschuhe für die Hammer Spielvereinigung geschnürt. Eher skurril mutete die Verpflichtung von David Odonkor als Sportlichem Leiter im November 2015 an. Im März 2017 endete diese für die Oberliga Westfalen etwas ungewöhnliche Verbindung.

Die Spielvereinigung ist heute ein Mehrspartenverein, in dem die Mitglieder neben Fußball vor allem noch Kampfsportarten und Gesundheitssport betreiben können.

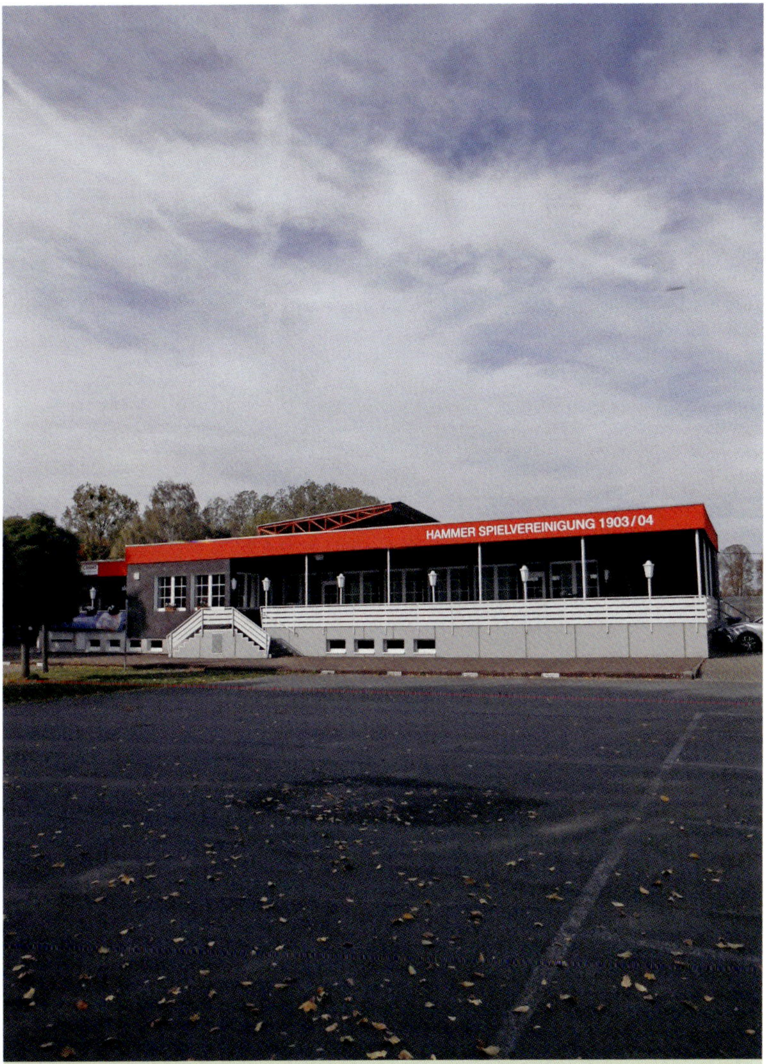

HARTE 4 FAKTEN

Adresse: Jürgen-Graef-Allee 13, 59065 Hamm

Bauherr: Hammer SpVg mit Unterstützung der Stadt Hamm

Steh- und Sitzplätze: 8.500 Zuschauer, im Spielbetrieb 4.999 Zuschauer.

Erfolge: Meister der Verbandsliga Westfalen 1966, 1980, 1993 und 2006

Stadion am Schloss Strünkede

Westfalia Herne: hoch gestiegen, tief gefallen

Seit 1910 ist das Stadion am Schloss Strünkede die Heimat von Westfalia Herne. Das Stadion hat wie der Verein eine wechselvolle Geschichte hinter sich. Den größten Sprung machten Verein und Stadion in den 1950er-Jahren, als das Stadion seine markante Haupttribüne erhielt.

Der Sport Club Westfalia 04, abgekürzt Westfalia Herne, wurde am 13. Juni 1904 gegründet. Bereits in den Jahren 1933 bis 1944 spielte Westfalia erstklassig in der Gauliga Westfalen. Dies gelang erneut 1954 mit dem Aufstieg in die Oberliga West, wo man sich bis 1963 hielt. Der sportliche Erfolg war eng mit Trainer Fritz Langner verbunden. Er setzte auf einheimische Talente wie Helmut Benthaus, Alfred Pyka und Hans Tilkowski, die allesamt Nationalspieler wurden und 1958 bei einem Länderspiel in Ägypten sogar gemeinsam auf dem Platz standen. In der Saison 1958/59 gelang Westfalia Herne mit dem Gewinn der Oberliga West der große Coup. In der Endrunde um die Deutsche Meisterschaft hielt man sich wacker und schlug in einem Gruppenspiel den großen Hamburger SV. Auch im folgenden Jahr gelang dank der Vizemeisterschaft in der Oberliga West die Qualifikation für die Endrunde um die Deutsche Meisterschaft. Dies sollte für längere Zeit der letzte Erfolg über die Grenzen Westdeutschlands hinaus sein. Für den Start der Bundesliga konnte sich Westfalia Herne nicht qualifizieren, wohl auch, weil der Vorstand die finanziellen Risiken fürchtete.

So pendelte man zwischen 1963 und 1975 zwischen Regionalliga West und Verbandsliga. Dann begann die Ära Erhard Goldbach, der die Tankstellenkette Goldin besaß. Dank Goldbachs finanzieller Unterstützung glückte der Aufstieg in der 2. Bundesliga Nord. Doch der Durchmarsch in die Bundesliga, von der nicht nur Goldbach geträumt hatte, gelang nicht. Als herauskam, dass Goldbach Steuern in dreistelliger Millionenhöhe hinterzogen und Westfalia Herne keineswegs eine Schenkung, sondern lediglich ein Darlehen von ihm erhalten hatte, wurde dem Verein die Lizenz entzogen. Seitdem hat Westfalia Herne nicht nur eine Insolvenz überstanden, sondern auch viele unterschiedliche Spielklassen in NRW durchlebt.

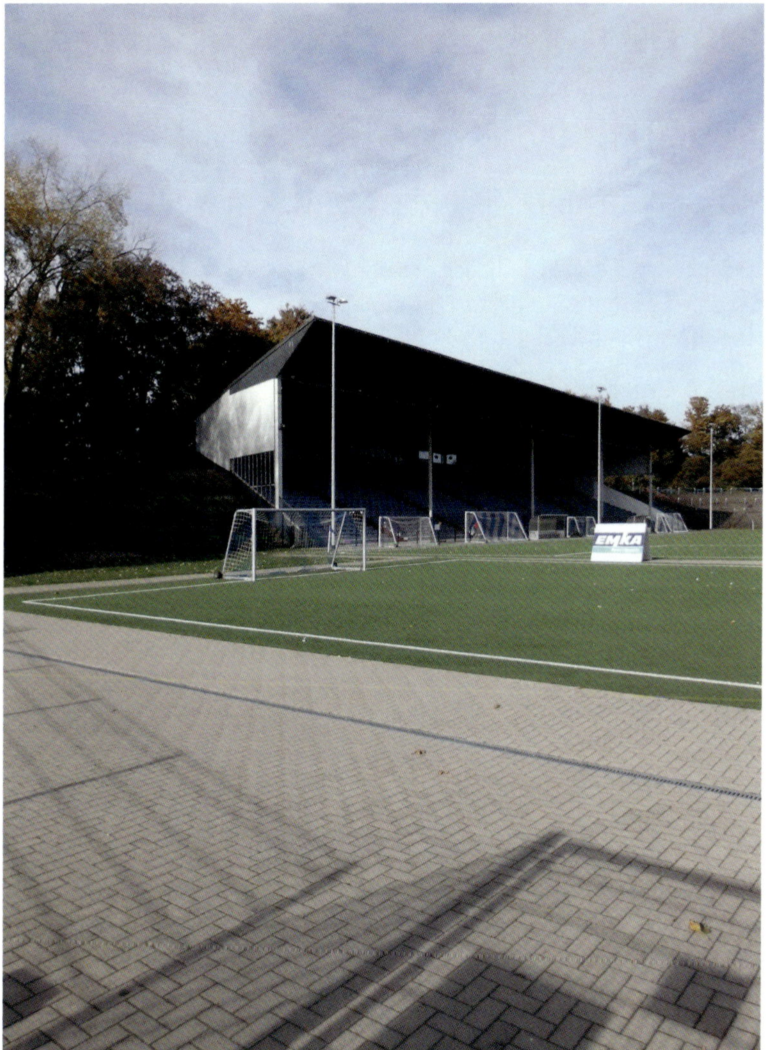

HARTE 4 FAKTEN

Adresse: Westring 260, 44629 Herne

Zuschauerrekord: 35.000 Zuschauer 1960 gegen den HSV

Berühmte Spieler: Werner Lorant, Sönke Wortmann, Michael Steinbrecher

Stadionnamen seit 2010: TREL RuhrpottArena (bis 2011), ABISOL-STADION (bis 2017), German FLAVOURS Park (bis 2018), real-Arena (bis 2020), Edi-Arena (bis 2021), Polygonvatro-Arena

Hans-Tilkowski-Schule

Vize-Weltmeister und Herner Torwart-Ikone

Im Ruhrgebiet sind Schulbenennungen nach einem Fußballspieler eher selten. Die Helmut-Rahn-Schule in Essen ist da eine Ausnahme. Eine Schule nach einem noch lebenden Ex-Fußballer zu benennen, ist noch ungewöhnlicher und zeugt von einer besonderen Wertschätzung.

Diese durfte Hans Tilkowski persönlich erleben, als am 14. Oktober 2008 die Ganztags-Hauptschule an der Neustraße in Herne in Hans-Tilkowski-Schule umbenannt wurde. Dementsprechend geehrt fühlte er sich: „Das ist die größte Auszeichnung und Anerkennung für mich!", sagte er gerührt. Zugleich versprach Tilkowski, die Schule auch ideell zu unterstützen. Die Schule, die 2017 umzog und 2018 den DFB-Integrationspreis erhielt, ist inzwischen die einzige Hauptschule in Herne.

Hans Tilkowski wurde am 12. Juli 1935 in Dortmund-Husen als Sohn eines Bergmanns geboren. Er lernte das Fußballspiel beim SV Husen 19. 1949 ging der Torwart dann zum SuS Kaiserau, wo er bis 1955 spielte. Es folgte der Wechsel zu Westfalia Herne, wo er bis 1963 eine sportlich sehr erfolgreiche Ära prägte und zum Nationalmannschaftstorwart reifte. Tilkowski wurde mit Westfalia 1958/59 Meister der Oberliga West, ein Jahr später noch einmal Vizemeister, wodurch sich der Verein zweimal für die Endrunde um die Deutsche Meisterschaft qualifizierte, was in den Medien als „Wunder von Herne" bezeichnet wurde. Mit den Hernern absolvierte er 219 Spiele in der Oberliga West, bevor er 1963 zu Borussia Dortmund in die Bundesliga wechselte. Seine Spielerkarriere beendete er 1970 bei Eintracht Frankfurt. Es folgten Trainerstationen bei Werder Bremen (zweimal), TSV 1860 München, 1. FC Nürnberg, 1. FC Saarbrücken, AEK Athen.

Von 1957 bis 1967 spielte er 39-mal für die Nationalmannschaft. Er stand im Tor, als das „Wembley-Tor" fiel. Bis zu seinem Tod am 5. Januar 2020 blieb Tilkowski dabei, dass der Ball definitiv nicht hinter der Linie gewesen war und das Tor niemals hätte zählen dürfen.

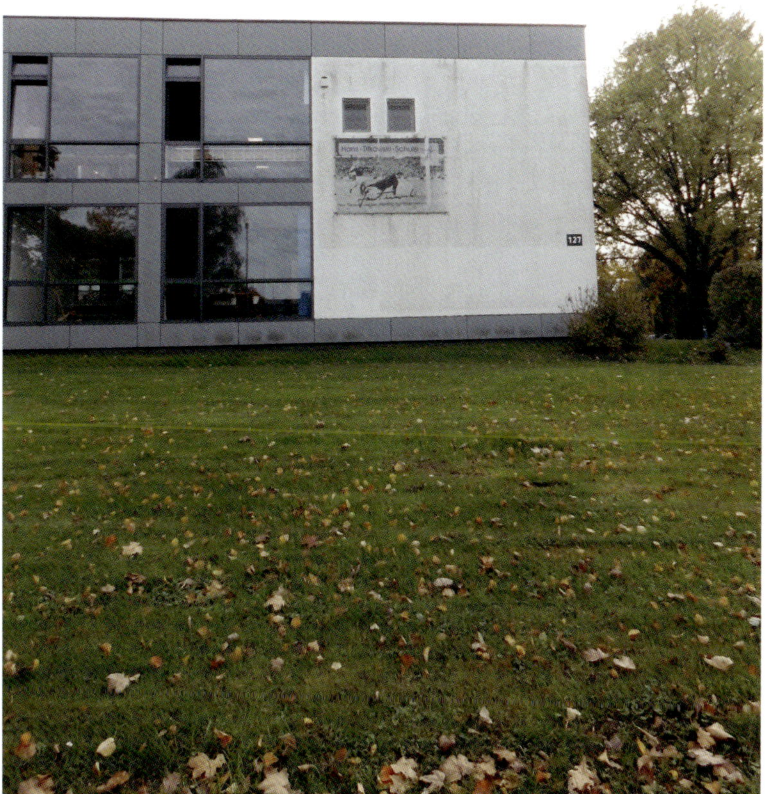

HARTE 4 FAKTEN

Adresse: Edmund-Weber Straße 127, 44651 Herne

Auszeichnung: Fußballer des Jahres 1965

Erfolge: Vize-Weltmeister 1966, DFB-Pokalsieger 1965, Europapokal der Pokalsieger 1966

Grab: Tilkowski ist in Enkelbach-Alsenborn beerdigt.

Glück-Auf-Stadion

SV Sodingen – „Komet des Westens"

Das Glück-Auf-Stadion war in den 1950er-Jahren Teil eines Fußballmärchens. Der kleine SV Sodingen aus dem gleichnamigen Herner Stadtteil, erst 1952 in die Oberliga West aufgestiegen, wurde am Ende der Saison 1954/55 Vizemeister der Oberliga und qualifizierte sich nach dem Sieg über den SV Reutlingen in einem Ausscheidungsspiel für die Endrunde um die Deutsche Meisterschaft. Gegner waren 1. FC Kaiserslautern (2:2 und 2:2), Hamburger SV (0:1 und 1:1) und Altmeister Victoria 89 Berlin (5:1 und 3:2). Bei nur einer Niederlage erreichte der Stadtteilverein den 3. Platz in seiner Gruppe.

Der SV Sodingen wurde am 14. September 1912 gegründet. Sodingen, das 1928 in Herne eingemeindet wurde, lebte vom Bergbau, genauer von der Zeche Mont Cenis, deren markanter Förderturm auch vom Stadion aus immer gut sichtbar war. Der sportliche Erfolg begann nach dem Zweiten Weltkrieg und beruhte auch auf einer exzellenten Jugendarbeit. Der Aufstieg in die Oberliga West war Männern wie Siegfried Geesmann, Alfred Schmidt, Leo Konopczynski und vor allem „Hännes" Adamik, nach dem heute die Straße zum Stadion benannt ist, zu verdanken. Sie waren dem Stadtteil eng verbunden und arbeiteten für die Zeche Mont Cenis, auch wenn sie nun Vertragsspieler waren. Als 1954 auch die „Bürgerlichen" von Westfalia Herne aufstiegen, hatte die Stadt wieder echte Derbies in der Oberliga, doch die „Arbeiter" von der Zeche Mont Cenis behielten vorerst die Vorherrschaft.

Nachdem man bis dahin auf einem Ascheplatz gespielt hatte, entstand mithilfe der Zeche Mont Cenis 1952/53 das Glück-Auf-Stadion. Es war ein sogenannten Erdstadion mit Wällen rundum. Zuschauerrekord waren 30.000 Zuschauer beim Spiel gegen den 1. FC Köln am 11. April 1954. Für die Spiele um die Deutsche Meisterschaft wich der SV Sodingen aber in die Glückauf-Kampfbahn von Schalke 04 und das Müngersdorfer Stadion in Köln aus. Zum Spiel gegen den 1. FC Kaiserlautern auf Schalke kamen 55.000 Zuschauer.

1962 stieg der SV Sodingen aus der Oberliga West ab. Nun begann der sportliche Niedergang. Der „Komet des Westens" konnte im sich professionalisierenden Fußball nicht mehr Schritt halten.

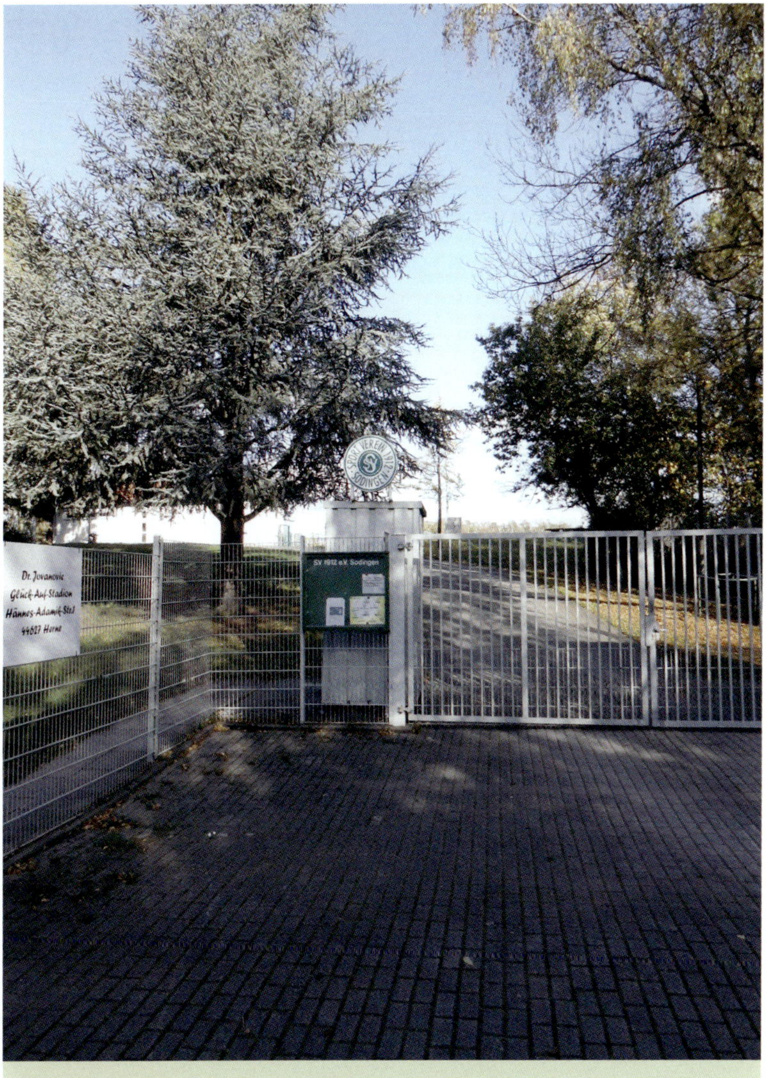

HARTE 4 FAKTEN

Adresse: Hännes-Adamik-Straße, 44627 Herne

Bauherren: Zeche Mont Cenis, SV Sodingen, Stadt Herne

Steh- und Sitzplätze heute: 8.000 Zuschauer

Herbergers Diktum: „Die einzige deutsche Elf, die englisch spielt.“

Herten 087

Kampfbahn Katzenbusch

Hier kämpfte und spielte die SpVgg Herten

Die Kampfbahn Katzenbusch liegt im gleichnamigen Volkspark im Süden von Herten, einer Stadt im Landkreis Recklinghausen. Auch dieses Stadion wurde Mitte der 1920er-Jahre mithilfe einer Arbeitsbeschaffungsmaßnahme gebaut und im Mai 1925 im Rahmen eines dreitägigen bunten Sportfestes der Öffentlichkeit übergeben. Unter anderem spielte auch der Heimatverein, der SpV Herten 12, ein Freundschaftsspiel gegen den FC Wacker München. Den Geist der Zeit vermitteln zwei Inschriften links und rechts am Eingangstor: „Gut heil! Macht auf! Laßt mich herein! Mit mir beginnt des Festes Reih'n" und „Betretet die Kampfbahn und werdet Männer, die zu siegen verstehen."

Der 1912 gegründete SpV gewann 1929 und 1932 die Westfalenmeisterschaft. Beim Endspiel 1929 gegen Arminia Bielefeld wurde mit 12.000 Zuschauern ein Rekord in der Kampfbahn aufgestellt. Der SpV Herten war auch Gründungsmitglied der Gauliga Westfalen, der man 1933 bis 1939 und 1941/42 angehörte. 1947 fusionierte der SpV mit Concordia Herten zur SpVgg Herten 07/12. Bestes Jahr war die Saison 1962/63 mit der Qualifikation zur neu geschaffenen Regionalliga West. Doch der Verein musste sich nach einer Spielzeit aufgrund einer Niederlage am letzten Spieltag wieder aus der Zweitklassigkeit verabschieden.

Das war der Beginn des sukzessiven sportlichen Abstiegs, der von wirtschaftlichen Problemen begleitet wurde. Als dem Verein das Wasser mal wieder bis zum Hals stand, organisierte der damalige Schalke-Manager Rudi Assauer, der von 1952 bis 1964 bei der SpVgg erst als Junior, dann im Herrenbereich gekickt hatte, ein Freundschaftsspiel der Knappen zugunsten der klammen Männer vom Katzenbusch. Doch dauerhafte Ruhe konnte auch diese Einnahme nicht bringen und so fusionerte die Spielvereinigung im Juli 2000 mit der DJK 07/26 Herten zur DJK SpVgg Herten.

Einen ganz anderen Stellenwert hatten die Rollhockeyspieler der SpVgg, die zwischen 1951 und 1979 neunmal Deutscher Meister wurden.

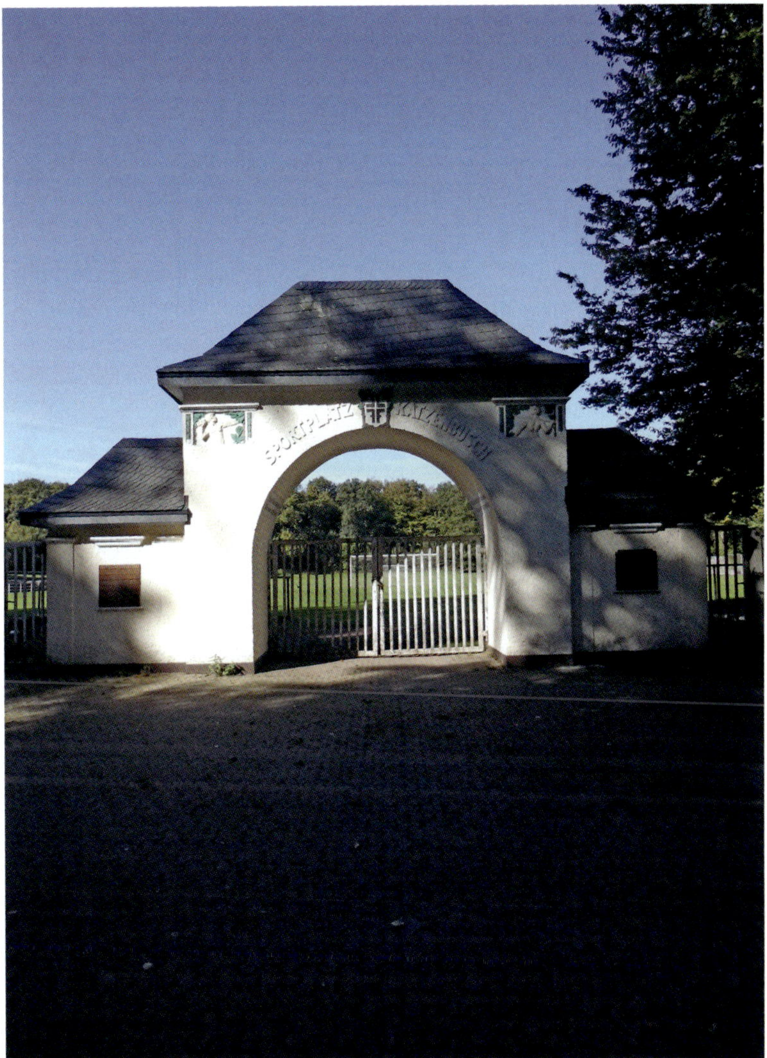

HARTE **4** FAKTEN

Adresse: Katzenbuschstraße 3, 45699 Herten

Steh- und Sitzplätze: 10.000 Zuschauer

Zuschauerrekord Nachkriegszeit: 10.000 gegen Wuppertaler SV (1963/64)

Vereinsfarben: Grün-Weiß

„Hoppys Treff"

Dieter Kurrat – die BVB-Legende

Der Name der Gaststätte „Hoppys Treff" unweit des Bahnhofs in Holzwickede geht auf die BVB-Ikone Dieter Kurrat zurück. Kurrat, der seit seiner Jugend „Hoppy" genannt wurde, betrieb die Kneipe nach Ende seiner Spieler- und Trainerkarriere bis 2012.

Dieter Kurrat wurde am 15. Mai 1942 in Dortmund in der Nähe des Borsigplatzes, der Heimat von Borussia Dortmund, geboren. Sein Vater hatte hier eine kleine Spedition. Der Sohn machte eine Ausbildung zum Drahtzieher bei der Hoesch AG und arbeitete anschließend bei der Dortmunder Hansa-Brauerei. Seine eigentliche Leidenschaft war aber der Fußball. Der spätere Mittelfeldspieler begann seine fußballerische Karriere beim FC Merkur 07 Dortmund. 1956 wechselte er zum BVB, wo der damalige DFB-Jugendtrainer Helmut Schön auf ihn aufmerksam wurde und ihn in die Jugend-Nationalmannschaft berief. Als Max Merkel 1959 beim BVB ein neues Team aufbauen musste, zog er Kurrat neben anderen Youngstern wie Lothar Emmerich und Timo Konietzka in die 1. Herren hoch.

Der nur 1,62 m große Kurrat erkämpfte sich schnell einen Stammplatz und galt im Mittelfeld als Terrier, als Beißer, der gerne auf die gegnerischen Spielmacher angesetzt wurde. „Hoppy" wurde mit Borussia Dortmund Deutscher Meister 1963, wobei er im Endspiel auch das 1:0 schoss, DFB-Pokalsieger 1965 und als Krönung Europapokalsieger der Pokalsieger 1966. Die beiden Vizemeisterschaften 1961 und 1966 sind da fast Randnotizen. 1966 gelang ihm beim 7:0 gegen Schalke 04 gar ein Kopfballtor. Er blieb dem BVB trotz gut dotierter Angebote aus Berlin und Bergamo immer treu und absolvierte von 1956 bis 1974 insgesamt 612 Partien für die Dortmunder. Kurrat ging mit dem BVB auch in die Regionalliga West und war dort der letzte aktive Europapokalsieger der Borussen. Als Spielertrainer führte er den SV Holzwickede 1976 zur Deutschen Amateurmeisterschaft. Dieter Kurrat starb am 27. Oktober 2017 in Holzwickede, seiner zweiten Heimat.

„Hoppys Treff" existiert noch heute. Der Nachfolger hat wenig am Konzept geändert. In der Kneipe erinnert ein riesiges Trikot an Dieter Kurrat.

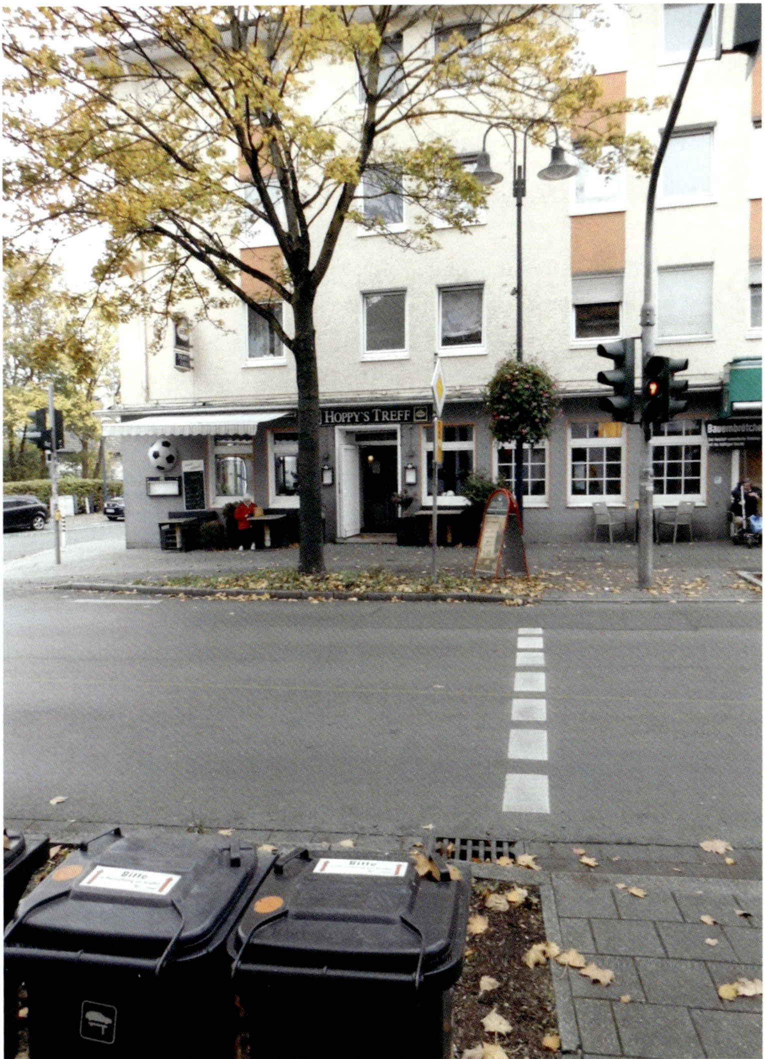

HARTE 4 FAKTEN

Adresse: Nordstraße 1, 59439 Holzwickede

Bundesliga: 247 Spiele für Borussia Dortmund, neun Tore

Holzwickede: 96 Spiele SV Holzwickede, vier Tore

Grab: Evangelischer Friedhof Opherdicke in Holzwickede

SportCentrum Kamen-Kaiserau

Die Heimat der Weltmeister

Die Sportschule Kaiserau liegt in Kamen, im Stadtteil Methler, in unmittelbarer Nähe von Kaiserau, eine Ortslage mit einer ehemaligen Bergarbeitersiedlung. Die Sportschule ist heute das Trainings- und Weiterbildungszentrum des Fußball- und Leichtathletikverbandes Westfalen, hinter dem Bayrischen Fußball-Verband der zweitgrößte Landesverband im DFB.

Die Geschichte der Sportschule geht auf ein Heim der Hitler-Jugend zurück, das die Gemeinde Westick zwischen 1938 und 1941 bauen ließ. Nach dem Zweiten Weltkrieg nutzte zunächst der Deutsche Gewerkschaftsbund das Haus, bevor es samt 18 Morgen Land inklusive Gemeindesportplatz vom Fußballverband Westfalen übernommen wurde. Damit hatte der Verband zunächst nur eine bescheidene Tagungs- und Übernachtungsstätte, die dann ab den 1950er-Jahren um Sporthallen und Sportplätze erweitert wurde. Heute umfasst die Sportschule, die seit 2006 als SportCentrum Kamen-Kaiserau firmiert, unter anderem auch ein modernes Sporthotel, ein Kongresszentrum, diverse Plätze, Anlagen und Hallen vornehmlich für Leichtathletik und Fußball, Kraftraum, Kegelbahn, Beach-Soccer-Feld und Minigolfanlage. Auf dem Gelände befindet sich auch ein Mädchenfußball-Internat. Am 13. Juli 2014 wurde auf dem Gelände das Hans-Tilkowski-Haus, eine Begegnungsstätte und eine Ideen- und Gedankenstätte für die Außendarstellung des Verbandes, eingeweiht. Der frühere Nationaltorwart Hans Tilkowski spielte von 1949 bis 1955 für SuS Kaiserau.

Schon früh nutzten Vereine und die deutsche Nationalmannschaft die Anlage, um sich auf große Spiele und Turniere vorzubereiten. So war Rot-Weiss Essen 1955 hier vor dem Endspiel um die Deutsche Meisterschaft untergebracht. Die deutsche Nationalmannschaft war 1974 gleich zweimal in Kaiserau zu Gast: Erst vor der WM im eigenen Land und dann noch einmal während der Zwischenrunde. Und auch 1990 logierten die späteren Weltmeister, nun mit Franz Beckenbauer als Teamchef und nicht mehr als Spieler, in der Sportschule. 2007 war das Sporthotel die Basis für die deutsche Handballnationalmannschaft während der Heim-WM, die ebenfalls mit dem Titelgewinn endete.

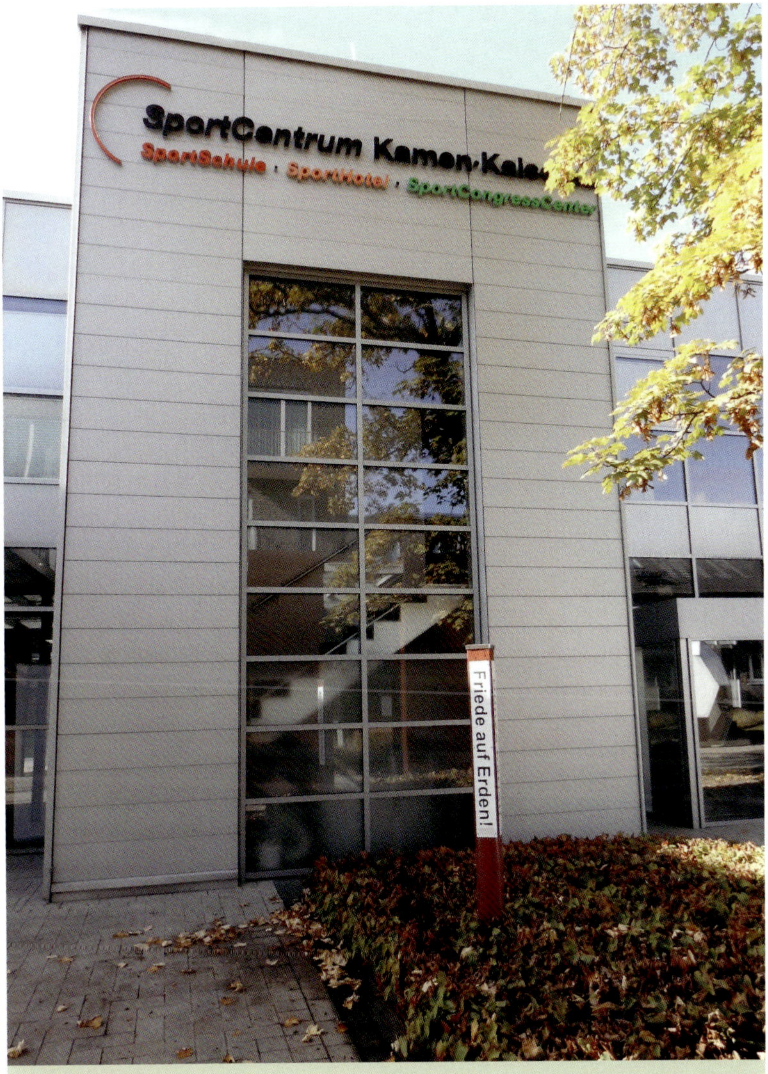

HARTE 4 FAKTEN

Adresse: Jakob-Koenen-Straße 2, 59174 Kamen

Slogan Sportschule: „Klassischer Charme in neuem Glanz"

Gast zur WM 2006: die Fußball-Nationalmannschaft Spaniens

Ausstellung: „Fußballregion Ruhrgebiet" im Vorfeld der WM 2006

Das Jahnstadion in Marl

Heimat des Deutschen Amateurmeisters

Das Jahnstadion im Marler Stadtteil Hüls wurde von 1924 bis 1927 mit Erdwall-Tribünen gebaut. Bis heute ist die naturnahe Bauweise im umgebenden Jahnwald beeindruckend. Das Jahnstadion war jahrzehntelang die Heimspielstätte des TSV Hüls bzw. TSV Marl-Hüls. Der TSV Hüls ist 1946 aus einer Fusion zweier Hülser Vorgängervereine entstanden. Unter Fritz Szepan als Trainer stellten sich schnell sportliche Erfolge ein. 1954 schafften die Hülser den Aufstieg in die II. Division NRWs und erreichten das Finale der Deutschen Amateurmeisterschaft. Vor 18.000 Zuschauern in der Gelsenkirchner Glückauf-Kampfbahn besiegte die Mannschaft, die ausschließlich aus Spielern aus Hüls bestand, die Spvgg 03 Neu-Isenburg mit 6:1 und wurde Deutscher Amateurmeister.

Parallel verknüpfte die Stadt Marl ein höheres Darlehen für den Verein, das die Aufnahme des Vertragsfußball überhaupt erst ermöglichte, an die Umbenennung in TSV Marl-Hüls. Die Hülser Traditionalisten stimmten dem erst in der dritten Abstimmung zu. 1959/60 gelang der Sprung in die Oberliga West und damit in die Erstklassigkeit. Nun folgten die sportlich interessantesten Saisons mit Spielen gegen den 1. FC Köln, Borussia Dortmund, Schalke 04, Borussia Mönchengladbach. Mit der Einführung der Bundesliga, für die sich der TSV nicht qualifizierte, begann der schleichende sportliche Abstieg. 1972 erreichte die TSV nochmals das Endspiel um die Deutsche Amateurmeisterschaft, verlor aber gegen den FSV Frankfurt. Heute spielt man nach Insolvenzantrag und Neugründung als TSV Marl-Hüls 2019 in unteren Amateurgefilden.

Das Jahnstadion erhielt in den sechziger Jahren markante Überdachungen für den Sitzplatzbereich. Zur Eröffnung 1963 kam mit den Jugendmannschaften von Real Madrid, Inter Mailand und Manchester City prominenter Besuch. Das Stadion ist heute ein Sanierungsfall. Die TSV Marl-Hüls ist längst ausgezogen. Dafür spielt hier jetzt die Baseballmannschaft Marl Sly Dogs. Zumindest ist dank des Engagements einer Bürgerinitiative der Abriss des Stadions mittlerweile vom Tisch.

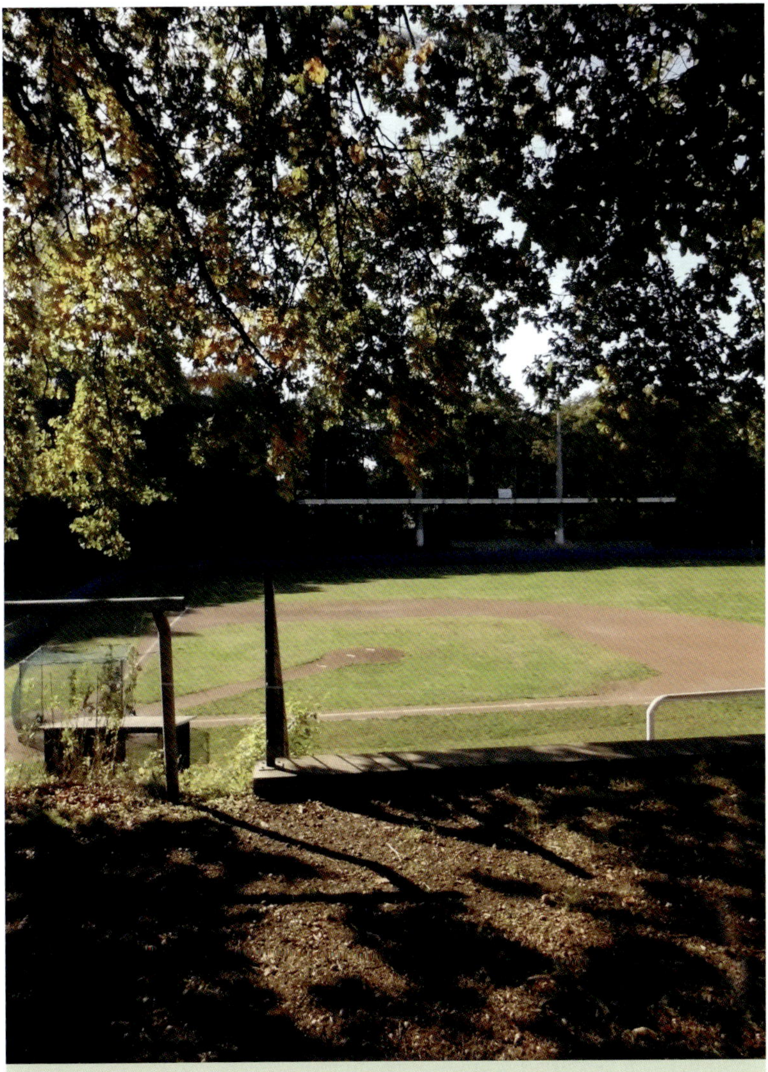

HARTE 4 FAKTEN

Adresse: Loekampstraße 36, 45770 Marl

Steh- und Sitzplätze: 36.000 Zuschauer

Bauherr: Stadt Marl

Zuschauerrekord: 18.000 Zuschauer gegen den Wuppertaler SV (1960) und gegen Schalke 04 (1961)

Ruhrstadion Mülheim

Wo Fritz Buchloh das Tor hütete

Wie viele Stadien im Ruhrgebiet ist auch das heutige Ruhrstadion in Mülheim Mitte der 1920er-Jahre entstanden. Nach drei Jahren Bauzeit erfolgte die Einweihung des Stadions im Stadtteil Styrum am 12. Juli 1925 vor 15.000 Zuschauern im Rahmen der Mülheimer Turn- und Sportwoche. Auch hier waren es wieder Arbeitsbeschaffungsmaßnahmen, die den Stadionbau samt Schwimmbad – damals das größte Freibad Deutschlands –, Grünanlagen und Tennisplätzen ermöglichten. Nach dem Zweiten Weltkrieg waren umfangreiche Renovierungsmaßnahmen erforderlich, um die Substanz zu erhalten. So war die Neueröffnung am 17. September 1960 quasi die zweite Geburtsstunde des Stadions, das seitdem Ruhrstadion heißt.

Als kommunales Stadion war das Ruhrstadion Heimat zahlreicher Vereine. Sportlich am erfolgreichsten war der 1. FC Mülheim-Styrum, der von 1972 bis 1974 in der Regionalliga West antrat, und anschließend als 1. FC Mülheim noch zwei Jahre in der 2. Bundesliga Nord Profi-Fußball erlebte. Anfang der 2000er-Jahre spielte hier Galatasaray Mülheim. Danach wurde das Stadion vor allem vom VfB Speldorf genutzt, inzwischen ist der Landesligist Mülheimer FC 97 hier zu Hause.

Der Stadtteilverein VfB Speldorf brachte Anfang der 1930er-Jahre einen Spieler heraus, der wohl der beste Mülheimer Kicker war: Fritz Buchloh. Buchloh, am 26. November 1909 in Mülheim geboren, hütete seit 1927 das Tor vom VfB Speldorf und gewann mit dem VfB zweimal den Titel in der Bezirksliga, damals die zweite Liga unterhalb der Gauliga. Buchloh wurde von Otto Nerz und Sepp Herberger auch in die deutsche Nationalmannschaft berufen. So stand er im Tor der deutschen Elf bei den Olympischen Spielen 1936 und war Teil des Kaders bei den Weltmeisterschaften 1934 und 1938. 1937 ging er nach Berlin, um eine Ausbildung zum Diplom-Sportlehrer zu absolvieren, und schloss sich Hertha BSC an. Seine Karriere beendete Buchloh 1940 bei Schwarz-Weiß Essen, wo er auch als Trainer tätig war. Von 1948 bis 1950 fungierte er als Trainer der isländischen Nationalmannschaft. Er engagierte sich ehrenamtlich im neu gegründeten Bund deutscher Fußballlehrer. Buchloh starb am 22. Juli 1998 in Mülheim an der Ruhr.

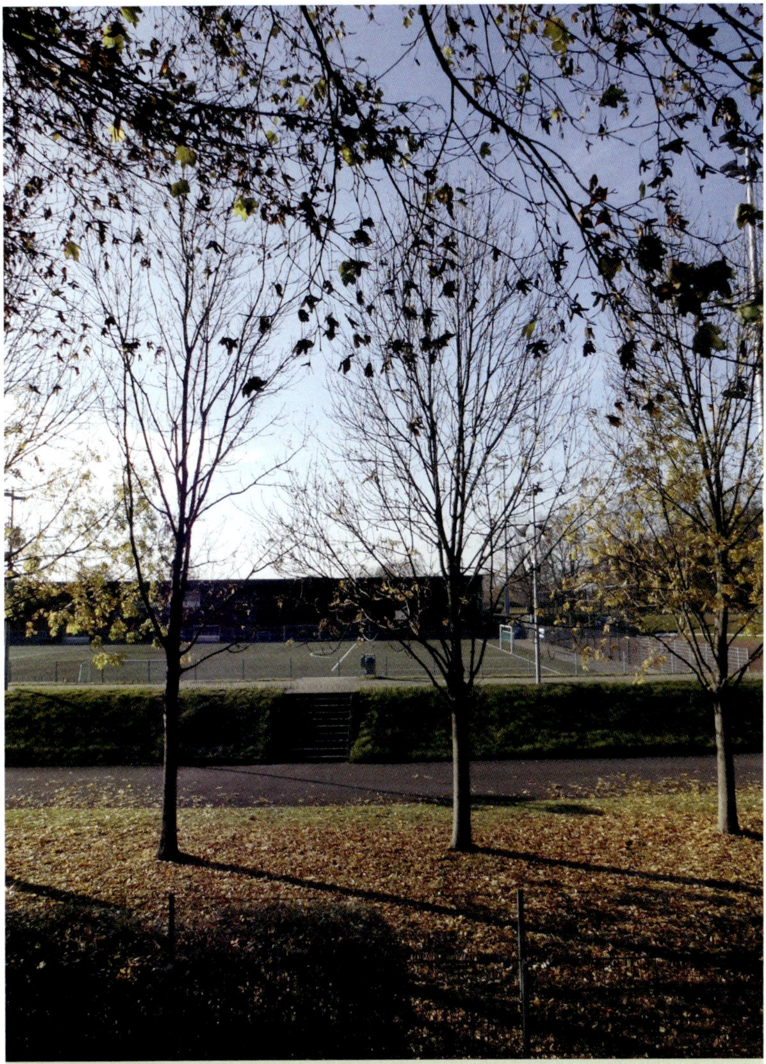

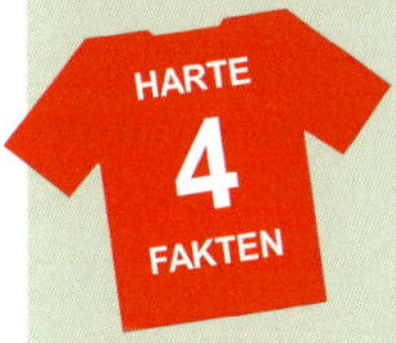

Adresse: Friesenstraße 101, 45476 Mülheim

Steh- und Sitzplätze: 20.000 Zuschauer (heute nur noch 6.000)

Bauherr: Stadt Mülheim

Zuschauerrekord: 15.000 Zuschauer bei 1. FC Mülheim gegen Rot-Weiß Oberhausen am 13.3.1973

Willy-Jürissen-Halle

„Pomaden-Willy": der „Gentleman im Tor"

Die Willy-Jürissen-Halle in Oberhausen ist eine Multifunktionsstätte für Tanz- und Sportveranstaltungen, Kongresse und Konzerte. Benannt ist die in den 1990er-Jahren eröffnete Halle nach Willy Jürissen, einem legendären Torwart von Rot-Weiß Oberhausen.

Willy Jürissen ist ein echter Oberhausener Junge. Hier wurde er am 13. Mai 1912 geboren und hier starb er auch am 30. Oktober 1990. Seine ersten fußballerischen Erfahrungen machte er beim OTV 73 Oberhausen und bei Victoria 09 Oberhausen. 1931 wechselte er zu Rot-Weiß Oberhausen, damals noch SpVgg Oberhausen-Styrum, in die erste Mannschaft. Er galt als „Gentleman im Tor", was sowohl mit seiner äußeren Erscheinung als auch mit seiner Spielweise zu erklären war. Er beherrschte den Strafraum und pflückte jede Flanke sicher runter, während er sich nicht so gerne am Boden dreckig machte. Legendär sind seine weißen Handschuhe und der Kamm in der Gesäßtasche. Dies und sein akkurater Seitenscheitel trugen ihm den Spitznamen „Pomaden-Willy" ein. Seine Leistungen als Torwart und sicherer Elfmeterschütze ließen ihn beim Oberhausener Publikum, das eigentlich den kämpferischen Fußball bevorzugte, schnell zum Idol werden.

Obwohl die Oberhausener in dieser Zeit zwischen Erster und Zweiter Liga pendelten, wurde auch Reichstrainer Nerz auf Jürissen aufmerksam und berief ihn mehrfach in die Nationalmannschaft mit dem Höhepunkt der Olympischen Spiele 1936 in Berlin.

Während des Zweiten Weltkrieges wurde er als Soldat nach Niedersachsen versetzt, wo er sich zunächst Eintracht Braunschweig, dann dem Hamburger SV und dem Luftwaffen-Sportverein Hamburg anschloss. Mit dem Luftwaffen-Sportverein stand Jürissen sowohl im Pokalfinale 1943 als auch im Endspiel der Deutschen Meisterschaft 1944, verlor aber beide Spiele.

Nach Kriegsende kehrte Jürissen zu RWO zurück. Er feierte mit der Mannschaft die Niederrheinmeisterschaft 1946 und 1947, sodass er zwischen 1947 und 1949 noch einmal in 43 Oberligaspielen das Tor hütete und zudem drei Tore schoss. Anschließend ließ er seine Karriere als Spielertrainer bei der Spvgg Erkenschwick ausklingen.

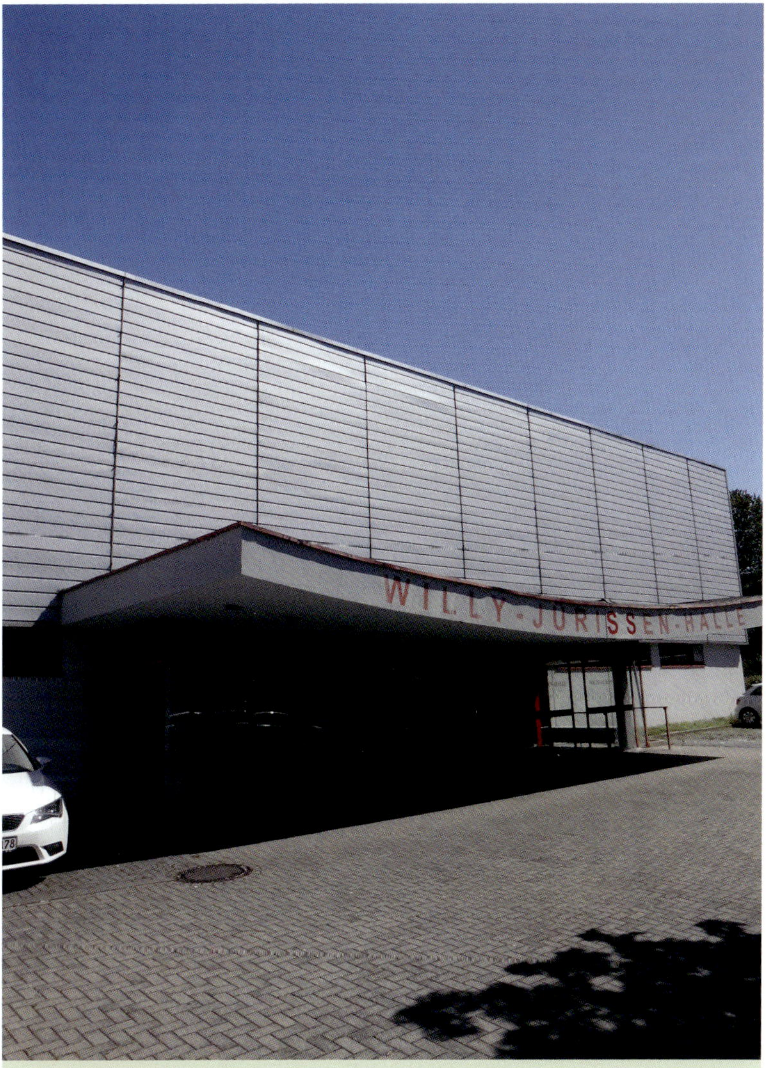

HARTE 4 FAKTEN

Adresse: Goebenstraße 148, 46045 Oberhausen

Nationalmannschaft: 6 Länderspiele (1935 bis 1939)

Ehre: Wahl in die Jahrhundertmannschaft von RWO

Trainerlizenz: 1948 bei Sepp Herberger erworben

Stadion Niederrhein

Hier regiert der RWO

Das Stadion Niederrhein liegt im Norden Oberhausens, im Bezirk Osterfeld. Es wurde 1926 nach zweijähriger Bauzeit auch dank der Arbeit von hunderten Arbeitslosen im Rahmen der sogenannten „produktiven Erwerbslosenfürsorge" fertiggestellt. Das Eröffnungsspiel bestritten kurioserweise keine Oberhausener Vereine, sondern es spielten der Duisburger SpV gegen Arminia Bielefeld. Seit über einem halben Jahrhundert ist das Stadion aber Heimspielstätte von Rot-Weiß Oberhausen, kurz RWO.

RWO wurde am 18. Dezember 1904 gegründet als Oberhausener Spielverein durch eine Fusion aus Emschertaler SV und Oberhausener TV 1873. 1923 fusionierte der Spielverein dann wiederum mit dem Styrumer SV 1908 zur Spielvereinigung Oberhausen-Styrum. Erst seit Juni 1933 heißt der Verein SC Rot-Weiß Oberhausen. Erste größere sportliche Erfolge konnte RWO nach dem Ende des Zweiten Weltkriegs verzeichnen. Bis auf wenige Saisons gehörte man zum Inventar der Oberliga West und der Regionalliga West. Unter Trainer „Adi" Preißler und Präsident Peter Maaßen gelang 1969 der große Coup: Erst gewann die Mannschaft die Westmeisterschaft und dann setzte sie sich auch in der Aufstiegsrunde zur Fußball-Bundesliga durch. Immerhin vier Saisons hielt sich der Verein, der vor jeder Spielzeit als Abstiegskandidat gehandelt wurde, in der Beletage des deutschen Fußballs, und stellte mit Lothar Kobluhn 1971 sogar den Bundesliga-Torschützenkönig. Mit dem Abstieg 1973 folgten sehr wechselhafte Jahre mit mehr Abstiegen als Aufstiegen. Mehr als 2. Bundesliga wurde nicht mehr erreicht. Aber nachdem RWO zwischenzeitlich bis in die Verbandsliga abgesackt war, spielt der Verein jetzt wieder in der Regionalliga West.

Auch das Niederrhein-Stadion hat einige Metamorphosen hinter sich. So wurde die ehemalige Leichtathletikanlage 2017 überbaut und ist heute nicht mehr zu nutzen. Wer einen Eindruck vom historischen Aussehen des Stadions gewinnen will, sollte das Stadtarchiv Oberhausen mit seinem großen Fotobestand aufsuchen. Beliebtes Fotomotiv bis heute ist der Uhrenturm, damals in der Mitte der Haupttribüne, jetzt in der Gegengerade beheimatet.

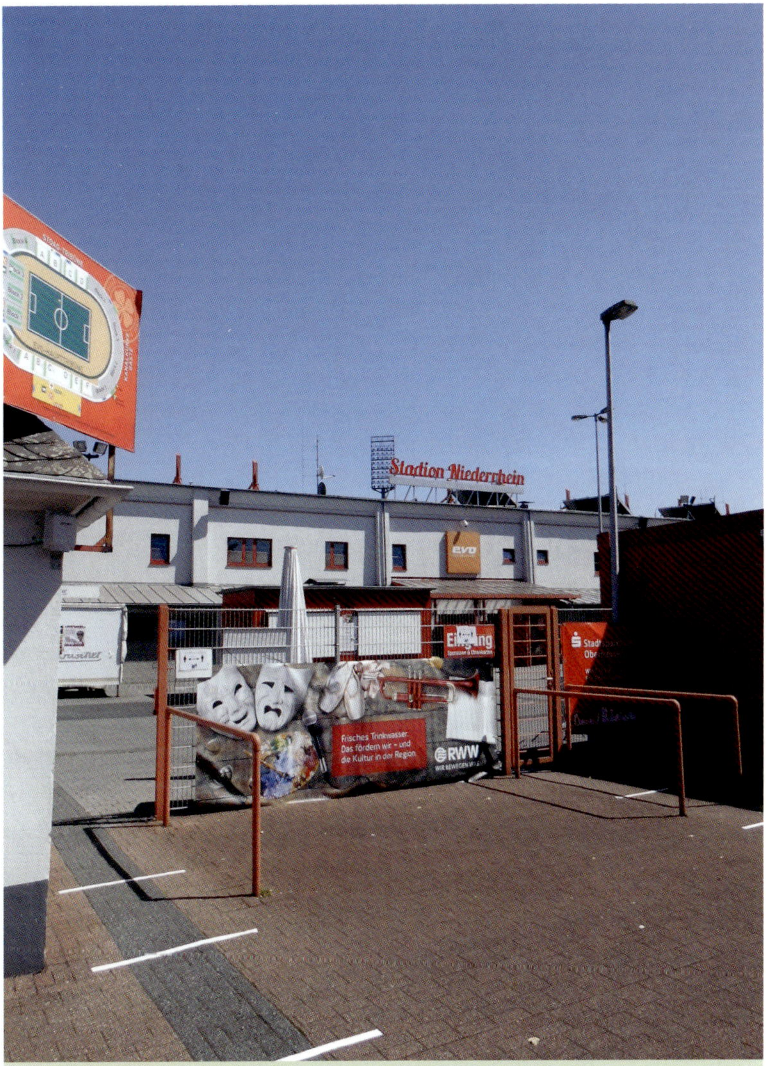

HARTE 4 FAKTEN

Adresse: Lindnerstraße 2–6, 46149 Oberhausen

Bauherr: Stadt Oberhausen

Champions League: 2009/10 trugen hier die Frauen des FCR 2001 Duisburg zwei Heimspiele aus

Zuschauerrekord: 44.631 Zuschauer am 18.6.1950 beim Halbfinale der Deutschen Meisterschaft Preußen Dellbrück gegen Kickers Offenbach

Gasometer

Ort einer besonderen Fußball-Ausstellung

Der Gasometer in Oberhausen war für viele Jahrzehnte mit 117 Metern Höhe und knapp 68 Metern Durchmesser der größte Scheibengasbehälter in Europa. Er wurde 1929 eröffnet und 1988 stillgelegt. Auch aufgrund des Drucks von Denkmalschützern kaufte ihn die Stadt Oberhausen im Jahr 1992 und nutzt ihn seitdem für Ausstellungen. Hierfür wurde der Gasometer innen aufwändig umgebaut. Gleich die erste Ausstellung „Feuer & Flamme" über die Industriegeschichte des Reviers, die 1994 und 1995 gezeigt wurde, war ein Riesenerfolg und bestätigte die Stadt Oberhausen in ihrer Entscheidung. Über 460.000 Besucher besuchten die Ausstellung in der ebenso beeindruckenden wie authentischen Location.

Im Jahr 2000 kam dann auch der Fußball in den Gasometer. Der Deutsche Fußball-Bund wurde 100 Jahre alt und schenkte sich eine historische Ausstellung unter dem Titel „Der Ball ist rund". Als Ort wählte der Verband den Gasometer mitten Ruhrgebiet, dort wo das „Herz des Fußballs schlägt". Fußball als musealer Gegenstand bzw. als Thema einer kompletten Ausstellung war in Deutschland zu dieser Zeit eher Neuland, aber die Ausstellungsmacher profitierten davon, dass viele Vereine gerade den Aufbau eigener Museen planten, sodass ausreichend Exponate als Leihgaben zur Verfügung standen. Am Ende kamen 216.000 Zuschauer in die Ausstellung, die von einem dicken Katalog begleitet wurden. Ausstellung und Katalog schlugen den Bogen von den Anfängen des Fußballs in Deutschland bis zu den jüngsten Erfolgen auf Vereins- und Nationalmannschaftsebene. Das Ruhrgebiet war naturgemäß prominent und umfangreich in der Ausstellung vertreten.

2005/06 machte noch eine zweite Fußball-Ausstellung in Oberhausen Station, dieses Mal im Rheinischen Industriemuseum: „Fußballregion Ruhrgebiet" – eine Wanderausstellung im Vorfeld der Heim-Weltmeisterschaft 2006, geplant und realisiert vom Deutschen Fußball-Bund und dem Fußball- und Leichtathletik-Verband Westfalen. Diese deutlich kleinere und auf das Ruhrgebiet beschränkte Ausstellung wurde zwischen April 2005 und Juli 2006 in insgesamt 15 Orten im Ruhrgebiet gezeigt.

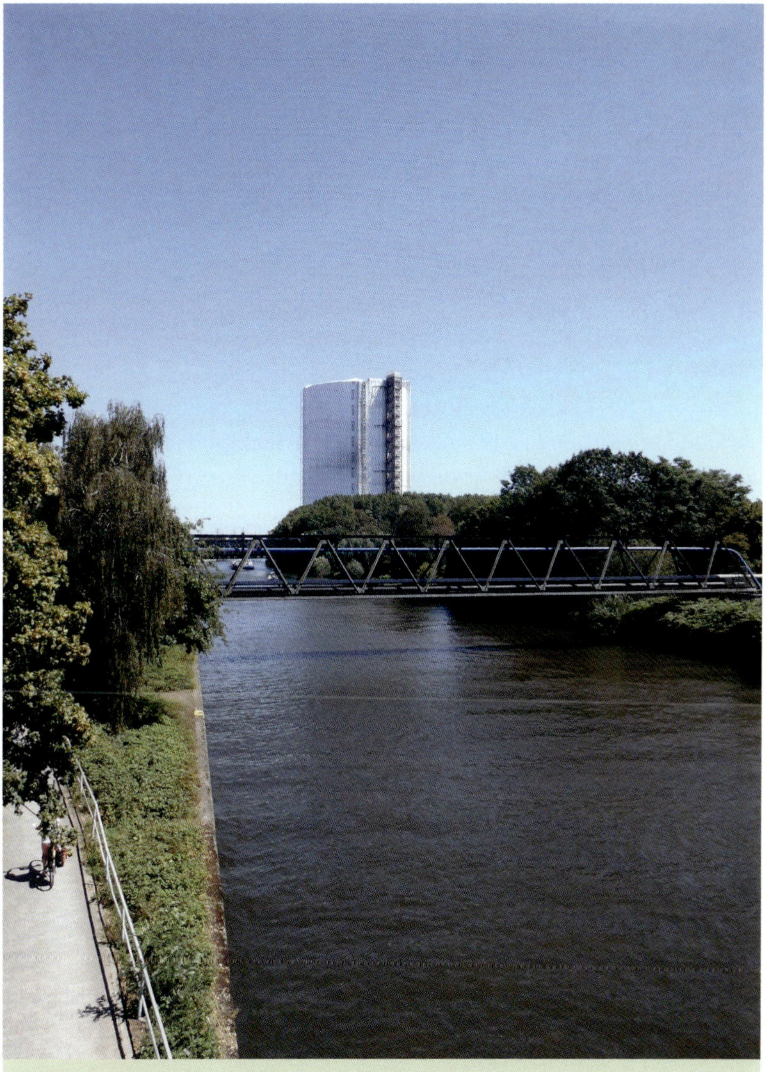

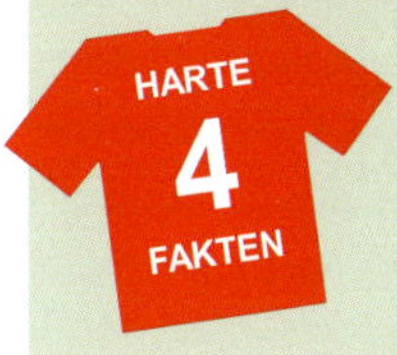

Adresse: Arenastraße 11, 46047 Oberhausen
Bauherr: MAN Werk Gustavsburg
Ausstellungsdauer: 12.5. bis 1.11.2000 im Gasometer
Zahl der Exponate: über 2.500

Oer-Erkenschwick 095

Stimberg-Stadion

Heimat der Spvgg Erkenschwick

Mit dem Bau des heutigen Stimberg-Stadions wurde 1929 begonnen. Auch aufgrund der Wirtschaftskrise konnte das Stadion in Oer-Erkenschwick in der Nähe der Zeche Ewald Fortsetzung mit der zugehörigen Leichtathletikanlange jedoch erst am 10. September 1934 eröffnet werden. Die Eröffnung vollzog der NS-Reichssportführer Hans von Tschammer und Osten. Bis zum Ende der Nazizeit hieß das Stadion Hindenburg-Kampfbahn, bevor es nach der höchsten Anhöhe im Vest Recklinghausen in Stimberg-Stadion umbenannt wurde. Die größten Erfolge feierte hier die Spvgg Erkenschwick.

Die Spielvereinigung geht zurück auf den Sportverein Erkenschwick, der am 18. Juli 1916 mitten im Ersten Weltkrieg gegründet wurde. 1922 fusionierte der Verein mit Blau-Weiß Oer zur Spielvereinigung Erkenschwick. Auch in Erkenschwick ist die Verbindung zwischen Fußballverein und Bergbau sehr eng gewesen. Die Spvgg Erkenschwick profitierte lange von der Unterstützung und Nähe zur Zeche Ewald Fortsetzung. Immerhin zehn Jahre lang, von 1943 bis 1953, spielte die Spvgg erstklassig, davon die letzten Jahre in der Oberliga West. Dort wurde die Mannschaft „Himmelsstürmer" genannt. Die Gastvereine kamen nicht nur wegen der Heimstärke der Erkenschwicker ungern. Sie hatten auch Schwierigkeiten, ihre Fans zum Stimberg-Stadion zu bringen, denn Oer-Erkenschwick hatte keinen Bahnhof.

Ab Ende der 1960er-Jahre gab es eine sportliche Renaissance in Erkenschwick. Erst erreichte man das Finale um die Deutsche Amateurmeisterschaft in Krefeld, das allerdings mit 1:2 gegen den SC Jülich verlorenging, dann gelang der Aufstieg in die Regionalliga West. Trotz der Finalniederlage in Krefeld konnte Oer-Erkenschwick aber feiern, denn die Deutsche Bundesbahn richtete über die Gleise der Zeche Ewald Fortsetzung Sonderzüge ein, sodass die Stadt erstmals an das Bundesbahnnetz angeschlossen war.

Von 1974 bis 1976 und dann noch einmal in der Saison 1980/81 spielte man in der 2. Bundesliga Nord. Doch parallel zum Niedergang des Bergbaus ging es auch mit der Spielvereinigung wirtschaftlich und sportlich bergab. 2008 musste gar eine Insolvenz überwunden werden.

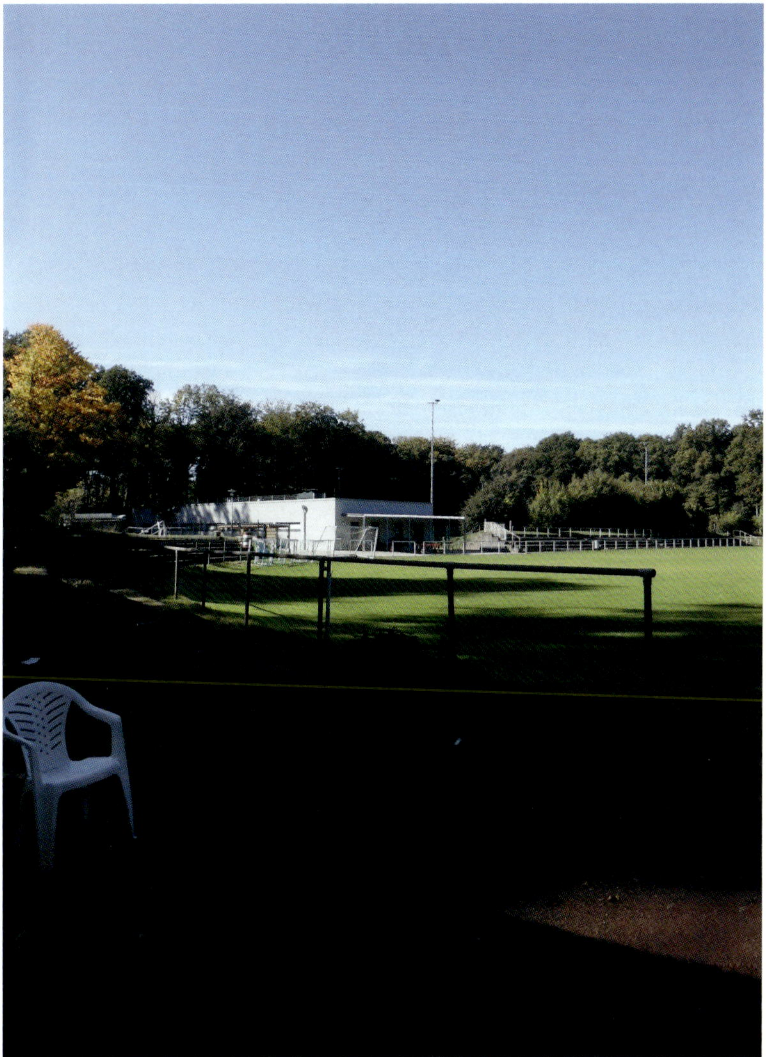

HARTE 4 FAKTEN

Adresse: Stimbergstraße 175, 45739 Oer-Erkenschwick

Bauherr: Stadt Oer-Erkenschwick

Highlight: 1967 DFB-Pokal gegen Bayern München mit über 23.000 Zuschauern

Promikicker: Sönke Wortmann; schoss 1980 sogar ein wichtiges Tor zum Aufstieg in die 2. Liga

Oer-Erkenschwick 096

Zeche Ewald Fortsetzung

Aufstieg, Krise, Niedergang

Fußball in Erkenschwick war lange Zeit ohne die Zeche Ewald Fortsetzung kaum denkbar. 1889 begannen die sog. Teufarbeiten an Schacht 1 der Zeche. Bis 1929 wurden fünf Schächte eröffnet. Ab 1911 wurde eine Kokerei an den Schächten 1 und 2 betrieben. Infolge der Weltwirtschaftskrise wurde die Zeche Ewald Fortsetzung ab 1931 für mehrere Jahre stillgelegt. Erst 1938 wurde die Kohleförderung wieder aufgenommen. Im Zweiten Weltkrieg erreichte die Fördermenge auch wegen der Rüstungsproduktion einen Höchststand, der dann bei einer Rekordbeschäftigung von 4.500 Arbeitern bald nach Kriegsende noch einmal gesteigert wurde.

Die Stadt Oer-Erkenschwick war im 20. Jahrhundert eine Bergarbeiterstadt und profitierte enorm von der Zeche, ebenso wie der heimische Fußballverein, die SpVgg Erkenschwick. Gegründet in der Nähe der Zeche, arbeiteten die meisten Vereinsmitglieder auch dort. Gute Spieler konnten zudem mit der Aussicht auf eine Anstellung bei der Zeche nach Erkenschwick gelockt werden.

Als 1969 die Zeche Ewald Fortsetzung mitsamt Kokerei der neugegründeten Ruhrkohle AG eingegliedert wurde, verloren die Zecheneigner den Zugriff auf die Gelder. Das bedeutete, dass die Zechen ihre Vereine nun nicht mehr nach eigenem Gutdünken unterstützen konnten, was für viele mittelgroße Fußballvereine im Ruhrgebiet zu einem echten Problem wurde.

Der schleichende Niedergang des Bergbaus in Erkenschwick führte über die Schließung der Kokerei 1984 und die Zusammenlegung der Zeche Ewald Fortsetzung mit einer anderen Zeche 1992 schließlich zur Verfüllung der Schächte. Heute ist die ehemalige Halde ein Naherholungsgebiet, vom Bergbau gibt es kaum noch sichtbare Zeichen.

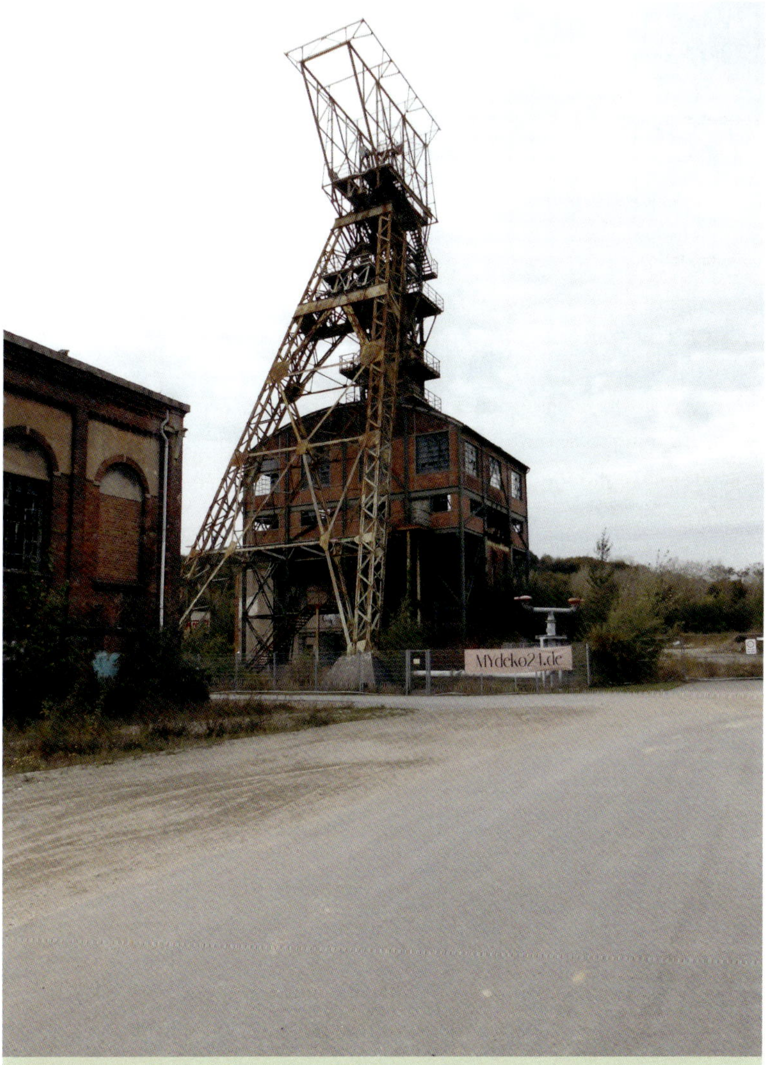

HARTE 4 FAKTEN

Adresse: Ewaldstraße 64, 45739 Oer-Erkenschwick

Entfernung: zwischen Stadion und Zeche nur ein Kilometer

Ruhrkohle AG: Gründung am 27. 11. 1968

Grubenunglücke: 1928 und 1942 mit jeweils 14 Toten

Werner Hanschs Elternhaus

Die „Stimme des Reviers“

Werner Hansch wurde am 16. August 1938 in Recklinghausen geboren. Er wuchs in der Leusbergstraße 28 auf. Sein Elternhaus befindet sich nicht weit entfernt vom Stadion von Westfalia Herne. Nach dem Abitur begann Werner Hansch ein Jura- und Geschichtsstudium, das er jedoch abbrach, als innerhalb von vier Wochen beide Elternteile starben. Er arbeitete dann zunächst untertage, bevor er Pädagogik studierte und von 1965 bis 1968 auch als Lehrer tätig war. Doch offenbar erfüllte ihn das Lehrerdasein nicht, sodass er an der Ruhr-Universität Bochum noch ein Soziologiestudium anschloss.

Zur Medienarbeit kam er durch die Vermittlung eines Freundes. Nebenberuflich kommentierte er auf der Trabrennbahn Recklinghausen Pferderennen. Seine launige Art kam bei den Zuschauern so gut an, dass Schalke 04 ihn – zunächst vertretungsweise, dann fest – bis 1978 als Stadionsprecher engagierte. Diese nun sehr viel größere Bühne brachte Hansch wiederum die Aufmerksamkeit des WDR-Hörfunk ein, der ihn als Reporter für Pferdesport aller Art und Fußball einstellte. So wurde er auch Bestandteil der legendären Bundesliga-Schlusskonferenz im Radio.

Im Dezember 1990 wechselte er ins Fernsehen zur ARD-Sportschau. Als Sat 1 1992 mit der Sendung „ran“ die Rechte an der Fußball-Bundesliga erwarb, war es fast schon logisch, dass der Privatsender Hansch als ein Aushängeschild verpflichtete, galt er doch zu diesem Zeitpunkt schon als unverwechselbare „Stimme des Reviers“. Bei aller beruflichen Neutralität blieb er immer Fan von Schalke 04. Standesgemäß wurde er daher auf der Glückauf-Kampfbahn 2022 bei einem Wohltätigkeitsturnier in den beruflichen Ruhestand verabschiedet.

2020 nahm er als ältester Kandidat an Promi Big Brother von Sat 1 teil – und gewann die Reality-Show. Hier und in einer folgenden Biografie bekannte er, wettsüchtig gewesen zu sein und bei Pferdewetten über eine halbe Million verloren zu haben.

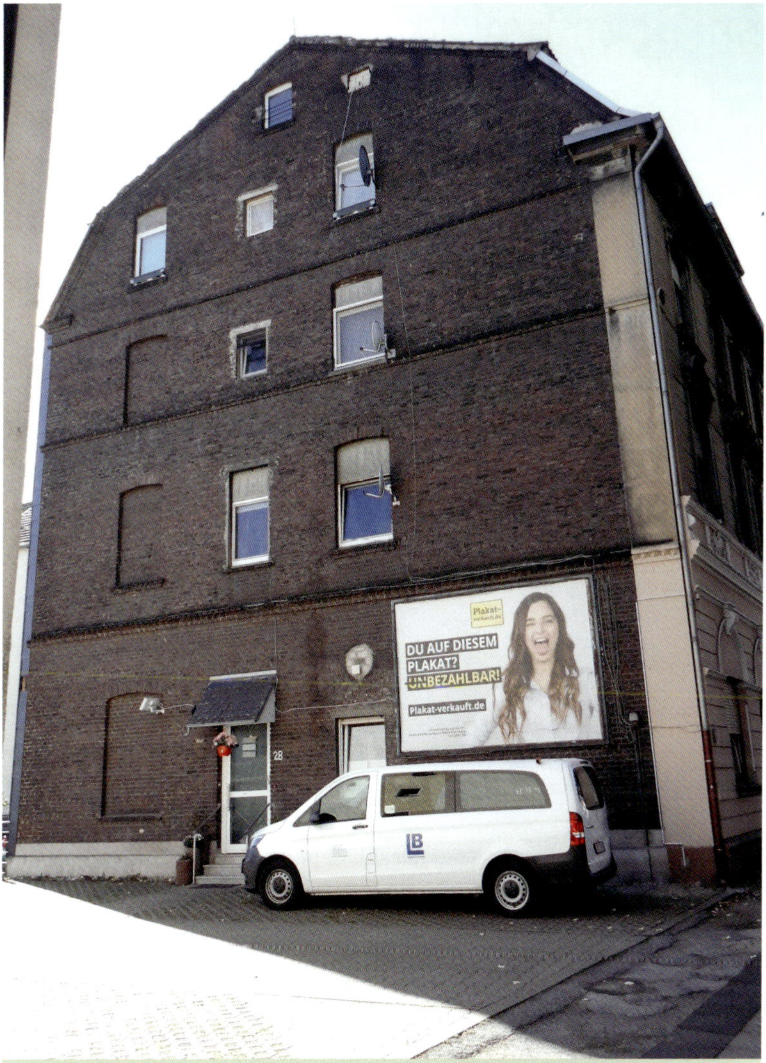

HARTE 4 FAKTEN

Adresse: Leusbergstraße 28, 45663 Recklinghausen

Stadionsprecher: bei Schalke 04 von 1973 bis 1978

Schauspieler: Nebenrollen u. a. in „Kleine Haie“ und „Rennschwein Rudi Rüssel“

Co-Autor: 2014 mit Uli Hesse und 2021 mit Hermann Beckfeld (jeweils Autobiografien)

Klaus Fischer-Fußballschule

Per Fallrückzieher zum „Vierteljahrhunderttor"

Der frühere Bundesliga-Profi Klaus Fischer besitzt seit 1997 zusammen mit seinem Geschäftspartner Jürgen Wilhelm eine Fußballschule mit Sitz in Sprockhövel und Gelsenkirchen. Primetime für die mehrtägigen Kurse sind die Oster-, Sommer- und Herbstferien. Die Kurse richten sich an Jungen und Mädchen im Alter von sieben bis 15 Jahren. Die Camps werden bundesweit ausgerichtet, von Fehmarn bis Bayern, der ursprünglichen Heimat Klaus Fischers. Insgesamt sind 25 Standorte gelistet. Unterstützt wird Fischer dabei neben ausgebildeten Übungsleitern auch von anderen Ex-Profis. Das Foto ist während eines Kurses in Bottrop im Oktober 2020 aufgenommen worden.

Klaus Fischer wurde am 27. Dezember 1949 in Lindberg-Kreuzstraßl im Landkreis Regensburg geboren. Seine Profi-Karriere begann er 1968 beim TSV 1860 München. Von dort wechselte Fischer 1970 ins Ruhrgebiet zu Schalke 04, wo er trotz der Verwicklung in den Bundesliga-Skandal als Torjäger, der aus allen Lagen treffen konnte, zur Legende wurde. Nach seiner Schalker Zeit blieb er in Westdeutschland und schoss für den 1. FC Köln und zum Schluss seiner Karriere für den VfL Bochum weiterhin zuverlässig Tore. Er wurde dreimal Vizemeister mit Schalke 04 (1972 und 1977) und dem 1. FC Köln (1982) und gewann zweimal den DFB-Pokal (1972 und 1983). Angesichts seiner Torquote überrascht es, dass er lediglich 1976 Bundesliga-Torschützenkönig wurde. Nach seiner Spielerlaufbahn war er mehrere Jahre als Trainer und Co-Trainer beim VfL Bochum und Schalke 04 tätig.

Auch wenn Klaus Fischer die ganz großen Titel verwehrt blieben, hat er sich doch mit einem Tor für ewig in das deutsche Fußball-Gedächtnis geschossen: In einem seiner 45 Länderspiele gelang ihm im November 1977 gegen die Schweiz ein sagenhaftes Fallrückzieher-Tor. Die Zuschauer der ARD-Sportschau wählten es nacheinander zum „Tor des Monats", „Tor des Jahres", „Tor des Jahrzehnts" und schließlich zum „Tor des Vierteljahrhunderts" – nur an einem kam Fischer nicht vorbei: Helmut Rahn, dessen 3:2 gegen Ungarn vom Endspiel 1954 das „Tor des Jahrhunderts" ist.

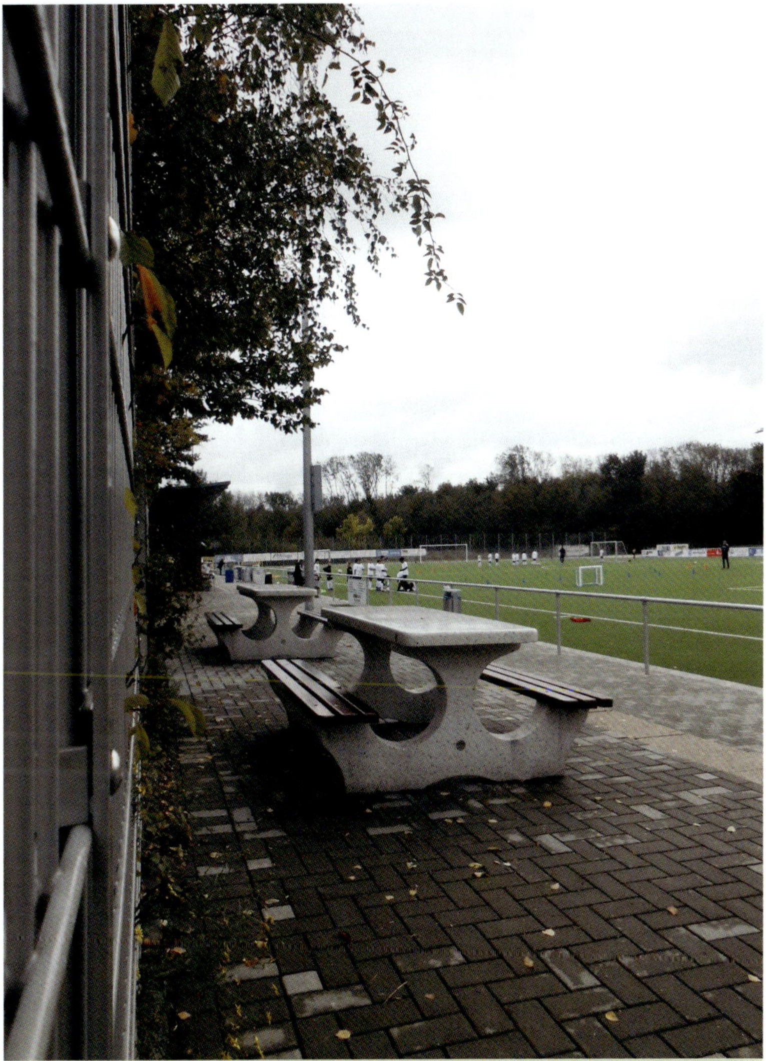

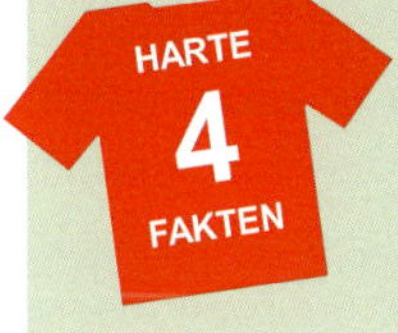

Adresse: Im Hölken 28, 45549 Sprockhövel

Statistik I: 535 Bundesliga-Spiele mit 268 Toren (Platz 3 hinter Gerd Müller und Robert Lewandowski)

Statistik II: 45 Länderspiele mit 32 Toren

Statistik III: 6 Auszeichnungen als Torschütze des Monats (Rekord!)

Wullenstadion

Zuschauerrekord dank Schalke 04

Das Wullenstadion liegt im Wittener Stadtteil Annen. Gebaut wurde es in den Jahren 1926 bis 1928 mithilfe einer Arbeitsbeschaffungsmaßnahme. Die feierliche Einweihung erfolgte am 21. Oktober 1928. Die Bezeichnung „Stadion" war jedoch zunächst eine leichte Übertreibung, handelte es sich doch um einen normalen Sportplatz mit einem holprigen Rasen, einer Laufbahn und Stehstufen. Der Platz wurde in den ersten Jahren von mehreren Wittener Vereinen genutzt. Erst später wurde er dem VfL Witten 07 zugewiesen, dem damals stärksten Fußballverein Wittens.

Der VfL Witten 07 hatte das Privileg, zu den Gründungsmitgliedern der Oberliga West in der Saison 1947/48 zu zählen. Das Stadion wurde hierfür durch das Ankippen von Trümmerschutt erheblich erweitert. Auch wenn der VfL bereits nach einem Jahr wieder abstieg, blieb diese Saison doch der fußballerische Höhepunkt der Vereinsgeschichte. Unvergessen ist das Heimspiel gegen Schalke 04 im März 1948, zu dem offiziell 24.000, in Wirklichkeit aber wohl eher 35.000 Zuschauer strömten – bis heute der Platzrekord. In den Folgejahren ging es mit dem Verein sportlich bergab, sodass man 1955 den Pachtvertrag mit der Stadt kündigte.

Aus dem Rasen wurde nun ein pflegeleichterer Ascheplatz. Schlussendlich waren es dann die erfolgreichen Wittener Leichtathleten und nicht die Fußballer, die eine Modernisierung durchsetzen konnten. Sukzessive erhielt das Stadion wieder einen Rasenplatz sowie eine Tartan-Laufbahn und eine Tribüne in Leichtbauweise.

Das Wullenstadion ist heute eine beliebte Stätte für Leichtathletikwettkämpfe. Fußballer finden hier neben dem Rasenplatz einen Ascheplatz und einen Kunstrasenplatz vor. Für überregionales Interesse sorgen jedoch nicht die Wittener Fußballer, sondern ihre Gäste. 2005 fand hier zum Beispiel das Westfalenpokalendspiel statt. Auch Borussia Mönchengladbach (2006, 3.800 Zuschauer) und Borussia Dortmund (2008, 6.500 Zuschauer) traten im Wullenstadion zu Freundschaftsspielen an. Ein besonderer Höhepunkt war 2010 ein Freundschaftsspiel zwischen FC Porto und Trabzonspor, das in Portugal live im Fernsehen gezeigt wurde, vor 4.500 Zuschauern.

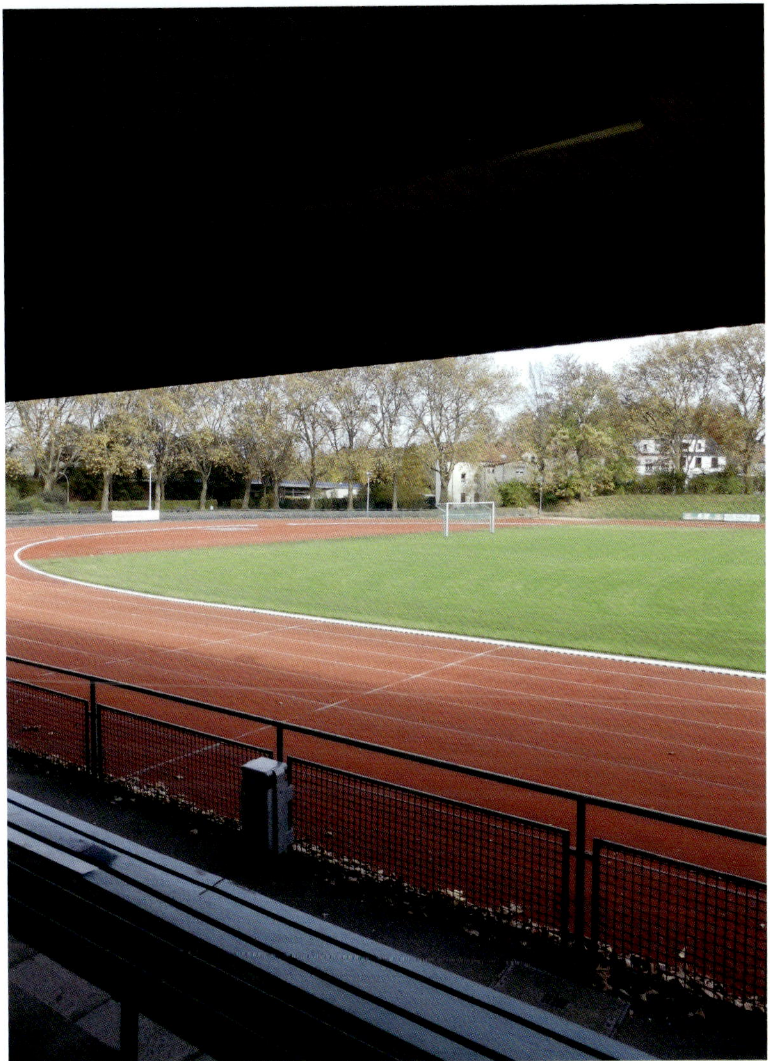

HARTE 4 FAKTEN

Adresse: Westfalenstraße 75, 58453 Witten

Bauherr: Stadt Witten

Kapazität heute: 12.000 Zuschauer

Berühmter Sprössling: Der spätere Bundesliga-Rekordspieler Mirko Votava spielte in der Jugend 5 Jahre für den VfL Witten.

Witten

100

Husemannplatz

Der älteste Fußballverein in Nordrhein-Westfalen

Der Wittener Fußballclub von 1892, auch Wittener FC 92 genannt, war der erste Fußballverein, der auf dem Gebiet des heutigen Nordrhein-Westfalens gegründet wurde. Der DFB führt ihn als fünftältesten Verein Deutschlands, wobei das vom DFB genannte Gründungsdatum 12. April 1892 wohl nicht zutrifft, weil der Verein trotz seines Namens vermutlich schon 1891 gegründet wurde.

Die Gründung erfolgte durch vier Brüder, deren Familie Kontakte nach England hatte und so das Fußballspiel kennengelernt hatte. Die vier Brüder gründeten am 1. Juli 1891 mit Unterstützung des Rektors einen Schülerverein am Wittener Real-Gymnasium. Zunächst spielte man nur gegen andere Schülervereine. Die ersten Mitglieder entstammten dem gehobenen Bürgertum und wurden nach ihrer Schulzeit Ärzte, Offiziere oder Unternehmer. Erst ab 1900 konnten auch Schüler von Volksschulen Mitglied im Verein werden.

1905 wurde der Wittener FC 92 Mitglied im Rheinisch-Westfälischen Spielverband, dem Vorgänger des Westdeutschen Spielverbandes. Nun weitete sich der Kreis der Spielpartner bzw. Gegner. Größere sportliche Erfolge hatte der Verein allerdings nicht zu verzeichnen. Vielleicht auch aus diesem Grunde spaltete sich 1907 der spätere VfL Witten 07 vom FC ab. 1930, 1939 und 1962 gelang dem Wittener FC 92 immerhin der Aufstieg in die 1. Bezirksklasse. Die Oberliga West blieb hingegen immer fern. Vieles aus den ersten 50 Jahren der Vereinsgeschichte jenseits des sportlichen Geschehens ist leider nicht mehr rekonstruierbar, da im Zweiten Weltkrieg sämtliche Vereinsunterlagen vernichtet wurden.

Auch nach dem Zweiten Weltkrieg reüssierte der Verein sportlich nicht und kam über die unteren Amateurligen nicht hinaus. 2006 fusionierte man mit dem VfB Witten 1930 zur SpVgg Witten 92/30. Im Februar 2015 gab die SpVgg den Spielbetrieb auf und zog die beiden Herrenmannschaften aus der Kreisliga C zurück. Wenig später löste sich der Verein sogar auf. Damit war der älteste Fußballverein in Nordrhein-Westfalen endgültig Geschichte.

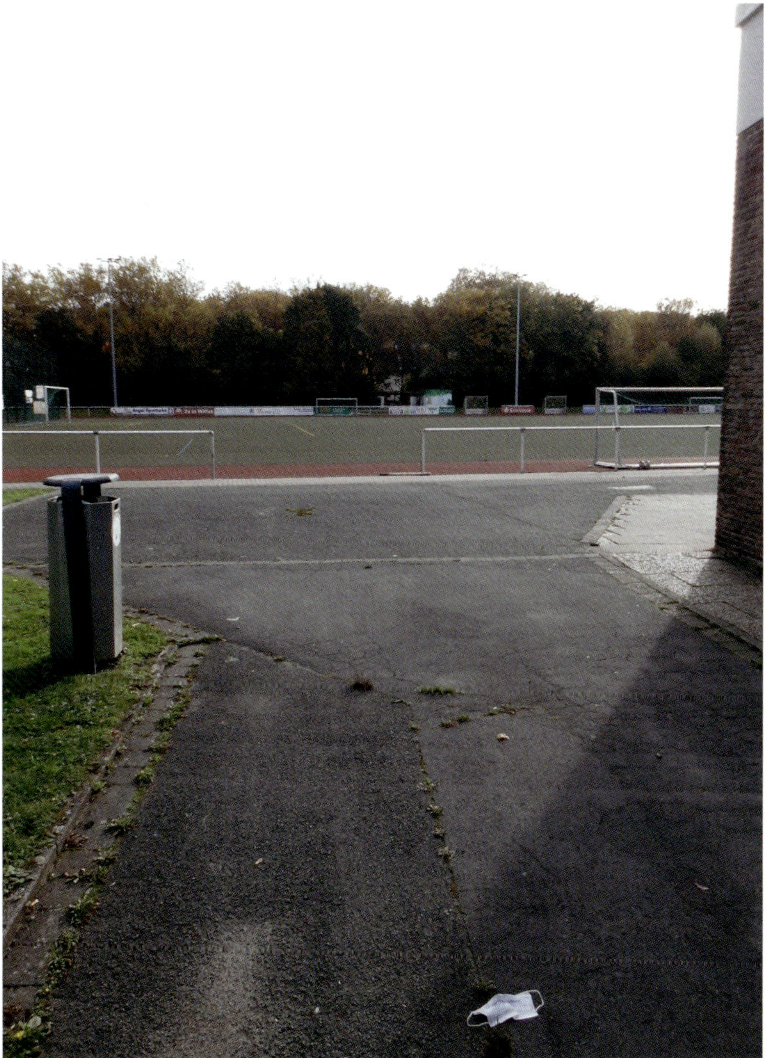

HARTE 4 FAKTEN

Adresse: Husemannplatz, Ardeystr. 98, 58452 Witten

Gründung: 1. Juli 1891 und nicht 12. April 1892.

Vereinsfarben: Rot-Weiß

Spielplätze: Die ersten Spielorte des Wittener FC sind unbekannt.

Einer geht noch, einer geht noch rein …

Dieser Ort hätte unbedingt noch reingehört?

Verzeihung. Bitte hier eintragen

HARTE 4 FAKTEN

Literatur-/ Quellenverzeichnis

Anmerkung: Hier ist nur die gedruckte Literatur aufgeführt. Daneben wurden auch zahlreiche Internetquellen zur Recherche und Überprüfung genutzt.

Brüggemeier, Franz-Josef & Borsdorf, Ulrich & Steiner, Jürg (Hrsg.): Der Ball ist rund. Katalog zur Fußballausstellung im Gasometer Oberhausen im Centr*O* anlässlich des 100-jährigen Bestehens des Deutschen Fußball-Bundes 12. Mai bis 15. Oktober 2000.

Dembowski, Gerd & Pieszek, Dirk & Riederer, Jörg: Im Revier der Zebras. Die Geschichte des MSV Duisburg. Göttingen: Die Werkstatt, 2001.

Diederichs, Irene (Hrsg.) & Hauschild, Ulrich: „Wie im Blomekorf, su schön litt Muffendorf". Geschichte und Geschichten aus 1100 Jahren Muffendorf. Baden-Baden: Nomos Verlagsgesellschaft, 1989.

FC Schalke 04 (Hrsg.): 100 Schalker Jahre – 100 Schalker Geschichten. Essen: Klartext Verlag, 2004.

Franz, Markus: Die Jungs von der Castroper Straße. Die Geschichte des VfL Bochum. Göttingen: Die Werkstatt, 2005.

Gehrmann, Siegfried: Fußball – Vereine – Politik. Zur Sportgeschichte des Reviers 1900–1940. Essen: Hobbing, 1988.

Goch, Stefan & Silberbach, Norbert unter Mitarbeit von Katrin Martin und Birgit Mlinski: Zwischen Blau und Weiß liegt Grau. Der FC Schalke 04 im Nationalsozialismus. Essen: Klartext Verlag, 2005.

Grüne, Hardy: Vom Kronprinzen bis zur Bundesliga 1890-1963. Enzyklopädie des deutschen Ligafußballs – Band 1. Kassel: AGON Sportverlag, 1996.

Grüne, Hardy: Bundesliga & Co. 1964-2000. Enzyklopädie des deutschen Ligafußballs – Band 2. Kassel: AGON Sportverlag, 2000.

Hammer Spielvereinigung 03/04 (Hrsg.): 100 Jahre Hammer Spielvereinigung 1903–2003. Hamm: Hammer Spielvereinigung 03/04, 2003.

Haselbauer, Torsten & Hering, Hartmut & Wick, Uwe: Katalog zur Ausstellung „Fußballregion Ruhrgebiet". Hrsg. Vom Fußball- und Leichtathletik-Verband Westfalen (FLVW) und vom Willibald-Gebhardt-Instituts (WGI). Göttingen: Die Werkstatt, 2005.

Hering, Hartmut (Hrsg.): Im Land der tausend Derbys. Die Fußball-Geschichte des Ruhrgebiets. Göttingen: Die Werkstatt, 2002.

Kolbe, Gerd: Der BVB in der NS-Zeit. Göttingen: Die Werkstatt, 2002.

Mester, Klaus-Hendrik: Fußball leben im Ruhrgebiet. Eine Zeitreise durch 13 Städte voller Fußball-Leidenschaft. Hildesheim: Arete Verlag, 2014.

Piorr, Ralf: Der Pott ist rund. Das Lexikon des Revier-Fußballs: Die Chronik 1945 bis 2005. Essen: Klartext Verlag, 2005.

Piorr, Ralf: Der Pott ist rund. Das Lexikon des Revier-Fußballs: Die Vereine. Essen: Klartext Verlag, 2006.

Piorr, Ralf: Viel mehr als nur ein Spiel. 100 Jahre SC Westfalia 04 Herne. Herne: FRISCH-Texte Verlag, 2004.

Rixecker, Manfred: Die Mühlheimer Sportgeschichte. Mühlheim an der Ruhr: Sparkasse Mühlheim an der Ruhr, 1992.

Röwekamp, Georg: Der Mythos lebt. Die Geschichte des FC Schalke 04. Göttingen: Die Werkstatt, 1996.

Schrepper, Georg & Wick, Uwe: „... immer wieder RWE!" Die Geschichte von Rot-Weiß Essen. Göttingen: Die Werkstatt, 2004.

Schulze-Marmeling, Dieter & Steffen, Werner: Die Geschichte von Borussia Dortmund. Göttingen: Die Werkstatt, 2002.

Seiwert, Peter & Rettweiler, Manuela: Der lange Weg in die Bundesliga. Rot-Weiß Oberhausen Chronik 1902–1969. Oberhausen, Verlag Karl Maria Laufen, 1999.

Seiwert, Peter: Bundesliga – Unsere besten Jahre. Rot-Weiß Oberhausen Chronik 1969–1973. Oberhausen: Verlag Karl Maria Laufen, 2004.

Seiwert, Peter: Das Kleeblatt blüht weiter. Rot-Weiß Oberhausen Chronik 1973–2009. Oberhausen: Verlag Karl Maria Laufen, 2009.

Skrentny, Werner (Hrsg.): Das große Buch der deutschen Fußballstadien. Göttingen: Die Werkstatt, 2. Aufl. 2001.

Turn- und Sport-Club Eintracht von 1848/95 Korporation zu Dortmund (Hrsg.): 100 Jahre in Dortmund am Ball ... die „95er". Dortmund: Turn- und Sport-Club Eintracht von 1848/95 Korporation zu Dortmund, 1995.

Wick, Uwe & Fiesseler, Markus: 100 Jahre Fußball im Westen. Zwischen Alm, Wedau und Tivoli. Das Buch zum Jubiläum des Westdeutschen Fußballverbandes. Hrsg. Vom Westdeutschen Fußballverband e.V, in Zusammenarbeit mit dem Willibald-Gebhardt-Institut e.V. Kassel: AGON Sportverlag, 2000.

Wick, Uwe & Schrepper, Georg: An der Hafenstraße RWE! Die Geschichte des Georg-Melches-Stadions. Göttingen: Die Werkstatt, 2011.

Wick, Uwe & Schrepper, Georg: Deutscher Meister ist nur der RWE. Die goldenen Fünfziger Jahre von Rot-Weiss Essen. Göttingen: Die Werkstatt, 2015.

Weitere Bände der Reihe Fußballheimat:

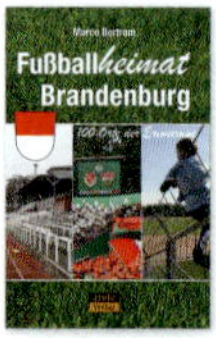

Marco Bertram
Fußballheimat Brandenburg
100 Orte der Erinnerung
216 S., 18,00 €
978-3-96423-032-4

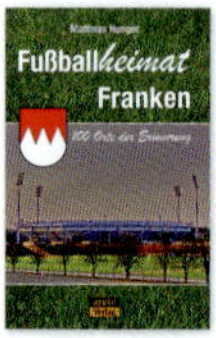

Matthias Hunger
Fußballheimat Franken
100 Orte der Erinnerung
213 S., 18,00 €
978-3-942468-91-6

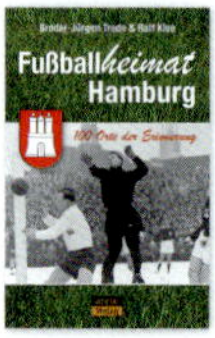

Broder-Jürgen Trede & Ralf Klee
Fußballheimat Hamburg
100 Orte der Erinnerung
216 S., 18,00 €
978-3-96423-038-6

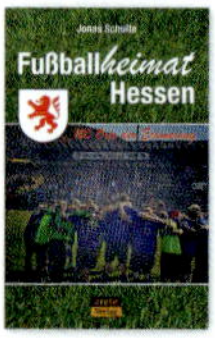

Jonas Schulte
Fußballheimat Hessen
100 Orte der Erinnerung
216 S., 18,00 €
978-3-96423-063-8

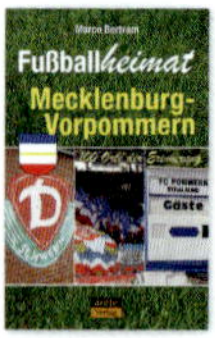

Marco Bertram
Fußballheimat Mecklenburg-Vorpommern
100 Orte der Erinnerung
216 S., 18,00 €
978-3-96423-025-6

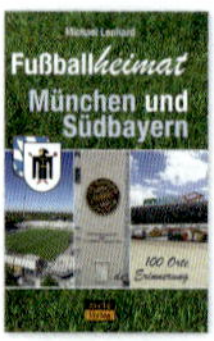

Michael Lenhard
Fußballheimat München und Südbayern
100 Orte der Erinnerung
216 S., 18,00 €
978-3-942468-96-1

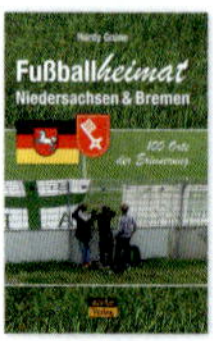

Hardy Grüne
Fußballheimat Niedersachsen & Bremen
100 Orte der Erinnerung
216 S., 18,00 €
978-3-96423-015-7

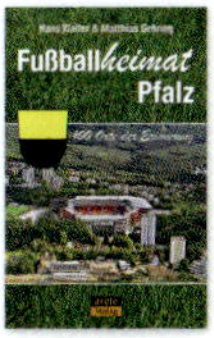

Hans Walter & Matthias Gehring

Fußballheimat Pfalz

100 Orte der Erinnerung

216 S., 18,00 €

978-3-96423-014-0

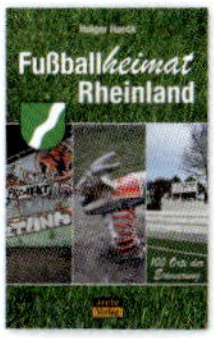

Holger Hoeck

Fußballheimat Rheinland

100 Orte der Erinnerung

216 S., 18,00 €

978-3-96423-071-3

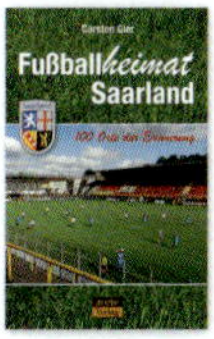

Carsten Gier

Fußballheimat Saarland

100 Orte der Erinnerung

216 S., 18,00 €

978-3-96423-066-9

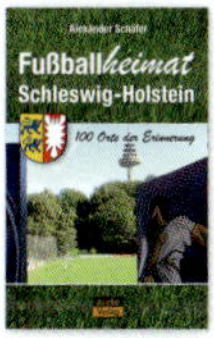

Alexander Schäfer

Fußballheimat Schleswig-Holstein

100 Orte der Erinnerung

216 S., 18,00 €

978-3-96423-041-6

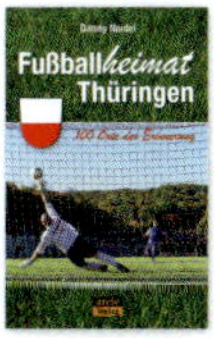

Danny Neidel

Fußballheimat Thüringen

100 Orte der Erinnerung

216 S., 18,00 €

978 3-96423-062-1

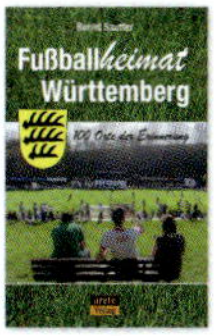

Bernd Sautter

Fußballheimat Württemberg

100 Orte der Erinnerung

216 S., 18,00 €

978-3-96423-013-3

Klaus-Hendrik Mester
Fußball leben im Ruhrgebiet
Eine Zeitreise durch 13 Städte voller Fußball-Leidenschaft
144 Seiten, kartoniert, € 9,95
ISBN 978-3-942468-18-3

Sascha Kurzrock
Fußball – eine Deutschlandreise
100 Orte zum Entdecken, Erkunden und Erleben
280 Seiten, Hardcover, € 24,-
ISBN 978-3-96423-086-7

Miriam Bernhardt & Hermann Schmidt
„Männer trinken keine Fanta"
Eisenfüße, Laufwunder und andere Originale der Fußball-Bundesliga
232 Seiten, kartoniert, € 18,-
ISBN 978-3-96423-047-8

Denis de Haas & Peter Plum
Schweigeminute Fußball-Bundesliga
Verstorbene Stars in über 50 Jahren Bundesliga
146 Seiten, Klappenbroschur, € 18,-
ISBN 978-3-96423-077-5

Klaus-Hendrik Mester
Die coolsten Clubs der Welt
40 besondere Vereine rund um den Fußball-Globus
212 Seiten, Klappenbroschur, € 19,80
ISBN 978-3-96423-046-1

Albrecht Breitschuh
Ein Schuss! Ein Tor! Die Bayern!
Aber manchmal gewinnen auch die anderen ...
240 Seiten, Klappenbroschur, € 20,-
ISBN 978-3-96423-087-4

Olaf Jansen
Woran hat's gelegen?!
Der verpasste Traum vom Fußball-Profi
232 Seiten, kartoniert, € 18,-
ISBN 978-3-96423-052-2